- 本书为湖北省高校人文社科研究基地培育项目"湖北健康生活与康居环境设计研究中心"成果
- 本书得到武汉轻工大学科研项目（项目编号：2023RZ007）资助

美·美感·艺术：

海德格尔存在美学思想研究

丰雅鑫／著

A

B

P

H

B i

B

B

B N H

B

B N T

B

1936

（ ） （ ）

B H

L T 1969

华中科技大学出版社
http://press.hust.edu.cn
中国·武汉

A

B

内 容 简 介

本书立足于海德格尔思想的"一条道路、两次转向、三个时期"，依据"意义""真理""地方"三个阶段性路标，厘清其哲学与美学的基本内涵、发展脉络、革新意义，从美的存在、美的存在的经验、艺术（诗）三个维度出发重构其美学思想，借助历史与逻辑相统一的方法建立海德格尔存在美学的系统性研究。海德格尔以美学构筑其存在之思，美即存在的完满实现，情态即经验存在的直接方式，艺术（诗）即存在的本真敞开样式。

图书在版编目（CIP）数据

美·美感·艺术：海德格尔存在美学思想研究 / 丰雅鑫著 . -- 武汉：华中科技大学出版社，2025.8.
ISBN 978-7-5772-1870-0

Ⅰ . B516.54；N02

中国国家版本馆 CIP 数据核字第 2025P0Q793 号

美·美感·艺术：海德格尔存在美学思想研究　　　　　　　　　　　　　　　　　　　　丰雅鑫　著

Mei·Meigan·Yishu：Haidege'er Cunzai Meixue Sixiang Yanjiu

策划编辑：彭中军
责任编辑：徐桂芹
封面设计：廖亚萍
责任校对：李　弋
责任监印：朱　玢

出版发行：华中科技大学出版社（中国·武汉）　　　　电话：(027)81321913
　　　　　武汉市东湖新技术开发区华工科技园　　　　邮编：430223
录　　排：华中科技大学惠友文印中心
印　　刷：武汉市洪林印务有限公司
开　　本：889mm×1194mm　1/16
印　　张：9.25
字　　数：218千字
版　　次：2025 年 8 月第 1 版第 1 次印刷
定　　价：89.00 元

随着现代哲学的主题由理性转向存在，传统理性哲学失却其合法性。哲学从现代思想家海德格尔这里获得了崭新的形态，即存在哲学。它不再聚焦于存在者或存在者的存在，而是存在自身，即作为虚无的存在。海德格尔的整体思想显现为一条追问存在或追问虚无的道路。道路自身运行并发生转向，由此形成思想分期。目前学界通行的做法是以其在 20 世纪 30 年代发生的转向为界线，将这条道路划分为早（前）期和晚（后）期两个阶段。但根据海德格尔本人在 1969 年勒·托尔讨论班中的规定，其思想道路上的三个核心路标分别为"意义""真理""地方"。此三者都相关于其思想中一以贯之的存在。有鉴于此，海德格尔的思想道路实际上发生过两次转向并据比被划分为早、中、晚三个时期，其对应的主题分别为"存在的意义""存在的真理""存在的地方"。虽然"意义""真理""地方"作为不同的路标，但它们并未将道路截为彼此脱节的三段，而是以相互补充、层层递进的关系显示出同一条道路的自身转向。

这条道路运行的同时也开辟了海德格尔美学思想的道路。海德格尔在解构理性美学的基础上提出了自己的存在美学，它不再受制于理性与感性的二元框架，而是相关于存在自身如何审美化。鉴于存在、思想、语言为历史上哲学的三大主题，美学相应地包括美、美感、艺术的基本问题。它们在海德格尔这里体现为美的存在、美的存在的经验、艺术（诗）。本书对海德格尔存在美学的阐释从这三个维度展开，并依据其思想道路的两次转向呈现出阶段性的特点。

就美的存在而言，它在海德格尔思想的早、中、晚期分别表现为"此在的敞开""真理的发生""诗意的居住"。就美的存在的经验而言，它在早、中、晚期的突出形态分别为"畏惧""既惊恐又畏惧的压抑""痛苦与欢乐"，并且其根本形态为"泰然让之"（"平静"）。就艺术（诗）而言，它在早、中、晚期分别表现为"生存的显示""真理的生成""地方的创建"。概而言之，海德格尔实际上是以其存在之思重构美学，或者说他借助于美学来构筑其存在之思。

目录
Contents

导言

一、研究目的与意义

海德格尔是西方现代最具影响力的思想家之一。传统的理性哲学在黑格尔建构的体系中穷尽了最终的可能性，由此过渡到现代哲学阶段。现代哲学家们在传统哲学终结之后都面临这样一个问题：哲学该往何处去？海德格尔的解决方案并非创立一个崭新的哲学流派，而是通过追问形而上学的历史肃清其无根性，从而将长期以来被遗忘的存在自身确立为研究对象。海德格尔终其一生都在追问存在，其早、中、晚期的思想主题分别为"存在的意义""存在的真理""存在的地方"。从此种意义上而言，其哲学可被称为存在哲学。存在作为西方哲学永恒的议题，在海德格尔这里得到了根本性的诠释，其路径并非抽象的哲学思辨，而是与人的具体生活世界息息相关。

当哲学的主题由理性转向存在，传统美学的形态亦失去其合法性。在传统西方历史中，与美学处于同一语言家族的还有诗学和艺术哲学。虽然名称不同，但它们无一例外都受制于理性。亚里士多德创立的诗学相关于诗意或创造理性，鲍姆加登命名的美学作为感性学以理性为标尺，德国唯心主义探讨的艺术哲学将感性现象设定为理性分析的对象。而理性哲学在现代已告死亡，这同时意味着诗学、美学和艺术哲学的死亡。美学的意义在现代发生转换，其内核实则是反诗学、反美学、反艺术哲学。海德格尔通过解构传统美学而建构的新形态美学可被称为存在美学。

作为勇于冒险的思者，海德格尔以强烈的批判精神克服理性哲学与美学的弊病并实现向存在哲学与美学的过渡，其思想的创造性可见一斑。此乃其哲学与美学思想长期以来备受国内外学界关注的原因。就其美学思想而言，已有的研究成果各有创见，不过也暴露出一些问题。第一，在理论视角的选择方面，文艺理论研究占据一定比例，但它需要牢牢扎根于哲学思想的地基以实现更深的穿透力。第二，在研究过程的展开方面，系统性研究虽注重整体把握，但在思想分期问题上存在分歧，专题化研究虽注重细部分析，但局部思想要还原到整体的思想地图中去。第三，在文献资料的研读方面，译本虽然能够提供一些便利，但立足于原始文献有助于还原其思想原貌。海德格尔倾向于做词源学考证，基于德语构词法创建了若干新词，并且往往通过建立一个语言家族来阐发思想，这些都只能在原始文献中显现出来。第四，在思想内涵的划界方面，中西思想的

1

对话固然可以在一定程度上拓宽学术视野，但要区分比较与比附二者，避免因道家化和禅宗化解释而遮蔽海德格尔思想本身。

为了进一步深化海德格尔美学思想研究，本书以原始文献为依托，以无原则的批判为准则，提出海德格尔思想道路的第二次"转向"，明确其"一条道路、两次转向、三个时期"，以整体性与阶段性相结合的方式梳理其哲学与美学的发展脉络，并从美论、美感论、艺术论三个层面出发重构其存在美学。借助于历史与逻辑相统一的方法，本书打通了海德格尔哲学与美学的内在联系，同时在历史发展中厘清了海德格尔美学的基本内涵和内在逻辑，从而建立起海德格尔存在美学的系统性研究。

本研究兼具理论意义与现实意义。理论意义包括以下几个方面：其一，通过搜集海德格尔的原始文本，以及到梅斯基希海德格尔博物馆进行实地考察，明确了其思想的两次"转向"及三个时期，有助于厘清其思想道路的发展轨迹，推进海德格尔思想的阶段性研究；其二，开辟了海德格尔美学研究的新方法，以美论、美感论、艺术论"三位一体"的新视角，深入探讨和挖掘其美学思想的题中应有之义，推进研究朝着系统化的方向发展；其三，结合海德格尔思想整体性与阶段性的特点，将美感论领域中的情态问题形成专题，有利于丰富和完善海德格尔美学研究的主题与内容。现实意义包括以下几个方面：其一，习近平同志在 2014 年召开的文艺工作座谈会上的讲话表明，在文艺创作方面，我国当前"存在着机械化生产、快餐式消费的问题"，并指出"低俗""欲望""单纯感官娱乐"等可能使文艺"在市场经济大潮中迷失方向"。本研究有助于为克服当今时代存在的审美虚无主义问题提供现实启示。其二，本研究揭示了海德格尔对中国智慧与东方艺术的思考，有助于在中西对话的语境中加深对中华美学精神的理解，推动我国文艺事业发展和中国特色社会主义文化建设。

综上所述，在传统与现代之争的背景下诞生的海德格尔美学思想具有重要的研究价值。海德格尔美学研究虽蔚然成风，但需要在依循其自身思想道路的基础上得到廓清与推进。有鉴于此，本书选择"美·美感·艺术：海德格尔存在美学思想研究"作为论题。

二、国内外研究现状

（一）国外研究现状

1. 关于海德格尔美学思想的整体性研究

目前，国外学界关于海德格尔美学思想的系统性研究成果不多，代表性著作为德国学者 Martin Poltrum 的《海德格尔论美与存在》。该著作从"存在的历史""地形学的思想""诗人的关切"三个方面论述了海德格尔的美学思想，探讨的内容包括其思想主题、艺术、美学、美、诗等。

作者指出，海德格尔的美学诞生于其存在批判的语境之下，艺术的存在之维与诗意的四元世界可以对计算性思维进行纠偏，存在的神圣化与拯救可以通过美得以实现。

2. 关于海德格尔情态思想的专题性研究

在德国学界，关于海德格尔情态思想的研究体现在四个方面。

（1）对情绪和情态自身的研究。Friedrich-Wilhelm von Herrmann 以《存在与时间》第二十九节"在此——作为现身情态"为文本依据，从此 - 在作为自身绽出视域下敞开的存在、此 - 在的情绪及其敞开特性、情态作为情绪的生存论 - 存在论的结构以及情态的三种存在论的本质特性三个方面出发，建构关于感觉的生存论 - 存在论的研究大纲。

（2）对情态思想的系统性研究。Byung-Chul Han 基于海德格尔的思想主题探讨了"畏惧""压抑""痛苦"等情态，并指出守护"基本情绪"可以保护"存在"或"生成"。作者指出，海德格尔基本情绪理论的突破性在于，它使心灵超出主体而与世界合一。

（3）对某一情态样式的研究。Romano Pocai 梳理了海德格尔从《存在与时间》（1927 年）到弗莱堡大学校长就职演说《德国大学的自身主张》（1933 年）之间的情态思想，通过解析"畏惧"与"无聊"等情态指出，海德格尔将情态理解为经验世界与自身的主要现象，一切具体行为都建基于此。Cathrin Nielsen 指出，海德格尔早期的"畏惧"思想可以在其晚期对特拉克尔诗歌的探讨中得到回响，由此可用海德格尔对特拉克尔诗歌中"痛苦"一词的阐释来理解《存在与时间》中绽出的"此"。

（4）对情态思想的应用研究。Paola-Ludovika Coriandc 不仅致力于情感理论和情绪现象学的研究，还通过阐明海德格尔此在分析中真理与情态的关系，为心理治疗的理论与实践奠定哲学根基。

在英美学界，关于海德格尔情态思想的研究多集中于其早期思想。Sharin N. Elkholy 指出，海德格尔在《存在与时间》中探讨了个人的有限性，并以"畏惧"标明了个人的"向死存在"与"有罪责存在"，以此探讨情态与存在的有限性之间的关系。Matthew Ratcliffe 阐释并批判了《存在与时间》中的情态理论，将其局限性概括为以下几个方面：第一，海德格尔并未完全展现出情态的深度或层次，这在其 1929—1930 年的《形而上学的基本概念：世界—有限性—孤独性》讲座中得到了补充；第二，他并未详细展开情态的身体性维度，而身体现象学的相关研究可以拓宽其情态研究的视野。

3. 关于海德格尔艺术思想的专题性研究

从艺术方面切入海德格尔美学思想的研究占比最大。在德国学界，关于海德格尔艺术思想的研究体现为四个方面。

（1）对艺术思想的系统性研究。Günter Seubold 既将海德格尔的艺术思想还原到历史性的背

景中，又显示出海德格尔自身艺术思想的发展变化，还专题化地分析了海德格尔对具体艺术门类（如诗歌、建筑、雕塑、绘画、音乐）的阐释。

（2）对某一主题的研究。Ute Guzzoni 探讨了海德格尔思想中空间、艺术和语言的关系。作者既阐明了空间与物之间的关系以及作为特殊之物的艺术作品，又鉴于人类居住于语言的空间厘清了空间与语言类艺术作品的关联，以此揭示出海德格尔思想的形象性、空间的虚无性以及人类居住于大地与天空之间的本性。

（3）对《艺术作品的本源》的阐释与发挥。作为海德格尔的私人助理以及《海德格尔文集》的主编，Friedrich-Wilhelm von Herrmann 著有众多海德格尔研究著作及论文。其中，《海德格尔的艺术哲学》属于评注类专著，它旨在对《艺术作品的本源》进行系统性阐释。作者将《艺术作品的本源》与海德格尔中期核心著作《对哲学的贡献（论生成）》结合起来，从"存在的本性作为生成"这一思想要旨出发，阐发海德格尔的艺术思想。

（4）对具体艺术门类的研究。

①现代视觉艺术。Elisabeth Körfer 从海德格尔的视角出发洞察了包含绘画、雕塑、建筑在内的现代视觉艺术，揭示出艺术对于技术的拯救作用以及艺术哲学在海德格尔整体哲学中扮演的路标角色。Otto Pöggeler 围绕包豪斯的核心问题"艺术与技术的关系"探讨了保罗·克利与海德格尔的诠释路径，论述了克利的现代性、海德格尔的哲学与艺术、海德格尔视域中的克利以及海德格尔的现代艺术阐释。

②戏剧。基于海德格尔对索福克勒斯的悲剧《安提戈涅》的解读，Vladimir Vukićević 结合海德格尔的思想背景探讨了其古典悲剧之思。作者指出，海德格尔不仅对希腊基本语词"Unheimlich"做了"无家可归"的创造性解读，还通过安提戈涅的冒险展现了人的归家本性。

③诗歌。相关研究多集中于海德格尔的荷尔德林诗歌阐释：Iris Buchheim 通过海德格尔与荷尔德林的对话澄清了诗歌作为另一开端的本性及其质朴性；Holger Helting 的关注点在于海德格尔对荷尔德林诗歌中"神圣者"的阐释，并建立起它与此在分析的关联；Martin Bojda 从本体论、认识论、美学、社会、政治等方面呈现出海德格尔与荷尔德林的差异性，揭示了二人对思想与作诗的不同理解以及海德格尔解读荷尔德林的优点与局限。除此之外，Friedrich-Wilhelm von Herrmann 还探讨了海德格尔与格奥尔格之间细微而又清晰的区别，在此在分析 - 生成历史性思想的问题视域中敞开思想与作诗的近邻关系。较为全面的研究成果为 Susanne Ziegler 的著作《海德格尔论作诗与思想的关系》，该著作以海德格尔的思想"转向"为理论背景展现了其与荷尔德林、巴门尼德、索福克勒斯、品达的对话，分析了作诗与思想的同一性与差异性，最终落脚于此二者对语言的归属关系。另外，法国学界的 Marc Froment-Meurice 基于《存在与时间》、荷尔德林讲稿、《艺术作品的本源》和《在通向语言的途中》等文本的相关章节，从基础存在论角度阐述语言的意义，以此分析海德格尔的诗学。

在英美学界，关于海德格尔艺术思想的研究体现为三个方面。

（1）对艺术思想的系统性研究。Julian Young 从"艺术作品的本源""荷尔德林：早期文本""荷尔德林：晚期文本""现代艺术"四个方面阐述海德格尔的艺术哲学，并指出艺术在海德格尔那里只是其哲学的回声。

（2）对艺术思想的重构。Barbara Bolt 基于海德格尔的文本与若干国际知名艺术家的作品，探讨在后媒介、数字化、技术统治以及后人类时代如何思考艺术的问题，以此重构海德格尔的艺术之思。

（3）对具体艺术门类的研究。

①戏剧。Julian Young 呈现了海德格尔对悲剧的理解随其政治立场的变化而发生的转变，指出其战后关注后现代世界中悲剧的可能性与必要性，从而回到对悲剧的核心解释，即创建历史性民族或真理。

②建筑。Adam Sharr 基于《物》《建筑·居住·思想》《……人诗意地居住……》等文本系统梳理了海德格尔关于建筑的思想，并论述了其对诸多建筑家的实际影响。

③雕塑。Andrew J. Mitchell 阐释了海德格尔 20 世纪 50 至 60 年代的四篇关于雕塑的文稿，并指出通过分析雕塑，我们不仅能够理解自身如何归属于技术化和无家可归的世界，还能探寻居住的空间。

④音乐。Wesley Phillips 结合哲学、批判理论、文化研究与美学研究的路径，试图通过"音乐"和"等待"这两个核心概念显示阿多诺与海德格尔如何共同反思当代形而上学的可能性。

⑤诗歌。Véronique M. Fóti 呈现了海德格尔与诗人默里克、特拉克尔、里尔克、荷尔德林、策兰的对话，以此揭示海德格尔在美学、伦理学以及政治领域的思想。James K. Lyon 从时间、范围、性质等方面细致入微地探讨了保罗·策兰与海德格尔之间长达近二十年却未尽的对话，呈现了二人如何阅读和回应彼此的作品。David Nowell Smith 对海德格尔的诗学批判提出了再批判，指出海德格尔提出的韵律与比喻的价值、"诗意语言"的概念、语言与身体之间的关系、诗歌的"真理"都触及了诗学的核心并拓宽了诗学的边界。

4. 囊括于海德格尔整体思想研究著作中的美学思想研究

在德国学界，Heinrich Wiegand Petzet 著有《走向一星——与马丁·海德格尔的相遇和对话》，其中"与艺术打交道"这一章探讨了"艺术与艺术家"以及海德格尔与凡·高、塞尚、毕加索、克利之间的关联；Otto Pöggeler 著有《海德格尔的思想道路》，其中"另一开端"这一章论述了"艺术的开端性"和"荷尔德林与另一开端"；Walter Biemel 基于《艺术作品的本源》和《语言的本质》澄清了海德格尔的艺术之思。

在英美学界，George Pattison 从"诗歌与语言""诗歌与四元"两个方面揭示了海德格尔如何从哲学的角度进入荷尔德林的思想，以及荷尔德林如何照亮海德格尔晚期的语言思想；Miguel de Beistegui 著有《与海德格尔一起思考》，其中"美学"这一章包含"美学，'哲学的婢妾'？"

与"建筑的地方"两节，前一节揭示了哲学与艺术的同质性，后一节阐明了建筑的存在论、历史性意义以及技术时代居住的意义；Gregory Bruce Smith 著有《马丁·海德格尔：走过的路，开辟的路》，其中"艺术、诗歌与《泰然让之》：现象学回归"这一章探讨了海德格尔在其晚期作品《泰然让之》中呈现出的艺术之思。

（二）国内研究现状

1. 关于海德格尔美学思想的整体性研究

与国外学界相比，国内学界关于海德格尔美学思想的系统性研究成果更为显著。

（1）张贤根著有《存在·真理·语言——海德格尔美学思想研究》，将海德格尔的美学思想划分为早、中、晚三个时期，并从各自的主题即"存在的追问""真理的显现""语言的倾听"出发展开具体阐释。

（2）肖朗著有《海德格尔现象学美学研究》，从"艺术与真理""诗意语言与语言""居住与四元世界""原物之美：海德格尔与老庄思想的对话"四个方面探讨海德格尔的现象学美学。

（3）刘旭光著有《海德格尔与美学》，围绕美、美学、美学史、艺术、诗等问题展开研究，不仅将海德格尔的美与艺术之思还原到他的整体思想中，还将其还原到美学的问题史中，在与美学史上重要命题的相互印证中揭示其思想的独特意义。

（4）王昌树著有《海德格尔生存论美学》，以海德格尔的生存论哲学为出发点，从存在之真理、艺术之发生、诗意之栖居三个方面揭示其生存论美学的思想道路。

（5）张海涛著有《澄明与遮蔽：海德格尔主体间性美学思想研究》，从本体论的主体间性视角出发探究海德格尔的美学思想，选取贯穿其思想始终的两个关键词"澄明"与"遮蔽"，以此把握其前后期思想的转变，并基于此阐明海德格尔的审美主义归宿。

（6）郭文成著有《海德格尔晚期美学思想研究》，指出海德格尔晚期美学思想的主题为"诗意地居住"，主旨为在图像时代深思语言的意义，并且诗意的语言在通向现实家园的道路上仍具有指引意义。

（7）赵晓芳著有《致命的美学：海德格尔的美学思想》，从"跳出传统美学"和"跳入新型美学"两个步骤出发，阐明海德格尔美学思想的要旨在于真理即最美者，并指出其美学的致命性在于自身的模棱两可以及与中国传统嫁接时暴露出的问题。

2. 关于海德格尔情态思想的专题性研究

在国内学界，关于海德格尔情态思想的研究多集中于其早中期思想。肖庆生、姚春波、崔晨基于《存在与时间》探究了海德格尔的情绪理论，指出情绪本体论在其生存论思想中的关键作用以及对当代社会的重要启示。王珏通过系统梳理海德格尔探讨"无聊"的相关文本，将其无聊现

象学置于现代人的实际生活处境，揭示了无聊情绪何以开启克服技术主义危机的道路。孙周兴将海德格尔的思想划分为前期和后期两个阶段，并指出其前期思想把情绪规定为此在之实存论环节，后期思想从"存在历史"意义上将"另一个开端"的基本情绪规定为"既惊恐又畏惧的压抑"。

3. 关于海德格尔艺术思想的专题性研究

（1）对某一主题的研究。谷鹏飞标明了海德格尔从艺术通达真理的三条美学道路：①存在—存在者—艺术作品—真理—艺术；②人（艺术家）—艺术作品—作品的作品存在—真理—美；③诗人—诗—语言—真理。

张贤根揭示了艺术"地方性"思想在海德格尔不同时期的不同含义：早期，艺术的生成之地为没有主客分立的世界整体；中期，艺术生成于世界与大地的争执之地；晚期，艺术的地方性即聚集了天、地、人、神四元的世界。

（2）对具体艺术门类的研究。

①德国当代造型艺术。孙同兴基于海德格尔的现象学哲学阐明其艺术理解和艺术规定，并指出其对德国当代造型艺术的影响：从主体主义艺术转向后主体主义艺术；从视觉研究转向物质／物的研究；从手艺技巧转向总体艺术创作。

②绘画。苏宏斌、宋聪聪针对海德格尔对拉斐尔名画《西斯廷圣母》的阐释做出了再阐释，指出这幅画从教堂窗上画变为博物馆架上画意味着艺术丧失真理而沦为世界图像，以及艺术由表象性图像恢复为真理性面容的必要性。

③诗歌。钟华以"文艺的超越性品格"为问题线索梳理了海德格尔的诗学思想系统，指出文艺的超越性品格包含三个基本纬度：文艺的"形上之维"、文艺的"神性之维"和文艺的"源初道德之维"。张福海将世界性的诗性生成界定为"原诗"，通过"诗性还原"（境域创建）的方法展开海德格尔原诗学研究。支运波从三个方面厘清了海德格尔对诗的沉思：第一，诗为"急迫"创造了一个自由的空间，使真理得以在其中发生；第二，诗为人提供了与存在建立始源性关系的最佳场所，并使其承担的拯救职责得以奏效；第三，诗意栖居的时空之所是人－神游戏的存在之本质，它要在"另一开端"中获得。

（3）比较研究。李必桂著有《原艺——尼采与海德格尔艺术哲学比较研究》，以"存在与艺术的关系"为主题，从历史与世界两个方面比较分析了尼采与海德格尔二人的艺术思想。就海德格尔而言，历史的基本经验为存在之遗忘史，世界的基本经验为灰暗化，伟大的艺术相关于历史的开始或重新开始，艺术的本性最终被纯粹语言即道说所规定。余虹著有《艺术与归家——尼采·海德格尔·福柯》，以"逃离"和"归家"为主题展开对尼采、海德格尔、福柯的后形而上学思想的比较，揭示了海德格尔对科学与技术的逃离以及通过艺术、诗歌、思想三者所实现的归家。郝文杰著有《艺术的真理空间——海德格尔与中外艺术思想研究》，从艺术本体、艺术创作、艺术作品及诗性语言几个方面探讨了海德格尔的艺术之思，以此阐明其对艺术真理空间的建构与理

解，并在此基础之上阐发了海德格尔美学与中国当代美学的建构以及海德格尔艺术之思与中外艺术的重释。

综上所述，国内外学界在海德格尔美学思想方面的研究成果颇丰，并呈现出精细化发展的态势，为本研究的开展提供了借鉴和参考。不过，当前海德格尔美学思想研究至少存在以下两个方面的不足。

（1）思想分期有待明确。海德格尔思想道路的特点显现为"一条道路、两次转向、三个时期"，其美学思想也据此展开。现行的部分研究并未明确其思想的第二次"转向"，以致未能结合不同时期的主题进行深入研究，并且未能揭示其不同阶段美学思想的张力。

（2）研究路径有待完善。综观西方历史，哲学研究主要包括存在、思想、语言三大主题。美学作为哲学的分支理应包含这三个维度。有鉴于此，美学的主体一般包括美论、美感论、艺术论。现行的部分研究仅聚焦于海德格尔美学思想的部分，而系统性的研究应实现"三位一体"。

为了弥补上述不足，本研究试图在把握海德格尔整体思想基调的前提下凸显其美学思想的阶段性特点，从美的存在、美的存在的经验、艺术（诗）三个层面出发，系统梳理其存在美学思想，以期在既有成果的基础上寻求突破。

三、研究方法

1. 文献分析法

广泛搜集国内外有关的文献资料，对其进行梳理和分析，在充分借鉴已有研究成果的基础上，确立本研究的起点和主题。分析海德格尔各个思想时期的文献，在跨文献研究的视域下揭示其不同阶段的思想内涵及其关联。

2. 比较分析法

比较国内外相关研究成果，总结其创造性和局限性。对海德格尔哲学美学思想进行横向和纵向的比较，在与传统思想家和同时代思想家的对比中揭示其思想的边界。

3. 历史与逻辑相统一的方法

本书从海德格尔哲学发展的历史分期出发运思，并以其美学的历史发展为线索，从美论、美感论、艺术论三个层面呈现了海德格尔存在美学的基本内涵与内在逻辑。

第一章　海德格尔的思想道路

众所周知，海德格尔所处的现代是哲学死亡的时代。但这并不是说作为学科的哲学走向终结，而是意味着传统意义上的哲学在现代已穷尽其可能性。这主要有两方面的原因。首先，分门别类的科学从哲学中分离出来并建立其独立性，它们作为原理又指向技术的制作。这一转变在现代社会的发展进程中具有必然性，但科学技术的进步以哲学的消解为代价。其次，传统哲学在现代思想中已不具备合法性。传统哲学的本质为形而上学，其思想主题为理性。而现代哲学发生了理性向存在的转向，后者比前者更为本源。

作为现代哲学家，海德格尔将批判形而上学视为己任。他批判形而上学的原因是多方面的。首先，它倾向于在精神领域寻求根据，从而形成思想决定存在的传统。不过，海德格尔指出没有洞见到存在的思想是无根的。现代哲学的主题即存在，不再是思想决定存在，而是存在决定思想。其次，它致力于超出存在者之外为其寻求根据，而不是从存在者自身出发探究其如何存在，这种做法往往导致存在者自身被遗忘。与此不同，海德格尔着眼于存在者自身揭示其本性，即存在自身如何在存在者那里展开运作。最后，它止步于对存在者与存在者之存在方式的探讨，却尚未探入最为本源的根据，即存在自身。而海德格尔追问存在的本性，即作为虚无的存在。虚无不是一无所有，也不是虚无主义，它聚集了生成的力量。与形而上学将存在思为静态的现成状态不同，海德格尔认为本真的开端即存在的动态生成，此乃无之无化。

然而，海德格尔批判形而上学并非为了将其完全推翻。如他所说："哲学的每一阶段都有其本己的必然性。"① 只不过，本应作为过去式的形而上学却在现代成为幽灵。在科学的消解和形而上学的遮蔽的双重威胁之下，哲学在现代如何拥有其位置？为此，海德格尔提出一种"返回步伐"，即由哲学回到思想②。哲学的本来面貌即思想，但它作为一门学科只能以知识学的方式呈现。学科的分类基于形式化、系统化的需要。思想在远离其本性并接受技术处理的前提下才转化为哲学。哲学建基于思想，又反过来规定思想。在形而上学的历史中，思想等同于逻辑和理性。但它们与思想的差别在于，前者的运作方式为对象化的表象，后者则是内立性的经验。理性预设了主体与

---

① Martin Heidegger. *Zur Sache des Denkens*. Frankfurt am Main: Vittorio Klostermann, 2007, p. 70.

② 海德格尔指出："形而上学依然是哲学之首。但形而上学没有达到思想之首。在思及存在之真理的思想中，形而上学被克服了。"参见 Martin Heidegger. *Wegmarken*. Frankfurt am Main: Vittorio Klostermann, 1976, p. 367.

客体的分别，而思想与所思的事情合一。海德格尔区分了哲学与思想，并指出他所从事的乃是思想的事业。

这样，我们就可以如此对海德格尔的哲学进行定性：如若海德格尔没有哲学，此乃没有传统意义上的哲学；反言之，如若其有哲学，此即一种反哲学与后哲学的哲学。相较于哲学而言，海德格尔更倾向于思想这一说法，他别具一格地将思想规定为道路①。实际上，道路乃是其思想的核心语词，其重要性可通过海德格尔著作的标题体现出来：《海德格尔文集》第五卷《林中路》、第九卷《路标》、第十二卷《在通向语言的途中》、第七十二卷《开端的小路》、第七十七卷《乡间路上的谈话》等。他甚至在《海德格尔文集》的标题页写下"道路——而非著作"的主导箴言。在其笔记中，他对这一主导箴言做出进一步诠释：《海德格尔文集》应以多种多样的方式揭示出一种"在路上"，这种"在路上"运作于一种道路域中，这种道路域归属于具有多种意义的存在问题的那种自行变化着的发问活动。②

思想作为道路不同于思想作为结构，后者静止不动，而前者处于运动之中。由此，海德格尔的整体思想显现为一条追问存在或追问虚无的道路。道路自身运行并发生转向，由此形成思想分期。目前学界通行的做法是以海德格尔在 20 世纪 30 年代发生的转向为界线，将其思想划分为早期和晚期两个阶段。但值得注意的是，海德格尔在 1969 年的勒·托尔讨论班中明确提出了其思想道路上的三个路标：意义、真理、地方③。此三者都相关于其思想中一以贯之的东西——存在。由此，其思想道路实际上发生过两次转向④：从"存在的意义"转向"存在的真理"，从"存在的真理"转向"存在的地方"。由此，其思想应该被划分为早、中、晚三个时期。

第一节　作为虚无的存在

在西方哲学史上，对存在问题的探讨古已有之。早在西方哲学发展的第一阶段即古希腊阶段，巴门尼德就区分了存在与非存在。在他看来，存在为不变不动的"一"，非存在为处于运动流变之中的事物。前者由思维在超验领域获取，此乃真理；后者由感觉从经验世界获取，此乃意见。

---

① 海德格尔在《海德格尔文集》第九卷《路标》的前言中指出："也许它是一条于思想的事情的规定中的道路。"对此，彭富春阐释道："对规定而言，语言性的阐明是决定性的，因为它根本上是语言的声音。作为如此，林中空地形成了自身。那里宁静宁静化。它道说，凭借于它的沉默。但思想主要是历史性所构成的，只要它表现为哲学的历史。在存在的历史中，真理显现出来，凭借于它的自身遮蔽。而事情首先是世界性地被透视，因为此在是在世存在。世界敞开自身，但凭借于它自身的拒绝。"参见 彭富春.《论海德格尔》. 北京：人民出版社，2012 年版，第 9 页。

② 参见 [德] 海德格尔.《早期著作》. 张柯，马小虎，译. 北京：商务印书馆，2015 年版，第 533 页。

③ 参见 Martin Heidegger. *Seminare*. Frankfurt am Main: Vittorio Klostermann, 1986, p. 344.

④ 除了文本之外，位于海德格尔家乡梅斯基希的海德格尔博物馆也能为其第二次转向提供佐证。该博物馆中有一系列展柜陈列着海德格尔不同思想时期的著作、手稿、照片、私人物品等。该系列最后一个展柜上方的标题为"最后的转向（Letzte Wendung）：《在通向语言的途中》"。

根据他的规定，存在即唯一的超验者和绝对实体，此外即虚无。存在要被思考和言说，而虚无既不可被思议，又不可被言说。巴门尼德的这种观点奠定了西方存在论的基石，它仅仅将存在问题作为探讨的核心，而虚无作为非存在是要被排除在思想和语言之外的。

众所周知，存在论是形而上学的分支，也是形而上学的根本所在。形而上学作为一门学科，最早由亚里士多德建立。就其词形而言，它由前缀"meta-"和词根"physics"组成，"meta-"即"在……之后"，"physics"即"物理学"，metaphysics 意为"物理学之后"。这里的"之后"并非时间顺序，而是逻辑上的"超越"。与研究特殊存在者的物理学不同，形而上学旨在探究存在者的存在，即事物的一般原因和原理。亚里士多德赋予其"第一哲学"的称号。形而上学不仅是一门学科，还是一种思维方式，其特点即追问万事万物的第一根据。因此，形而上学所定义的存在就是这种原因和根据。

形而上学历史的各个时期显示出不同的根据。在柏拉图那里，根据被设定为理念，它具有永恒性、绝对性、先验性，是唯一真实的存在。在基督教那里，根据被设定为上帝，其为全知全能的存在，是最高的主导者。在黑格尔那里，根据被设定为绝对理念，它是世界的本原，作为先于感性世界的第一性的存在。海德格尔将形而上学的历史界定为从柏拉图到黑格尔的历史，它显现出超验之于经验的绝对优先性。与海德格尔同属现代的尼采和马克思完成了对形而上学传统的颠倒，他们从感性经验世界中寻获作为存在者根据的创造力意志[1]和实践。不过，在海德格尔看来，颠倒与被颠倒本质相同，它们都局限于二元世界的划分与对立，而遗忘了最本源的东西。

海德格尔敏锐地洞察到形而上学在追问存在的过程中暴露出的致命问题，即它对根据的追问不够彻底，局限于存在者的理论视域，却尚未探入存在自身。虽然形而上学以存在论为核心，但它所理解的存在只是实体化和对象化的存在，这导致存在自身被遗忘。因此，海德格尔宣称存在问题并未在形而上学的历史中发生过。有鉴于此，他将追问存在自身作为其思想的使命。而这一追问又具有其独特性，此即将存在问题置于追问虚无的视野之中。他明确提出存在即虚无的命题。显然，这一命题对传统观念形成了巨大挑战。首先，形而上学并未给予虚无应有的重视，它却在海德格尔这里形成专题。其次，存在与虚无过去是非此即彼的，存在不虚无，虚无不存在。此二者的关系在海德格尔这里却发生了根本性的转换，不再是存在与虚无的二元对立，而是存在作为虚无的自身同一；不再是存在之外另有虚无，而是存在的本性就是虚无。

为了进一步厘清海德格尔的虚无思想，我们可以聚焦于他 1929 年在弗莱堡大学所做的教授就职演讲，其标题为《形而上学是什么？》。该演讲可以被视为海德格尔对形而上学的基本问题"为何只是存在者而不是虚无存在"的重构。这个问题最早由巴门尼德提出，他认为存在者存在，虚

---

[1]　"创造力意志"的德语为"Wille zur Macht"，汉语学界一般将其译为"权力意志""强力意志"等，但此类译法容易被误解为政治权力。在德语中，名词"Macht"对应的动词是"machen"，它含有"制作""创造"等意思。尼采在《查拉图斯特拉如是说》中将其解释为"不竭的创生的生命意志"。鉴于此，本书参照彭富春教授的译法，将其译为"创造力意志"。参见 彭富春.《哲学美学导论》.北京：人民出版社，2005 年版，第 15 页。丰雒鑫.《艺术作为创造力意志的直接表达》，载《美与时代（下旬刊）》，2017 年第 3 期。

无不存在，此乃唯一的真理之路。海德格尔则反其道而行之，他主张虚无存在并且是存在的本性。于是，演讲的核心问题并非标题所指示的那样，而是"虚无之情形如何"，以此超出形而上学而进入形而上学之克服的层面。

诚然，关于虚无的问题本身是一个形而上学的问题，因为它符合形而上学的本质，即超出存在者之外对其进行追问和理解。但由于它超出了形而上学固守的存在者视域而触及其基础和根本——虚无，它又不再形而上学地思考。因此，海德格尔追问虚无是一种形而上学维度的思考，但它超出了传统形而上学的理论限度。考虑到这种与形而上学既同一又有差异的特点，海德格尔在制订这一问题时表现出其思想的严格性。他没有沿用演讲标题的句式发出"虚无是什么"的疑问，而是转换为"虚无之情形如何"，以此区别于传统形而上学以存在者为导向的提问方式。

关于此问题，海德格尔给出的回答为："虚无既不是一个对象，也根本不是一个存在者。虚无既不自身出现，也不出现在它仿佛与之亦步亦趋的那个存在者之旁。虚无乃是一种可能性，它使存在者作为这样一个存在者得以为人的此在敞开出来。虚无并不首先提供与存在者相对的概念，而是原始地属于本质本身。在存在者之存在中，发生着无之无化。"① 这一回答包含若干层面的意思：第一，虚无超出了存在者的限阈，一切存在者甚至非存在者都不能与之相提并论。第二，虚无不能对象化地被把握，近代主客体二元化思维模式对其并不适用。第三，虚无为存在的本性，它自身遮蔽和自身拒绝，其本性化的过程即无之无化。第四，虚无虽然不是存在者，但它们并非互不相干，而是形成了一种关系。虚无不是在存在者之旁与其比肩并立，此乃对它的实体化理解。实际上，虚无与存在者之间是一体化的。但这并非无差别的一体，而是有所区分的整一。海德格尔把与虚无处于一体关系中的存在者称为"脱落着的存在者"②，"脱落"表明虚无与存在者之间有一个不可逾越的间隙。凭借于此，虚无才能得到经验。第五，虚无是一种"使之可能"的可能性，它凭借无之无化指引着人、存在者以及二者之间的关系。基于虚无，人才能走向存在者并揭示其本性，存在者才能为人敞开其自身。由此，存在者不再通过作为主体的人进行表象，而是虚无使存在者为了人的存在而敞开；不再是人规定存在者，而是虚无共同规定人与存在者。

经过这样一番对虚无的阐释，海德格尔的虚无思想与传统形而上学之间的区别昭然若揭。虽然海德格尔论虚无也是一种超出存在者的形而上学追问，但形而上学旨在超出存在者去寻找一个外在的原因和根据，这往往体现为一个最高存在者，而虚无作为非存在者显然无法担此重任。向外寻求的路向忽视了存在者自身，对最高存在者的追寻又尚未触及存在自身。与之相对，海德格尔所说的虚无并非外在于存在者的最高存在者，而是与存在者共属一体的存在自身。"没有存在者，存在绝不现身成其本质，而没有存在，也绝没有一个存在者存在。"③ 一方面，存在对存在者具有规定性；另一方面，存在又需要具有揭示作用的存在者。它们之间显现出一种相互依存的关系。这样，

① Martin Heidegger. *Wegmarken*. p. 115.
② Martin Heidegger. *Wegmarken*. p. 114.
③ Martin Heidegger. *Wegmarken*. p. 306.

不仅本源性的存在自身得到了探问，存在者的重要性也并未受到削减。海德格尔既保全了存在自身的尊严，又保全了存在者整体的尊严。

于是，海德格尔重新诠释了形而上学的经典命题"存在者存在——而不是虚无"。他指出，"而不是虚无"并非否定性的补充说明。实际上，虚无乃是先行的规定。无之无化即"存在之生成"①，基于这一开端性的生成活动，存在者才得以存在。由此，存在作为虚无，其根本的意涵在于"让生成"。有鉴于此，海德格尔一语中的地指出，如若存在之为存在的问题乃是形而上学的涵盖一切的问题，那么，虚无之问题就表明为这样一种问题，即它包括形而上学之整体。② 由此，海德格尔基于其无根性对传统形而上学的合法性提出质疑。不过，他对传统形而上学的批判并不能直接等同于对形而上学的否定。实际上，他认为形而上学属于人的本性。超出存在者去思考和发问本就属于人的存在，人之超越性就体现于此。只不过传统形而上学的思想进路和提问方式并未将人引向其存在的根源之处。因此，海德格尔釜底抽薪地提出作为虚无的存在，以此突破传统形而上学的窠臼。

第二节　早期：存在的意义（1930 年之前）

在论述海德格尔早期思想要旨之前，我们首先需要厘清存在何以成为其思想的事情。早在1907 年，还在弗莱堡人文中学念书的海德格尔就从一位神父的手里借到哲学家布伦塔诺的著作《论亚里士多德哲学中的"存在"的多种含义》，由此触发对存在问题的兴趣。1913 年，海德格尔于弗莱堡大学获哲学博士学位，并于三年后获弗莱堡大学讲师资格。同年，布伦塔诺的弟子胡塞尔任弗莱堡大学哲学教授。之后，海德格尔成为胡塞尔的私人助手、学生以及亲密的伙伴。胡塞尔是现象学的创始人，他从先验论的认识论立场出发，悬搁对存在事实的日常观点，将物描述为在意识构造领域出现的现象。海德格尔深受胡塞尔影响，并承袭了"走向事情本身"的现象学原则。不过，他所走向的并非意识的事情，而是存在的事情。他认为物的意义完整性显现于经验世界之中，由此聚焦于存在事实和生活世界的原初经验。这与胡塞尔晚期把现象归结为"生活世界"的走向相契合。如他所说："生活世界是永远事先给予的、永远事先存在的世界。"③

经过海德格尔的改造，现象学的核心问题由认识论转向存在论。1923 年，海德格尔在马堡大学哲学系任副教授。1924 年夏季学期，他讲授了"亚里士多德哲学的基本概念"课程。在该课程中，海德格尔阐释了亚里士多德的诸多概念，其中包含 ousia 这一范畴。在亚里士多德看来，原来的哲学所苦苦探寻的"存在"不过是一个表述词，是对事物之状态的表述，而不是事物本身，出于对确定性的追求，哲学的对象应当是事物本身，是一个承载着各种属性与状态的基质，而这层意义

---

① Martin Heidegger. *Seminare*. p. 363.
② 参见 Martin Heidegger. *Wegmarken*. p. 120.
③ 赵敦华.《现代西方哲学新编》. 北京：北京大学出版社，2001 年版，第 115 页。

在原来的"存在"（on）这个词中体现不出来，因此亚里士多德用了 ousia 这个词来表达自己对于事物之"存在"的看法。① 根据海德格尔的讲解，亚里士多德思想中 ousia 一词的术语意义包括以下两个方面：①存在者或各种存在者，并未直接强调其如何存在；②恰恰是存在者的存在。②

虽然亚里士多德对存在问题的探究较传统而言已经更为深入，但海德格尔认为其并未触及问题的根本。海德格尔对存在问题的追问体现在其早期代表作《存在与时间》（1927 年）中。在该书引言部分，他指出，鉴于今人不知"存在"并且对自己的这种无知状态一无所知，此书的写作意图乃是厘清"存在的意义"。③ 由此，海德格尔立足于"存在论差异"与传统存在论划清界限，从而提出自己的"基础存在论"。他一针见血地指出，传统的存在论研究仅限于存在者的理论视域，把存在要么理解为"存在者"，要么理解为"存在者的存在"，却尚未探入本源性的存在自身。而"基础存在论"恰好完成了对存在的本质追问，历史上的一切存在论都源出于此。

顾名思义，《存在与时间》的初步目标即将存在理解的可能视野聚焦于时间。按照原计划，该书包含两部分，每部分又分为三篇。第一部分的任务在于从"此在"的存在论分析入手揭示"存在的意义"，第二部分的任务在于解构存在论历史。然而海德格尔最终只完成了第一部分的前两篇，即"准备性的此在基础分析"和"此在与时间性"。因此，《存在与时间》作为未尽之作并未实现其最初目标，它仅揭示了"此在"存在的意义，却尚未探入存在自身的意义，仅将"此在"规定为时间性，却尚未澄清时间与存在之间的本质关联。

海德格尔之所以试图从"此在"出发追问存在，是因为相较于其他存在者而言，"此在"先天地能够追问并理解存在，"存在之理解属于此在的存在结构"④。为了表明"此在"的特殊性，他将其存在规定为"生存"（Existenz）。在"此在"的存在论分析中，海德格尔将其基本结构描述为"在世界之中存在"（In-der-Welt-Sein）。他从"此在"的日常生活世界入手探入世界之世界性，并最终为其奠立时间性的根基。在"准备性的此在基础分析"中，海德格尔首先探讨了"此在"的日常生活世界。它主要包括"此在"、现成之物和应手之物等存在者。"此在"以与他者打交道的方式在世界中存在着，海德格尔将"此在"与物打交道命名为"操劳"（Besorgen），与人打交道命名为"操心"（Fürsorge）。在此基础之上，他将"此在"结构的整体性概括为"烦忙"（Sorge）⑤。"此在"通过烦忙建立起与世内存在者的关系，海德格尔将这一关联整体称为"意义关联全体"（Bedeutsamkeit），此即世界之世界性。

然而，海德格尔认为从世界性出发将日常状态的"此在"规定为烦忙并不具备本真性，于是，

---

① 刘旭光.《亚里士多德"ousia"范畴的哲学意义》，载《上海师范大学学报（哲学社会科学版）》，2005 年第 4 期。
② 参见 Martin Heidegger. *Basic Concepts of Aristotelian Philosophy*. Robert D. Metcalf， Mark B. Tanzer, trans.. Bloomington: Indiana University Press, 2009, p. 20.
③ 参见 Martin Heidegger. *Sein und Zeit*. Frankfurt am Main: Vittorio Klostermann, 2007, p. 1.
④ Martin Heidegger. *Sein und Zeit*. p. 492.
⑤ 按照汉语学界通行的译法，Sorge 被译为"烦"或"操心"，但它们都不足以涵盖该词所具有的行为和情态的双重含义，故本书将其译为"烦忙"。

在"此在与时间性"中，他在存在论生存论的意义上从时间性出发，将"此在"进一步规定为"向死存在"。海德格尔的时间阐释不同于传统意义上前后相继的线性序列，而是曾在、当前与将来的绽出性统一。进一步而言，他并未局限于单维的时间观，而是在三维动态生成的视野中探索时间之时间性。由此出发，他对死亡的理解亦区分于传统观念。死亡并非仅仅关涉将来这一维度，它既是曾在意义上的"此在"之原初规定，又是当前意义上的"此在"之生存方式。从死亡见出的时间性意味着"作为曾在的当前化的将来"①。

一言以蔽之，海德格尔早期分别以世界性与时间性为切入点展开"此在"的存在论分析，并试图以此揭示"存在的意义"，却尚未实现这一根本目的。《存在与时间》作为残篇仅仅建构了"此在"的生存论，此阶段对存在之意义②的追问停留于人的存在并具体化为人生在世的探讨。

第三节　中期：存在的真理（1930—1950 年）

海德格尔思想的第一次转向发生于 20 世纪 30 年代，这是毋庸置疑的。为了更清晰地把握其思想分期，我们有必要进一步确定转向的时间节点。海德格尔在《论人本主义的信》（1946 年）中指出，他于 1936 年开启了一条道说"存在的真理"的道路，并且 1936 年以来"Ereignis"③成为其思想的主导词④。有鉴于此，一种观点认为海德格尔思想的第一次转向发生于 1936 年。然而，如果我们对《论真理的本质》（1930 年）有所熟悉，就不难发现海德格尔在其注解部分第一段提出，"对真理之本质问题的回答是对存在历史之范围内的一个转向的道说"⑤。也就是说，海德格尔 1930 年探讨"真理"的本质时，其第一次思想转向就已经萌芽了。因而，着眼于一种更为严格的限定，实际上是 1930 年而非 1936 年标志着海德格尔中期思想的开端。这样，以 1930 年为时间节点，将海德格尔的思想划分为早期和中期两个阶段。在此期间，其思想的主题从"存在的意义"转向"存在的真理"，从"基础存在论"转向"存在历史"之思。

与传统存在论相比，海德格尔的"基础存在论"具有革命性意义。然而，伴随其思想逐渐走向成熟，他意识到从"此在"出发追问存在面临一种危险，即陷入人类中心主义、主体主义的困境。

---

① 参见 Martin Heidegger. *Sein und Zeit*. p. 463.

② 张汝伦指出："把一般传统的存在论问题转换为存在的意义问题，实际上是把理论问题变成一个实践问题，因为'存在'源始在语法上是一个动词不定式。'（存在）是什么意思'在这些问题中问的不是静态的状况，而是人的存在行动。"参见 张汝伦.《〈存在与时间〉为什么重要？》，载《中国人民大学学报》，2010 年第 2 期。

③ "Ereignis"在汉语中有多种译法，包括"本有""大道""缘构发生""成己""生成"等。在德语中，"Ereignis"为名词，意为"事件"；其动词形式为"Ereignen"，意为"发生"。海德格尔的"Ereignis"旨在强调存在的动态生成和真理的历史性发生。因此，本书参照彭富春教授的译法，将"Ereignis"译为"生成"。参见 彭富春《论海德格尔》.北京：人民出版社，2012 年版，第 41 页。

④ 参见 Martin Heidegger. *Wegmarken*. p. 313, p. 316.

⑤ 此为 1949 年第 1 版增补内容。Martin Heidegger. *Wegmarken*. p. 201, p. 313.

为了避免用"此在的敞开状态"遮蔽"存在自身的敞开状态"，海德格尔的思想发生了第一次转向。他不再遵循从"此在"到"存在"的探索路径，而是直接揭示"存在的真理"并据此思考人的本性。与通行的认识论、符合论的真理观不同，海德格尔从存在论出发揭示"真理"的本质。早在《存在与时间》中，海德格尔就谈及希腊意义上的真理，即作为"无蔽"（Unverborgenheit）的Aletheia。虽然他指出这一语词因其否定前缀而具有剥夺性质，但其早期的侧重点乃在于"真理"的揭示意义。与早期不同，海德格尔中期对"真理"的讨论向度由敞开性延伸至更为本源的遮蔽性。与此对应，他指出"真理"的本质乃"非真理"。"非"在此有双重含义：一方面，"非"意味着"存在的真理"自身遮蔽的本源性；另一方面，"非"意味着"存在的真理"显现为非自身。由于"存在的真理"自身隐而不显，其只能通过他者显现出来，这种显现又造成对"存在的真理"的遮蔽。由此，海德格尔说，"真理"乃迷误（Irre）。

关于"真理"，海德格尔提出一种根本性的喻象，即"林中空地"（Lichtung）①。"林中空地"乃是森林中的一片敞开之地，然而它并非全然敞开，而是树林遮蔽之中的敞开。就其自身而言，森林意谓遮蔽，空地意谓敞开。在此，天光射入并产生影子。光和影带出人及万物的在场和不在场。"林中空地"乃光明与黑暗、显现与遮蔽共同游戏的自由之境。鉴于真理的敞开与遮蔽的二重性，海德格尔将其规定为"自身遮蔽的林中空地"（Lichtung des Sichverbergens）②。

在洞悉"真理"的本质之后，海德格尔转向关于"存在历史"的思考。相关思想主要体现于其中期代表作《对哲学的贡献（论生成）》（1936—1938年）。它算不上严格意义上系统性的学术著作，而是零散的思想笔记或札记的汇总。尽管如此，其重要性可以比肩甚至超过早期的《存在与时间》③。其中，思想上的"转向"最直观地通过语词上的变化显现出来。海德格尔首先用德语古体词"Seyn"代替形而上学惯用的"Sein"，以此清除形而上学语言的残余。不过，这种从古德语中寻找替代语词的做法并不能让他满意。于是，他提出从"Ereignis"出发，径直沉思"真理"的历史性发生。所谓"存在历史"的"历史"并非历史学意义上时间的线性序列，而是存在的发生（Geschehen）。不同于一般的发生，此乃本性的生成。正是在这种意义上，它被视为本真意义上的历史（Geschichte）。从"Ereignis"出发去思考存在就是思考"存在的真理"如何发生。在海德格尔看来，本真的开端绝不是存在的静态，亦如形而上学所说的现成状态，而是存在的动态④。

海德格尔通过对"第一开端"与"另一开端"的争辩廓清存在的历史。根据海德格尔的观点，

---

① "Lichtung"在汉语中有多种译法，包括"澄明之境""林中空地"等。在德语中，其原义为"林中空地"，该词恰到好处地体现了"存在的真理"之显现－遮蔽的二重性。因此，本书参照彭富春教授的译法，将"Lichtung"译为"林中空地"。参见 彭富春.《论海德格尔》.北京：人民出版社，2012年版，第39页。

② Martin Heidegger. *Beiträge zur Philosophie (Vom Ereignis)*. Frankfurt am Main: Vittorio Klostermann, 1989, p. 297.

③ 孙周兴在《哲学论稿（从本有而来）》的译后记中指出："若从后哲学思想前景的开启这个角度来看，这本《哲学论稿》的意义显然还比海德格尔前期的《存在与时间》更大些。"参见 [德]海德格尔.《哲学论稿（从本有而来）》.孙周兴，译.北京：商务印书馆，2014年版，第644页。

④ 对"存在的真理"的相关分析参见 丰雅鑫.《从"真理"到"地方"——论海德格尔艺术思想的"转向"》，载《文艺理论研究》，2021年第3期。

"第一开端"的历史即形而上学的历史，亦即追问"存在者"与"存在者的存在"的历史，其在不同历史时期围绕不同主题展开。而"另一开端"有一个另外的历史领域，此即"存在的真理"的自身生成。"另一开端"不仅解构了"第一开端"的历史性，还对其开端性提出质疑。形而上学聚焦于存在者展开对存在问题的探讨，开端往往被界定为外在于一切存在者的最高存在者。然而，在海德格尔看来，形而上学对开端的思考恰恰遮蔽了本真的开端，亦即作为虚无的存在。"第一开端"的历史恰恰是开端遗忘的历史，因而，海德格尔建立了"第一开端"与"另一开端"的争辩。争辩不是为了决一胜负，本质性的争辩旨在划分边界。由此，海德格尔并非用"另一开端"否定"第一开端"，而是通过揭示后者的本性显示其终结的必然性，从而指出向前者过渡的必要性。

总而言之，海德格尔中期在解构形而上学历史的前提下更为本源地提出"存在的真理"的生成历史。体系时代与形而上学已告终结，而"存在历史"的时代尚未到来。由此，海德格尔此阶段的思想具有过渡性质，"存在历史"的建构还需要更坚实的地基与更本真的源头。

第四节　晚期：存在的地方（1950 年之后）

从"存在的意义"转向"存在的真理"，海德格尔的思想道路已渐趋通畅。然而，"存在历史"毕竟围绕"存在的真理"展开，而真理这个语词在西方哲学史上长久以来被笼罩在"正确性"的阴影里，它对"存在的真理"所造成的挑战无疑是巨大的。"为了避免一切对真理之意义的曲解，为了排除将真理理解为正确性，我们必须用'存在的地方'来阐释'存在的真理'。"[1] 有鉴于此，海德格尔晚期思想发生了第二次转向[2]，即从"存在的真理"转向"存在的地方"。"地方"在此并非日常意义上的位置和场所，海德格尔从词源出发对其进行阐释。在德语中，"地方"为"Ort"[3]，其原义为矛之尖端。"一切都汇合到这个尖端上。地方向自身聚集，入于至高至极。这种聚集无渗透、弥漫于一切之中。地方这种聚集力收集并且保存所收集的东西，但不是像一个封闭的豆荚那样进行收集和保存，而是洞照被聚集者，并因此才把被聚集者释放到它的本质之中。"[4] 由此可知，"地方"这个词在德语中相关于聚集，而且是一种本性的聚集。流俗意义上真理的判断导致主客分离，而用作为聚集的"地方"诠释"存在的真理"，恰好可以与形而上学划清界限。

关于"存在的地方"的思考，在《从思想的经验而来》这首哲学诗中初见端倪。海德格尔在诗中提到思性之诗乃"存在的地形学"（Topologie des Seyns），"这一地形学对存在而言是道

① Martin Heidegger. *Seminare*. p. 335.
② 鉴于语言成为海德格尔晚期的思想主题，以及其于 1950 年 10 月 7 日在比勒欧为纪念马克斯·科默雷尔首次发表题为"语言"的演讲，我们可以以 1950 年为时间节点划分其中期和晚期思想。
③ 考虑到"Ort"与"Lichtung"（林中空地）的内在关联，本书将"Ort"译为"地方"。
④ Martin Heidegger. *Unterwegs zur Sprache*. Frankfurt am Main: Vittorio Klostermann, 1985, p. 33.

说出其本质的地方性（Ortschaft）"①。实际上，这首诗成形之前，在海德格尔将"存在的真理"规定为"自身遮蔽的林中空地"时，就已经孕育了"存在的地方"的思想。"林中空地"乃是敞开和遮蔽共同游戏的自由之境，有鉴于此，"纯粹的空间和绽出的时间以及一切在时空中的在场者和不在场者才具有了聚集一切和庇护一切的地方（Ort）"②。"林中空地"本就是"地方"，而且是一个本性聚集的"地方"。海德格尔中期只是从"林中空地"出发去思考"存在的真理"，而晚期进一步揭示"地方"的地方性，从而指向开端性的语言。其相关思想主要集中于《在通向语言的途中》一书。

"地方"作为本性的聚集是在语言的呼唤中实现的。海德格尔早期和中期思想都或多或少涉及语言。早期他基于世界性将语言理解为在言谈样式中的"此在"的敞开，"此在"由此揭示了世界的意义。中期他基于历史性将语言理解为"存在历史"的发生方式，语言在此建立了历史的"真理"。而到了晚期，海德格尔试图从语言自身出发去探问其本质。他用"道说"（Sagen）代替了形而上学工具性的"语言"（Sprache）。"道说，在古代斯堪的纳维亚语中叫 Sagan，意思就是显示（Zeigen），即让显现，既敞开又遮蔽之际显现出我们所谓的世界。"③海德格尔从日耳曼语中寻找线索，以此说明本真的语言即作为显示的"道说"，"它是一切地方和时间 – 游戏 – 空间的地方性"④。

"道说"作为存在的地方性显示了存在的本性。语言与存在的关系在此显现出来。虽然语言性到海德格尔晚期才形成主题，但通过他本人在 1969 年的勒·托尔讨论班中的补充说明我们可以得知，存在和语言不可分割的关系早在《存在与时间》中就有所昭示。"《存在与时间》的目的并不在于阐释一种全新的存在之含义，而是去敞开对存在这个语词的倾听。"⑤有倾听就有言说，于是，海德格尔紧接着发问："谁估量过'词语的本质'？"⑥由此，他才生出《在通向语言的途中》的相关思考。因此，海德格尔晚期借由"存在的地方"转向对语言的探讨不是偶然的。这一事实同样可以在《从一次关于语言的对话而来——在一位日本人与一位探问者之间》（1953—1954 年）这篇文章中得到印证。海德格尔在对话中表明，对语言和存在的沉思老早就决定了他的思想道路⑦。实际上，海德格尔所撰写的授课资格论文《邓·司各特的范畴和含义学说》（1915 年）的标题就已经预示了其思想道路的方向。其中，"范畴"是对存在者之存在的探讨工作的通常名称，"含义"即在语言与存在的联系中对语言做形而上学的思考⑧。只不过当时个中思想对于海德格尔而言还是模糊的。1927 年，他在《存在与时间》中虽然涉及"语言与存在"这个主题，但是

① Martin Heidegger. *Aus der Erfahrung des Denkens*. Frankfurt am Main: Vittorio Klostermann, 1983, p. 84.
② Martin Heidegger. *Zur Sache des Denkens*. p. 81.
③ Martin Heidegger. *Unterwegs zur Sprache*. p. 188.
④ Martin Heidegger. *Unterwegs zur Sprache*. p. 246.
⑤ Martin Heidegger. *Seminare*. p. 345.
⑥ Martin Heidegger. *Seminare*. p. 346.
⑦ Martin Heidegger. *Unterwegs zur Sprache*. p. 88.
⑧ Martin Heidegger. *Unterwegs zur Sprache*. p. 87.

语言在其中只是作为"此在"的生存论建构的一个环节而得到浅尝辄止的探讨，并未形成专题[①]。所以海德格尔感叹道："也许，《存在与时间》这本书的基本缺陷就在于：我过早地先行冒险了，而且走得太远了。"[②] 这就是说，《存在与时间》并未循着 1915 年授课资格论文所显示的思想轨迹继续发展，而是走到思想的岔路上去了。晚期海德格尔的语言之思萌芽于其早期，因此，他实际上行走在一条迂回的思想道路上。[③]

综上所述，海德格尔思想道路的核心问题即"存在作为虚无"。这条思想道路发生过两次转向，即从"存在的意义"转向"存在的真理"，又从"存在的真理"转向"存在的地方"。虽然"意义""真理""地方"作为不同的路标，但它们并未将道路截为彼此脱节的三段，而是以相互补充、层层递进的关系显示出同一条道路的自身转向。通过这两次转向我们不难看出，对存在之本质的探讨始于世界性和时间性，经过历史性，终于语言性。[④] 而"最终同时也是开端"[⑤]，语言的本质作为最终思考的东西才是真正具有开端性的。

---

① 孙周兴指出：后期海德格尔所思的语言，不再是生存论上的此在的环节，而是一种把人也包括在其中的无所不在地运作着的源始的发生性力量。在后期海德格尔那里，语言与存在可以说是一而二，二而一的。参见 孙周兴.《语言存在论——海德格尔后期思想研究》. 北京：商务印书馆，2011 年版，第 301 页。

② Martin Heidegger. *Unterwegs zur Sprache*. p. 89.

③ 对"存在的地方"的相关分析参见 丰雅鑫.《从"真理"到"地方"——论海德格尔艺术思想的"转向"》，载《文艺理论研究》，2021 年第 3 期。

④ 彭富春将"意义""真理""地方"这三个关键词所标明的海德格尔的思想道路概述为：在此就意义而言，它表明为存在的意义，但它作为"在世存在"自身拒绝。然后就真理而言，它在形而上学的形态中显现为历史的真理，它作为命运的派送自身剥夺。最后，地方意味着语言的地方性，它自身沉默。于是，这种道路是"存在"从世界到历史并到语言的道路。参见 彭富春.《论海德格尔》. 北京：人民出版社，2012 年版，第 137 页。

⑤ Martin Heidegger. *Unterwegs zur Sprache*. p. 89.

第二章　海德格尔的美学

在现代语境中，与哲学的死亡同时发生的还有美学的终结。同样，这并非表明作为学科的美学不复存在，而是意味着传统意义上的美学在现代已寿终正寝。因此，我们可以如此对海德格尔的美学进行定调：如若海德格尔没有美学，此乃没有传统意义上的美学；反言之，如若其有美学，此即一种反美学与后美学的美学。

虽然美学的命名乃是 18 世纪的事情，但纵观西方历史，美学实际上还以其他的名字得到讨论。这些不同的名字并非无关紧要，而是表明了不同时期的主题与方法。归结起来，美学的主要形态先后体现为诗学、美学（感性学）、鉴赏判断力学、艺术哲学。古希腊时期，亚里士多德将人的理性划分为理论理性、实践理性、诗意或者创造理性。诗学相关于诗意或创造理性。18 世纪，鲍姆加登命名了以情感和感性认识为研究对象的美学（感性学）。他将美学（感性学）规定为自由艺术的理论、低级认识论、美的思维的艺术、与理性类似的思维的艺术。德国唯心主义时期，主体能动性和主观能动精神得到高扬，有鉴于此，康德指出鲍姆加登所说的感性仅具被动性，而审美的主动性唯有通过鉴赏判断力才能体现出来。有赖于其理性建筑术，康德依据形式逻辑的四大范畴对审美判断做出规定。康德之后，美学在谢林和黑格尔这里呈现为艺术哲学。谢林的艺术哲学标志着其先验唯心主义哲学体系的完成，他将艺术称为哲学的最高官能。黑格尔的哲学由绝对理念的辩证发展建构而来，绝对理念的演绎经历了逻辑、自然、精神三大阶段，精神阶段又划分为主观精神、客观精神、绝对精神三个子阶段。艺术处于绝对精神发展的初级阶段，即感性阶段，黑格尔据此将美和艺术规定为理念的感性显现。上述形态虽命名不同，但本质上都属于形而上学的产物，均被理性所规定和制约。

然而，美学的语义在海德格尔所处的现代发生了根本性的转变。不再是理性，而是存在成为美学全新的规定。由此，海德格尔的美学可具体化为存在美学。在海德格尔看来，美学既要挣脱理性哲学的桎梏，又要超出感性认识的局限，更重要的是破除理性与感性的二元对立而聚焦于更为本源的存在自身。从传统意义上而言，真、善、美分别对应于认识论、伦理学、美学，海德格尔却指出此三者并非相互分离，而是统一于存在自身。此即是说，真、善、美并非处于存在之外，而是存在显现的不同向度。由此，美学的语义不再单薄，它作为存在美学实现了真、善、美的合一。

鉴于海德格尔的思想显现为一条自身转向的道路，其美学也呈现出阶段性的特点。早期，海德格尔并未专门讨论美学问题，但他在代表作《存在与时间》中关于理解和解释的思想影响了其学生伽达默尔，从而为解释学美学奠定了基础。中期，海德格尔的美学思想主要通过对荷尔德林诗歌的阐释与《艺术作品的本源》体现出来。在他看来，诗歌与艺术既敞开民族之"真理"，又揭示"存在的真理"。晚期，海德格尔的美学思想主要通过雕塑艺术、东亚艺术以及诗歌之本质的追问体现出来。此阶段，其艺术之思相关于"存在的地方"的敞开以及人在其中的居住问题。艺术自此被赋予还乡的意义。

由于海德格尔的美学思想散见于各阶段的不同角落，我们有必要给予其明晰的整合与重构。如何走进海德格尔的美学成为一个值得思考的问题。结合历史上哲学与美学研究的主题以及现代思想的特点，我们将基于存在、思想、语言这三个维度，从美、美感、艺术出发对海德格尔的美学思想进行剖析。这在海德格尔的思想中主要体现为美的存在、美的存在的经验、艺术（诗）。

第一节　美学的历史规定

在日常生活中，美是大众经常使用的一个语词，审美现象的发生也十分普遍。人们固然会自发地感受美和思考美，但这往往流于个人化和碎片化，缺乏一般性和系统性。美学作为一种专门化的哲学形态发轫于 18 世纪。德国的鲍姆加登命名了美学（Ästhetik），使其成为一门正式学科。在已有的哲学学科里面，有研究理性认识的逻辑学和研究意志的伦理学，却没有研究情感或感性认识的学科。知（认识）、意（意志）、情（情感）作为人之心灵的三个组成部分缺一不可，对情的研究有必要形成体系。因此，鲍姆加登创立了以情感和感性认识为研究对象的哲学分支——感性学。实际上，汉语中的"美学"一词是日本人中江兆民对德语"Ästhetik"的翻译，它并没有切中其感性学的本义。

鲍姆加登对美学的定义为：美学作为自由艺术的理论、低级认识论、美的思维的艺术和与理性类似的思维的艺术，是感性认识的科学。[①] 在西方思想史中，"Art"一词原指技艺。直到 17 世纪以后，艺术才从技艺中分离出来。为了区别二者，艺术被称为"美的艺术"或"自由艺术"。鲍姆加登认为美学既是自由艺术的理论，又是感性认识的科学，可见，艺术和感性认识都是美学的题中应有之义。在以莱布尼茨－沃尔夫体系为主流的时代背景之下，鲍姆加登强调艺术和感性认识的重要性，这无疑具有革命性意义。但是，其关于美学的规定依然局限于理性主义的传统框架之中。相对于作为高级认识论的逻辑学而言，美学只是低级认识论。美的思维不单纯以自身为目的，而是追求与理性思维相类似。可见，在鲍姆加登这里，美学虽然成为一门独立的学科，但

---

① ［德］鲍姆嘉腾.《美学》.简明，王旭晓，译.北京：文化艺术出版社，1987 年版，第 13 页。

这种独立性只是相较于以往零散的美学理论而言，其大体上还是以理性哲学为依托。

虽然美学这门学科成立于 18 世纪，但早在古希腊时期相关研究就已经以诗学的名义展开。纵观西方美学史，较为系统的美学理论首次在亚里士多德的《诗学》中呈现出来。该著作主要探讨诗歌的一般本性及其创作、欣赏等问题。亚里士多德采用类型学的方法，将诗歌划分为抒情诗、叙事诗和戏剧诗。其中，叙事诗主要指史诗，戏剧诗又包括喜剧诗和悲剧诗。与一般的文艺理论著作不同，《诗学》不是就诗言诗，而是从哲学的角度出发对艺术做出规定。亚里士多德认为，人的理性包括理论理性、实践理性、诗意或者创造理性。诗学即关于诗意或创造理性的科学。正如其在《尼各马可伦理学》中所说："艺术恰是一种与真正的理性结合而运用的创造力特性。"[1]相较于柏拉图神赋论的作诗观，亚里士多德将作诗归结为人的理性显然具有进步意义。柏拉图凭借其理念论将哲学与诗对立起来，亚里士多德则通过对艺术进行理性溯源调和二者之间的关系。他指出："诗包含了向哲学趋同的倾向，因为它克服了历史的局限，为哲学在更高层次上的求证提供了经过初步加工的、具有一定普遍意义的素材。作为一种技艺，诗可以在哲学的思辨体系内体面地占有一个应该属于它的位置。"[2]

在亚里士多德的诗学和鲍姆加登的感性学之后，美学在德国唯心主义这里呈现出新的面貌。德国唯心主义哲学强调思维的主观能动性，基于这一背景，康德认为鲍姆加登所说的感性或感觉仅具被动性，而鉴赏判断力才能体现审美的主动性。由此，康德美学的研究对象从感性认识转变为鉴赏判断力。康德的批判哲学体系由纯粹理性批判、实践理性批判、判断力批判三者构成。它们分别对应于人的知、意、情三种心理功能，其相应的认识能力为知性、理性、判断力。他的前两大批判将世界一分为二，一为现象界，一为自在之物。这种划分虽然有利于建构其思想结构，但又不可避免地在二者之间形成一条鸿沟。而介于知性和理性之间的判断力恰好可以作为桥梁起到沟通二者的作用。所谓判断力，是把特殊包含在普遍之中来思维的能力。与从普遍到特殊的科学判断（规定判断）不同，康德的美学聚焦于从特殊到普遍的审美判断（反思判断）。他从质、量、关系、模态四个环节对审美判断进行分析，并分别将其特点概括为无利害的快感、非概念的普遍性、无目的的合目的性、基于共通感的必然性[3]。如果说科学判断寻求的是客观普遍性和外在目的，那么审美判断则旨在追求主观普遍性和主观形式的合目的性。审美判断不是为了获取事物的知识，而是为了在想象力和知性等认识能力共同游戏的过程中获得自由的快感。康德通过判断力批判宣扬审美的主动性无疑具有积极意义，但其不是从审美活动自身而是从形式逻辑的四大范畴入手对审美判断做出规定。美学在此依赖于理性建筑术的力量。

继康德之后，美学在谢林和黑格尔这里转变为艺术哲学。这一提法形成于德国唯心主义时期。顾名思义，艺术哲学即关于艺术的哲学。其中不是艺术规定哲学，而是哲学规定艺术。谢林以其"同

---

① ［古希腊］亚里士多德.《尼各马可伦理学》.廖申白，译注.北京：商务印书馆，2003 年版，第 171 页。
② ［古希腊］亚里士多德.《诗学》.陈中梅，译注.北京：商务印书馆，1996 年版，第 286 页。
③ 参见 邓晓芒，赵林.《西方哲学史》.北京：高等教育出版社，2005 年版，第 227 页。彭富春.《哲学美学导论》.北京：人民出版社，2005 年版，第 8 页。

一哲学"著称，他从"绝对同一体"出发推演出主体、客体及其相互关系。谢林著有《艺术哲学》一书，艺术哲学代表其先验唯心主义哲学体系的完成。他指出，以鲍姆加登和康德为代表的美学以经验心理学为基础，传统的艺术理论又局限于经验性领域而成为特殊化的知识学。它们的缺陷在于没有从哲学的高度建立起一套完整的理论体系。有鉴于此，谢林从其哲学的根本出发对艺术进行反思，指出艺术的直观乃把握绝对同一体的一种方式。不过，这并非感性直观，而是具有客观性的知性直观。因此，谢林将艺术称为哲学的最高官能。在他那里，"哲学的工具总论和整个大厦的拱心石乃是艺术哲学"[①]。

黑格尔也认为美学的研究对象并非感性或感觉，而是艺术，他由此将美学正名为艺术哲学。黑格尔的哲学由绝对理念的辩证发展建构而来，体现为一个无所不包的逻辑体系。绝对理念的演绎经历了三大阶段：逻辑阶段、自然阶段、精神阶段。在精神阶段，绝对理念体现于人的精神或社会历史，前两阶段在此达到辩证统一，从而完成理念的自我实现。这一阶段自身又包含三个子阶段：主观精神、客观精神、绝对精神。其中，绝对精神的发展又通过艺术、宗教、哲学三个环节显现出来。这三者的区别在于它们把握绝对精神的方式有所不同：在艺术那里是直观，在宗教那里是表象，在哲学那里是概念。艺术处于绝对精神发展的初级阶段，即感性阶段。这决定了黑格尔将美和艺术规定为理念的感性显现。然而感性要被克服，经表象后达到哲学，最终以概念的形式出现。也就是说，艺术只是绝对精神发展的低级阶段，哲学才是高级阶段。归根到底，美和艺术只是绝对理念自我实现的一种手段，绝对理念自身才是目的。由此他提出艺术终结论，艺术最终要让位于作为最高规定的哲学。

综观古希腊到近代的西方美学史，美学这一学科先后表现为诗学、感性学、鉴赏判断力学、艺术哲学。虽然命名有所差异，但其本质上同一，即它们都囿于理性哲学的框架之中。亚里士多德的诗学相关于诗意或创造理性，理性在此给予存在尺度。鲍姆加登的感性学相关于理性认识，并且以理性作为更高的规定。康德的鉴赏判断力学从形式逻辑的四大范畴入手对审美判断进行定性，审美在此依赖于理性的建筑能力。谢林和黑格尔的艺术哲学将艺术和美设定为理性分析的对象，它们在此只是服务于哲学体系的构造。总而言之，与传统哲学作为理性哲学相对应，传统美学的特点也可以概括为理性美学。此种意义上的美学恰恰是海德格尔所要批判的。

第二节   海德格尔的存在美学

在对海德格尔的哲学进行定性之后，我们也要对他的美学进行定调。在现代，与传统哲学的死亡一同发生的还有传统美学的死亡。与旧美学的死亡相伴的是新美学的诞生，美学自身的意义

---

① ［德］谢林.《先验唯心论体系》.梁志学，石泉，译.北京：商务印书馆，2006 年版。

发生了根本性的变化。它不再受制于理性，而是相关于存在。海德格尔的美学正是这种新美学，它可以被称为存在美学。

传统美学孵化于真、善、美的理论框架中，此三者相互独立，它们对应的哲学学科分别为认识论、伦理学、美学。与此不同，海德格尔认为真、善、美不是相互分离的，它们实为一体，指向存在问题。因此，要想厘清海德格尔如何解构传统美学，就要一并了解他如何解构传统认识论和伦理学。

真理问题是认识论的核心问题，也是海德格尔思想的主要问题。在《论真理的本质》中，海德格尔指出通常意义上的真理意味着知与物的符合，此即正确性。但这只是后来衍生的"命题真理"（Satzwahrheit），它的起源乃是中世纪的"事情真理"（Sachwahrheit）。所谓"事情真理"，即物（受造物）与知（上帝）的符合，亦即存在者的存在性与上帝创世理念之间的符合。所谓"命题真理"，即知（人类的）与物（创造的）的符合，亦即主体的知识与认识对象之间的符合。海德格尔认为，"事情真理"乃是"命题真理"的基础，前者使后者成为可能。然而，基督教神学的信仰最终让位于人自身的神性（即理性），中世纪意义上的"事情真理"消失了，"命题真理"占据统治地位。于是，存在者的本质以人的理性为标尺。

为了修正此种真理观，海德格尔溯源于古希腊思想。真理的希腊语为 Aletheia，他指出，在希腊的意义上，"真"是感觉，是对某种东西的素朴感性觉知……只要一种感觉的目标是它自己的专职，亦即这种存在者天生只有通过它并且只是为了它才可通达，譬如，看以颜色为目标，那么觉知总是真的。这等于说，看总揭示颜色，听总揭示声音。在这种最纯粹最源始的意义上，"真"只是有所揭示从而再不可能蒙蔽，就是纯粹思想，以素朴直观的方式觉知存在者之为存在者这种最简单的存在规定性。[①] 此即是说，希腊意义上的真理即存在者的本性在直观中得到揭示。与"命题真理"中主体对客体的表象不同，希腊意义上的直观不是人对物的理性主宰，而是物向人的如实敞开。海德格尔将希腊思想的 Aletheia 解释为"无蔽"，以此颠覆传统意义上符合性的真理和认识论的真理，从而提出无蔽性的真理和存在论的真理。

除了传统认识论之外，海德格尔对传统伦理学也进行了重构。他在《论人本主义的信》中回应了法国哲学家让·波弗勒的问题，即存在论与伦理学的关系。信中涉及海德格尔的一次个人经历：《存在与时间》出版后不久，一位朋友询问海德格尔何时写作一部伦理学著作。在传统哲学的框架之中，存在论的研究对象是存在的本质，而关于人之本质的探讨则可以纳入伦理学中。在西方，伦理学这一概念源出于古希腊，其本义为"本质""人格""气质"等，也相关于"风俗""习惯"。亚里士多德最先赋予其伦理和德行的含义，他的《尼各马可伦理学》是西方最早的伦理学专著。然而，海德格尔指出，亚里士多德对伦理学的定义偏离了其原初含义。而赫拉克利特的一则箴言道出了伦理的本质，海德格尔将其翻译为：只要人是人的话，人就居住在神之近处。"伦理"一词本质上意味着"居留"（Aufenthalt）、"居住的地方"（Ort des Wohnens），它意指人居住于其中的那个敞开的区域。因此，海德格尔指出，按照这个词的基本含义，伦理学无关于道德

---

① 参见 Martin Heidegger. *Sein und Zeit*. p. 45.

与意志，而是相关于人的居住。他赋予"居住"一词特定的含义，即存在。人的居住即人的存在，它相关于"地方"的敞开，这个"地方"便是"林中空地"（"存在的真理"）。从"存在的真理"出发思考人的本质可以被称作"原始伦理学"。

海德格尔在批判传统存在论和伦理学的基础上提出了"基础存在论"和"原始伦理学"。与此同时，他还批判了传统意义上二者的关系。在西方哲学史上，此二者彼此独立，但它们在海德格尔这里实现了相互融通。海德格尔的存在学本身就包含了存在自身、人的存在以及存在与人之间的关系。存在作为"林中空地"即关系聚集的"地方"，人本源地居住在这个"地方"。对于海德格尔而言，无所谓什么存在论之外的伦理学。这样，他就消解了历史上哲学学科的分类，实现了存在论与伦理学的一体化。

同样，海德格尔也解构了传统美学。在其 1936—1939 年的《尼采（上卷）》讲课稿中，他概括了美学史上的六个基本事实。海德格尔指出，美学表示对艺术和美的沉思。他从西方思想史上的不同时期入手剖析了美学的历史语义。在前苏格拉底时期，关于艺术的知识尚未被纳入美学的学科范畴之中。早期希腊的艺术经验是非体验－非概念化的，"希腊人具有一种如此原始地成长起来的清晰的知识以及这样一种对知识的激情，以至于他们在这种知识的清晰状态中根本就不需要什么'美学'"①。早期希腊人拥有对世界的朴素知识，它既非含混的体验，又非学科化、系统化的概念。这样一种知识以及对知识的激情可以理解为哲学语义中的智慧与爱智慧。这一时期的艺术实现了原初的到场，海德格尔颂扬其为伟大的希腊艺术。

而到了柏拉图与亚里士多德时代，亦即哲学体系化的时代，艺术不得不经受概念化的洗礼。海德格尔主要分析了两组概念，即"质料－形式"与"Techne"。质料与形式二者的区分可溯源至柏拉图哲学。柏拉图哲学的核心概念为理念。在他看来，理念是不变不动的"一"，是普遍的概念、共相或形式，是唯一真实的存在。据此，柏拉图把世界一分为二，一为理念世界，一为现实世界。他指出，现实世界中的个别可感事物只有通过模仿或分有理念才能获得其实在性。具体来说，处于混沌状态中的原始物质只有通过模仿或分有理念而获得其形式之后，才能成为感性具体的个别事物。这样，质料与形式的二元关系就通过柏拉图的理念说凸显出来。艺术作品作为现实存在者自然摆脱不了这一框架，于是自柏拉图思想开始，质料与形式就成了追问一切艺术的概念机器。不仅如此，柏拉图还提出"美是理念"的观点。艺术作品之所以美，是因为其模仿或分有了美的理念。

与"质料－形式"这组概念相关，艺术作为 Techne 的内涵也发生了转换。在古希腊，Techne 既可以表示技艺，又可以表示艺术。然而，这一语词在后世却在完全非希腊的意义上得到使用，它被定义为手工制作。对此，海德格尔一针见血地指出，这个希腊词语自始就不是，并且从来不是表示一种"制作"和生产的名称②。从希腊早期直至柏拉图与亚里士多德时代，Techne

————————
① ［德］海德格尔.《尼采（上卷）》.孙周兴，译.北京：商务印书馆，2015 年版，第 92 页。
② ［德］海德格尔.《尼采（上卷）》.孙周兴，译.北京：商务印书馆，2015 年版，第 94 页。

都意味着认识（Erkennen）、知道（Wissen），即通过认识给出启发，从而实现物的去蔽。简而言之，Techne 乃是一种去蔽的方式，亦即一种揭示事物的方式。它的要义在于"让已然在场的东西到达"①，亦即"让显现"。

随着近代哲学的开端，以笛卡儿的"我思故我在"为标志的主体主义兴起，美学这一学科名正言顺地获得其合法性。美学将人类的感性与感情作为研究的论题，艺术也成为人类赢获审美趣味的对象。海德格尔指出，艺术在这一时代丧失了它的本质，此即"表现绝对者，也就是要以决定性的方式把绝对者本身置入历史性人类的领域之中"②。他结合黑格尔的艺术终结论揭示了伟大艺术的沉沦。黑格尔是这样论述艺术之终结的："从所有这些关系看，而且就它的最高规定性方面来说，艺术对我们已经是过去的事了。"③艺术之终结并非意指艺术概念的消亡和艺术作品的消失，而是表明艺术已不具备最高规定性。在黑格尔的哲学体系中，艺术仅为绝对理念发展的初级阶段，它经过象征型、古典型和浪漫型的演变而走向终结，最后让位于宗教和哲学。与黑格尔的思想一致，海德格尔也认为近代以来的艺术丧失了其表现绝对者的力量。他以瓦格纳提出的"总体艺术作品"和艺术史研究在 19 世纪的流行为例佐证了艺术在近代的失位。

虽然与海德格尔同时代的尼采重新高扬艺术的地位，将其标明为以宗教、道德和哲学为代表的虚无主义的反运动，但是他从生理学的理论视域出发规定艺术，并将美学规定为应用生理学。在海德格尔看来，美学的误入歧途肇始于西方理性思维的建立。即便现代哲学家尼采试图用"锤子"击碎一切可疑的传统价值，以人的生命及冲动（创造力意志）来反对古希腊苏格拉底、柏拉图的哲学理性与中世纪基督教的宗教理性，海德格尔依然认为他没有触及美学在现代的根本。

海德格尔认为，美学不应笼罩在理性哲学的阴影之下，不应局限于人的情感和感性认识，也不应划归到生理学的研究领域，而应聚焦于存在自身。就存在自身而言，本就无所谓质料与形式、理性与感性、心理与生理的二元论。比这种区分和对立更为根本的乃是人的存在，而这又要诉诸存在自身。传统意义上的认识论、伦理学、美学在海德格尔这里统一于存在自身。这样，美学自身的含义得到了极大的丰富，它不再仅仅局限于美，而是真、善、美的合一④。可以说，海德格尔的存在学本身即是美学。在他看来，艺术是存在自身去蔽的一种方式，并且美就是存在的显现。存在美学将美学从人的统治下解放出来，拔高为存在自身如何审美化的问题。不过，它并非空洞的理论，而是落实到海德格尔存在学的题中应有之义——人的存在。存在美学不仅揭示了存在自身如何生成，还敞开了世界以及世界所聚集的人与物如何生成。这样，它就赋予美以崭新的含义：

---

① [德]海德格尔.《尼采（上卷）》.孙周兴，译.北京：商务印书馆，2015 年版，第 94 页。
② [德]海德格尔.《尼采（上卷）》.孙周兴，译.北京：商务印书馆，2015 年版，第 97 页。
③ [德]海德格尔.《尼采（上卷）》.孙周兴，译.北京：商务印书馆，2015 年版，第 98 页。
④ 彭富春指出：现代思想在完成从理性哲学到存在哲学的转变的同时，也建立了存在和真善美的直接关系。这就是说，真善美是存在的真善美，是存在显现的不同维度。据此，真首先是存在问题，然后才是认识问题；善既不只是一个内在的道德问题，也不只是一个外在的伦理问题，而是一个人类的存在问题，即人如何生存存在这个世界上的问题；美不再是存在的幻象或假象，也不再只是一个情感的对象或一个艺术问题，而是存在自身生成的完满显现。参见 彭富春.《哲学的主题与方法》，载《哲学研究》，2005 年第 3 期。

美是本性的完满实现。正是在这种意义上，海德格尔的美学冲破了一切传统形态，成为现代语境中的存在美学。

第三节　海德格尔的美学分期

一、早期：解释学美学之奠基

海德格尔早期并没有专门对美学展开探讨，但他在《存在与时间》中显示的部分思想为日后的解释学美学提供了理论基础。

在《存在与时间》中，海德格尔赋予"此在"以追问存在的优先地位，其原因在于"此在"之存在本身就包含了对存在的理解，并且这一理解对"此在"的"生存"而言具有本源意义。因此，海德格尔指出，"对此在的存在论的分析工作本身就构成基础存在论"[①]。对"此在"的存在论分析围绕其先天结构"在世界之中存在"展开。海德格尔将这一整体结构拆分为三个组建环节，即"世界之世界性""在世作为共在与自身存在""在之中"。在分析"在之中"时，海德格尔阐明了"此在"生存的两种原始方式：情态与理解。情态表明"此在"的被抛性，即它存在且不得不在。理解表明"此在"的可能性，即它能在和如其可能。不同于传统逻辑框架内的必然性和可能性，情态和理解显示了更为原始的生存论上的被抛性和可能性。

关于理解，海德格尔指出，"作为开展活动，理解始终关涉'在世界之中存在'的整个基本结构"[②]。此即是说，海德格尔将"此在"的存在理解具体化为"在世界之中存在"的理解，进一步而言，他将"此在"对存在的理解展开为其对世界、共在及自身存在的理解。无论何种样式，理解都具有筹划这一生存论建构。"筹划是使实际上的能在得以具有活动空间的生存论上的存在建构。"[③]与日常语义中"此在"计划某事不同，筹划并非出自"此在"的意愿，而是"此在"存在的先天本质。情态与理解之间的交互关系在此显现出来，"此在"作为被抛的"此在"恰恰被抛入筹划这一生存方式之中。

除理解之外，海德格尔还论述了解释以及理解与解释的关系。他指出，"理解的筹划活动本身具有使自身成形的可能性，我们把理解使自己成形的活动称为解释"[④]。也就是说，解释是对理解和筹划的赋形，它将思想性的理解和筹划转化为语言。这样就确定了理解先于解释的关系，理

① Martin Heidegger. *Sein und Zeit*. p. 19.
② Martin Heidegger. *Sein und Zeit*. p. 192.
③ Martin Heidegger. *Sein und Zeit*. p. 193.
④ Martin Heidegger. *Sein und Zeit*. p. 197.

解居于首位，解释植根于此。在此，解释不存在任何专断的特质，其任务仅仅在于将理解中所筹划之物显现出来，亦即将事情本身带出来。

海德格尔关于理解和解释的思想深深影响了其学生伽达默尔——现代解释学的代表人物。解释学（Hermeneutics）最早可以追溯至古希腊，这个词的词根"赫尔墨斯"（Hermes）乃是神的名字，相传其为宙斯的信使，其任务在于将神之消息传达给众人。这一传达过程实质上就是对神谕加以解释和阐发的过程。出于解释古典文献和《圣经》文本的需要，古希腊和中世纪都存在解释学传统，但它真正被作为一门理论来研究则归功于近代哲学家施莱尔马赫与狄尔泰。与他们将解释学限定在方法论与认识论领域不同，处身现代的海德格尔将其引入存在论领域。作为海德格尔的弟子，伽达默尔承袭了老师的解释学路向。其解释学的主题是理解与存在，他立足于存在论，将解释学的研究内容规定为人的经验世界和生活实践的问题。

伽达默尔的代表作为《诠释学Ⅰ、Ⅱ：真理与方法》。真理与方法在此不是并列的，而是呈现出一种对立关系。此处的真理并非认识论意义上的符合性真理，而是海德格尔所说的"存在的真理"。与以往将解释学视作方法论问题不同，伽达默尔的解释学所要解决的根本问题乃是存在论意义上的真理问题。该著作包含三大部分：艺术经验里真理问题的展现；真理问题扩大到精神科学里的理解问题；以语言为主线的解释学存在论转向。他在导言中指出："本书的探究是从对审美意识的批判开始，以便捍卫那种我们通过艺术作品而获得的真理的经验，以反对那种被科学的真理概念弄得很狭窄的美学理论。但是，我们的探究并不一直停留在对艺术真理的辩护上，而是试图从这个出发点开始去发展一种与我们整个解释学经验相适应的认识和真理的概念。"① 也就是说，美学不仅构成伽达默尔解释学的一部分，还充当其理论的起点。

在"艺术经验里真理问题的展现"这一部分，伽达默尔指出："艺术的存在不能被规定为某种审美意识的对象，因为正相反，审美行为远比它对自身的意识要多。审美行为乃是表现活动中出现的存在事件的一部分，而且本质上属于作为游戏的游戏。"② 这样，伽达默尔就将艺术从审美意识的桎梏中解放出来，从而将其置于更广阔的存在经验之中。艺术作品并非认识和表达的对象，而是理解和解释的事情。其意义只有在被理解和解释时才得以显现出来。理解和解释的过程实际上是人与作品对话的过程，凭借此对话，不仅艺术作品的真理得到揭示，人自身存在的真理也一并得以显现。并且，这种理解和解释乃是无限的，审美理解实质上就是艺术作品和解释者、欣赏者之间不断地对话，是存在意义的不断揭示③。

总而言之，基于海德格尔对解释学的存在论转向，伽达默尔进一步将美学并入解释学中。这种解释学美学将一切艺术作品视为需要理解和解释的文本，在与文本的持续对话中敞开"存在的真理"。

① [德]伽达默尔.《诠释学Ⅰ：真理与方法》.洪汉鼎，译.北京：商务印书馆，2010年版，第5页。
② [德]伽达默尔.《诠释学Ⅰ：真理与方法》.洪汉鼎，译.北京：商务印书馆，2010年版，第172页。
③ 李醒尘.《西方美学史教程》.北京：北京大学出版社，1994年版，第439页。

二、中期：真理美学

海德格尔成形的美学思想显露于其中期。1934 年他辞去弗莱堡大学校长职务之后便转向对艺术的阐释。1934—1935 年冬季学期，他首次在课堂上讲解荷尔德林的诗歌。这一课程意义非凡，它"昭示了海德格尔在政治失败后取道艺术的决心，记录了激荡在政治与艺术之间的哲学的身位及其取向"①。

众所周知，荷尔德林是海德格尔最为推崇的诗人，也是他谈论最多的诗人。在海德格尔的整个教学生涯中，除了在 1934—1935 年冬季学期讲解荷尔德林的颂歌《日耳曼尼亚》与《莱茵河》之外，他还于 1942 年夏季学期讲解荷尔德林的颂歌《伊斯特河》，此外，还于 1943 年讲解荷尔德林的颂歌《追忆》。也就是说，海德格尔总共三次开设讲授荷尔德林诗歌的专题课程，并且这三次课程都集中于其思想中期。由此可见，对荷尔德林诗歌的阐释构成了海德格尔中期美学思想的重要一维。

对于为何如此重视荷尔德林，海德格尔给出了这样的解释："荷尔德林的诗蕴含着诗的规定性而特地诗化了诗的本质。"②也就是说，海德格尔选择荷尔德林的诗歌进行阐释并不是随意为之，而是为了揭示诗的本质。与此同时，他的诗歌阐释显现出与传统路向的差异性。它既无关乎诗人的生平，又无关乎常规意义上的诗歌赏析。正如他在《荷尔德林诗的阐释》一书的前言部分所说："本书的一系列阐释无意于成为文学史研究论文和美学论文。这些阐释乃出自一种思的必然性。"③在海德格尔看来，诗歌实质上是思想的事情，其对荷尔德林诗歌的阐释乃是一种思想与诗歌的对话。而其思想中最重要的事情乃是存在，于是，他阐释荷尔德林诗歌的目的便不在于审美欣赏，而在于对其诗歌中存在的敞开进行思想辨析④。

通过解读荷尔德林的诗歌，海德格尔指出诗的本质即创建（Stiftung），并且是一种词语性的创建。创建并非无中生有，而是让存在者自身在词语中显现出来，或者说让词语将存在者作为其自身带出来。根据海德格尔的思想，诗的创建主要体现在三个方面：存在之创建，诸神之创建，民族之创建。此处的存在并非存在者之存在，而是存在自身——亦即"存在的真理"，海德格尔将其形象地称为"林中空地"。诗创建"存在的真理"，此即是说，诗承担着揭示"存在的真理"的使命。海德格尔的存在之思在其思想中期专题化为"存在的真理"，而他对诗歌的阐释服务于这一主题。

此处的诸神即古希腊诸神。古希腊是西方思想的开端，亦是其源泉和摇篮。海德格尔的思想

①　[德] 海德格尔.《荷尔德林的颂歌〈日耳曼尼亚〉与〈莱茵河〉》. 张振华，译. 北京：商务印书馆，2018 年版，第 382 页。

②　Martin Heidegger. *Erläuterungen zu Hölderlins Dichtung*. Frankfurt am Main: Vittorio Klostermann, 1981, p. 35.

③　Martin Heidegger. *Erläuterungen zu Hölderlins Dichtung*. p. 7.

④　Martin Heidegger. *Hölderlins Hymnen »Germanien« und »Der Rhein«*. Frankfurt am Main: Vittorio Klostermann, 1980, p. 5.

就深深扎根于古希腊思想并在其土壤的滋养下生根发芽。在古希腊具有规定性的乃是诸神。海德格尔认为，诗歌并非源于诗人的创造，而是源于诸神的暗示。诗人接收诸神的暗示，并将其形诸诗歌的语言。由此，海德格尔赋予诗人以"半神"的称号。诗人介于诸神与人类之间，倾听诸神的暗示，并将其传递给众人。然而，在荷尔德林所处的近代与海德格尔所处的现代，古希腊的诸神与中世纪的上帝已失去其规定力量。正如尼采尖锐地指出"上帝死了"那样，西方陷入了虚无主义的时代，这意味着最高价值的去值。由此，荷尔德林乃是"贫困时代"的诗人。此处的贫困并非物质上的匮乏，而是神性的缺失。不过，身处如此困境的荷尔德林并没有丧失斗志，而是毅然在其诗歌中提出"在贫困的时代里诗人何为"这一激荡灵魂的问题。诗人知晓自身的使命，一方面思念与追忆作为曾在者的诸神，另一方面期待和等候作为到来者的神。

除了"存在的真理"、诸神的暗示之外，诗歌还相关于民族之音的创建。海德格尔指出，"诗乃是一个历史性民族的原语言"①。语言是人类存在的根本方式。将诗歌规定为原语言意在表明诗歌在揭示人类存在方面的优先性。这一点至少可以通过古希腊时代进行佐证。对于古希腊人民而言，其最高规定体现为《荷马史诗》，它可以称得上人民的教科书。《荷马史诗》源出于诗人荷马对缪斯女神的倾听。诗人倾听神的旨意，并用其笔触传达给民众，从而告诉他们如何成为英雄。海德格尔认为诗歌作为原语言的使命并未终结于古希腊，而是对每一历史性民族都具备有效性。他在此强调的不是单独的个体，而是"民族共同体"。在他看来，诗歌承担着敞开民族之真理的大任。从这里我们不难看出海德格尔政治失意后寄希望于艺术的倾向。其政治上的污点众所周知，但我们理应区分政治的海德格尔与思想的海德格尔，以此维护其思想的尊严。事实上，在海德格尔那里，政治与思想的关系绝非前者规定后者，而是恰恰相反，政治只是他将思想投射到生活中而产生的现实考量。政治上的误判或迷途并不意味着其哲学思想也要一并受到打压与否定。当政治无法实现其思想的蓝图时，海德格尔转而投向艺术领域，希冀通过诗歌促进国家与民族的复兴。

无独有偶，在海德格尔中期美学的代表作《艺术作品的本源》中，他也阐明了艺术对存在与民族的揭示意义。几乎与海德格尔对荷尔德林诗歌的探讨同时展开的是其于1935—1936年间所做的演讲《艺术作品的本源》。其中，最为著名的论断当属"艺术即真理自行设置入作品"。在"作品与真理"这一部分，海德格尔通过阐释希腊神殿这一建筑指出艺术作品可以承载"真理"之发生。此外，他还表明神殿作品聚集了一个相互关联的统一体。"这些敞开的关联所作用的范围，正是这个历史性民族的世界。出自这个世界并在这个世界中，这个民族才回归到它自身，从而实现它的使命。"②此即是说，神殿不仅可以敞开"存在的真理"，还可以敞开历史性民族的"真理"，并且这一建筑作品最不同于其他艺术作品之处在于它意味着神性的现身在场。结合上文海德格尔对诗之本质的分析，我们不难发现其中期的美学思想呈现出政治、艺术、神学的三维交织。

不止于此，海德格尔在《艺术作品的本源》中还表露出对于传统美学的批判倾向。虽然他在文

---

① Martin Heidegger. *Erläuterungen zu Hölderlins Dichtung*. p. 43.
② Martin Heidegger. *Holzwege*. Frankfurt am Main: Vittorio Klostermann, 1977, p. 27.

中只是轻描淡写地提到"美学预先考察艺术作品的方式服从于对一切存在者的传统解释的统治"[①]，但结合其中期代表作《对哲学的贡献（论生成）》来看，海德格尔对艺术作品之本源的追问"最紧密地联系于一项克服美学的任务"[②]。这相关于他中期与形而上学的历史性争辩。形而上学追问存在者的存在，这其中就必然牵涉作为存在者的艺术作品。形而上学的思维方式给传统美学刻上深深烙印，它致使艺术作品成为可表象的对象。有鉴于此，海德格尔基于其"存在历史"之思挑战传统形而上学，从"存在的真理"出发走向艺术作品自身，建构全新意义上的美学思想。

总而言之，海德格尔中期的美学思想主要体现为其对诗歌与艺术之本质的探寻。一方面，他将政治上无法实现的"历史性民族"之复兴转嫁到美学领域，赋予诗歌与艺术揭示民族之"真理"的大任；另一方面，他在克服传统形而上学与美学的思想背景之下重新刻画美学的命运，赋予诗歌与艺术揭示"存在的真理"的使命。

三、晚期：诗意美学

海德格尔中期探讨的艺术门类包括诗歌、绘画、建筑、戏剧、音乐等，晚期则在此基础之上进一步扩展到雕塑和东亚艺术。他直接接触的雕塑家主要有两位，一位为本哈德·海利格尔，一位为爱德华多·奇利达。海德格尔曾为海利格尔的作品展开幕式致辞，还主动发起与奇利达的合作。此外，两位雕塑家都有致敬海德格尔的作品。在此，我们需要思考的问题是：海德格尔晚期为何如此关注雕塑艺术？这可以结合其思想主题进行理解。海德格尔晚期从"地方"出发阐释存在，关于"地方"的思考又与空间问题紧密相连，而雕塑作为空间艺术恰恰为其思考空间和"地方"提供了契机。

事实上，海德格尔并非到晚期才思考空间，空间问题在其思想道路的各个阶段都有所彰显。早期，空间相关于"此在"的在世存在，它从属于世界性和时间性。中期，海德格尔基于"存在历史"的生成提出"离－基深渊作为时间－空间"。空间在此获得与时间的并列地位，并从属于历史性。而到了晚期，空间在开端性的语言那里获得其规定性。可以说，海德格尔晚期显示出一条"空间—地方—语言"的思想进路。

海德格尔从雕塑艺术出发所思考的并非作为存在者的空间，而是空间的本质。他提出从语言出发探寻空间的本质。海德格尔指出，在空间一词中，语言道出了"空间化"。空间空间化，而空间化的本质乃是"地方"之运作。被"地方"所规定的空间不再是实体性的空间，而是作为"虚空"的空间。我们知道，海德格尔旦在 1929 年就形成了存在作为虚无的思想。而晚期的"虚空"思想可以被视为从空间性和地方性出发对"虚无"进行的再阐释。他之所以重视海利格尔和奇利达，是因为前者的作品不再对象化地描绘事物，而是在运动的自身生成中敞开了作为"虚空"的自由

---

① Martin Heidegger. *Holzwege*. p. 24.
② Martin Heidegger. *Beiträge zur Philosophie (Vom Ereignis)*. p. 503.

空间，而后者主张形式之间的关系比形式更为重要，这里的"关系"恰好对应于海德格尔所说的在形体之间作为"虚空"而存在的空间。

除了雕塑艺术之外，海德格尔晚期还聚焦于东亚艺术。这并非简单的兴趣使然，其深层的旨意在于构建东西方思想的对话，以此克服现代西方艺术所面临的困境。海德格尔认为，西方艺术缺乏"虚空"或"虚无"的维度，这却是东方艺术的精髓所在。在艺术丧失其本质的时代，海德格尔试图借助东方艺术的力量为日渐式微的西方艺术带来一丝复苏的希望。

在海德格尔与日本学者手家富雄的对话中，手家富雄以日本能剧为例说明日本艺术的规定在于"虚空"，海德格尔则用自己终生所思的"虚无"解读日本学者所说的"虚空"。在与禅学家久松真一的对话中，海德格尔进一步对"虚空"做出了空间化的解释，指出"虚空"作为给予空间者聚集了一切事物。可见，当海德格尔晚期追问"存在的地方"时，他对作为虚无的存在进行了空间化和地方性的重构，而这又通过其艺术之思体现出来。

除了日本艺术之外，海德格尔晚期对中国思想的吸纳使其在 20 世纪 50 年代展开对保罗·克利绘画的探讨。克利在第一次世界大战服兵役期间从太太那里收到一本中国抒情诗集，并开始阅读中国小说。其六幅水彩画都是基于中国古诗创作而成 [①]。除了中国文学之外，克利还接触到中国绘画和书法。他吸取了"以线造型"的中国绘画和"以线造字"的中国书法之精髓，创作了一系列"文字画"。不仅如此，他的一些作品直接以中国题材命名，如《中国风俗画》和《中国陶器》[②]。克利不仅从中国文学、绘画、书法中获取了艺术创作的灵感，还通过它们了解到中国文化中的道家和禅宗思想。他在创作中效法中国艺术的过程实际上也是将中国的道禅思想融入自己绘画作品的过程。

而海德格尔本人对中国思想特别是道家思想极为推崇，这在他的诸多文本中有所体现 [③]。他与道家代表人物老子之间的共通性尤为明显。老子思想的核心是道，而海德格尔思想的核心是存在。道与存在在二人的思想中皆为本源和开端，它们都自身生成并生成万物。对于老子而言，道

---

① 参见 Otto Pöggeler. *Bild und Technik: Heidegger, Klee und die Moderne Kunst*. München: Wilhelm Fink Verlag, 2002, p. 204.

② 参见 龚曼. 《保罗·克利艺术作品中呈现的中国艺术元素》，载《卷宗》，2019 年第 25 期。

③ 海德格尔曾直接引用《道德经》中第 9、11、15、28、47 章的内容，具体情况如下：1943 年在《诗人的独特性》（收入《海德格尔文集》第七十五卷）中引用了《道德经》第 11 章全文；1947 年在给萧师毅的信中引用了《道德经》第 15 章的内容；1957 年在《思想的原则》（收入《海德格尔文集》第十一卷）中引用了《道德经》第 28 章的内容；1965 年 5 月在给恩斯特·荣格尔的信中引用了《道德经》第 47 章全文；1965 年 8 月 6 日在给 Andrea von Harbou 的信中引用了《道德经》第 15 章的内容；1965 年 8 月 8 日在为纪念朋友 Siegfried Bröse 七十岁诞辰发表的演讲中引用了《道德经》第 9 章和第 15 章的内容。除直接引用外，海德格尔还在其他两处涉及老子的思想：1957—1958 年在《语言的本质》（收入《海德格尔文集》第十二卷）中诠释了老子的"道"；1973 年在给 Erhart Kästner 的信中评论了《道德经》第 15 章的内容。以上参见 Lin Ma. *Heidegger on East-West Dialogue*. New York & London: Routledge, 2007, p. 119. 张祥龙. 《海德格尔论老子与荷尔德林的思想独特性——对一份新发表文献的分析》，载《中国社会科学》，2005 年第 2 期。此外，海德格尔 1946 年曾与中国学者萧师毅合作翻译《道德经》中的八章内容。参见 萧师毅，池耀兴. 《海德格尔与我们〈道德经〉的翻译》，载《世界哲学》，2004 年第 2 期。除老子之外，海德格尔还评论过庄子《逍遥游》中"吾有大树"这一段话，指出无用乃是物的意义。参见 Martin Heidegger. *Überlieferte Sprache und Technische Sprache*. St. Gallen: Erker, 1989, p. 8.

既是有，也是无，这正好切中了海德格尔存在即虚无的本性。道与存在都是矛盾的统一体，它们凭借其存在的悖论自身生成。老子与海德格尔都洞见了悖论性的开端，与此同时，相较于开端的存在性而言，二人又都更为偏重于端的虚无性。因为道和存在都处于本源性的自身遮蔽之中。因此，老子言"故常无欲，以观其妙"，海德格尔说真理的本性即非真理。由此，克利作品中蕴含的以虚无为本的中国思想引起了海德格尔的注意，海德格尔在1957—1958年间留下了若干关于克利的笔记。

　　此外，对诗歌的进一步探讨构成了海德格尔晚期美学的重中之重。海德格尔中期指出诗歌敞开"存在的真理"，而晚期随着其思想的核心转换为语言问题，他强调了诗歌之于"道说"的揭示作用。海德格尔晚期除了继续关注荷尔德林之外，格奥尔格·特拉克尔和斯蒂芬·格奥尔格等诗人也进入了他的视野。通过分析他们的诗歌，海德格尔对诗的本质进行了更深层的发掘。首先，诗歌作为"道说"的一种本真样式促成了物化和世界化的发生。与陈述性的日常语言和理论语言不同，"道说"作为纯粹语言乃是沉默的，这源于其自身遮蔽的本性。凭借"道说"的自身遮蔽，一切声音得以敞开。海德格尔用"宁静的排钟"（Geläut der Stille）这一喻象诠释"道说"的本性。无声的宁静与有声的排钟在此看似相互对立，海德格尔却以独有的解释使其成为自洽的一体。在他看来，宁静并非声音的对立面，实际上，宁静恰恰与声音具有最密切的关联。唯有在最宁静的地方才有声音的轰然出场。由此，宁静的本性实则是"让发声"，它蕴含着使声音成为声音的根本可能。其中，最重要的声音即诗歌的声音，它使我们得以倾听那自身沉默的"道说"，这在于诗意语言倾听并言说了语言的本性。诗意语言听命于"道说"的委任，通过命名使物成其自身，此即物化的过程。被命名之物又聚集了天、地、神、人四元，此四者构成了晚期海德格尔所说的世界，因此，物物化同时实现了世界世界化。

　　其次，诗与思的对话将作为家园的"道说"揭示出来，无家可归的人得以重新居住于其中。在西方思想史上，哲学相关于理性，诗相关于感性，此二者之间的纷争古已有之，早在《理想国》中苏格拉底就对此有所提及①。然而，在海德格尔这里，哲学与诗都被赋予崭新的内涵，此二者之间的关系也被重新定义。哲学被转化为思想，它不再受制于理性，而是被存在所规定。同时，诗也挣脱了美学的框架，不再受制于感性，而是接受"道说"所给予的尺度。加之在海德格尔思想晚期，相较于存在而言，语言才是更为原初的开端。这样，思与诗就都听从"道说"的指引。如此理解的思与诗之间并非相互对立，而是彼此互通。于是，思成了"诗意之思"，诗又成了"思性之诗"。海德格尔之所以要建立起思与诗之间的对话，是为了拯救现代无家可归的困境。在海德格尔中期《论人本主义的信》中，他提出了"语言是存在之家"的命题。此阶段，存在规定语言，语言乃是对存在的应和。而到了晚期，不再是存在规定语言，而是相反。"道说"不再是存在之家，

---

① 罗森指出，《理想国》对诗提出了两项谴责。首先，诗制造了影像，而非对事物原本的理解，换句话说，假象伪装成了真实。其次，诗有道德或政治上的缺陷，因为它总恿满足欲望，尤其是爱欲。参见 [美] 罗森.《诗与哲学之争——从柏拉图到尼采、海德格尔》.张辉，译.北京：华夏出版社，2004年版，第11页。

而是天、地、神、人四元居住的家园。面对无家可归的命运，现代人必须学习居住。居住需要建筑，思与诗二者乃是建筑的两种样式。由此，诗歌不仅相关于"道说"，还相关于人的居住问题，此乃为何海德格尔晚期要从荷尔德林的诗歌中提取出诗意居住的问题。

总而言之，海德格尔晚期的美学思想主要体现为其对雕塑艺术、东亚艺术以及诗歌之本质的追问。这使得海德格尔此阶段的美学具有空间化、虚无化、诗意化的特点。存在的历史性生成不再居于首位，人如何回归其居住的地方和家园才是更为实际的议题。艺术的重要性在此凸显出来，因为它指引了一条还乡的道路。

第四节 通向海德格尔美学的道路

在标明了海德格尔的美学作为存在美学并对其进行分期概述之后，我们还要澄清如何揭示其美学思想。

目前，中西方研究海德格尔美学思想的著作可谓浩如烟海。这些著作为我们了解海德格尔美学思想提供了有力的指引，但同时也暴露出一些缺陷和问题。首先，目前的一些相关成果显示为非哲学性的美学研究。严格意义上的美学乃是哲学的分支，它是西方思想的结晶。在美学传入中国并形成专门的学科之后，其边界常常与艺术学、艺术美学、文艺学相混淆。这引发了美学丧失其原初规定的危机，因此，美学与此三者之间的区分亟待澄清。在世界各国的高等院校中，美学基本上都是哲学这个学科门类下面的一个分支学科，它一般设立在哲学系，更加偏重于哲理思辨。艺术学是对艺术的各种问题进行系统性研究的学科。艺术美学，顾名思义，就是美学和艺术学具体化、交叉的结果，是运用美学方法对艺术现象展开研究的学科，可以算作美学的分支学科。而文艺学主要研究文学，也涉及其他艺术门类，在一定程度上是扩大了的文学理论。其中，艺术美学还保留了美学的部分特征，而艺术学和文艺学则属于美学之外的学科范畴，因为它们并未将哲学作为其一级学科。

然而，美学并不能脱离哲学的地基。美学属于哲学的二级学科，这表明了美学与哲学之间既同一又有差异的关系。一方面，哲学为美学定调，我们可以在哲学中寻获美学的基因；另一方面，美学自身生成，它有其独立的基本理论和历史。因此，我们不能抛弃哲学去谈论美学，否则，这种美学是无根的。我们必须学习哲学，理解其主题与方法，在此基础之上再进入美学。而现行的部分基于艺术学、艺术美学和文艺学的理论视域展开的海德格尔美学思想研究并未凸显哲学之维，未能将海德格尔的美学思想还原到整个西方哲学史及其自身的思想地图中去。

其次，部分基于哲学美学开展的研究局限于单一的艺术之维，甚至直接将海德格尔的美学等同于艺术哲学。如果对西方美学史有所了解，就不难发现艺术哲学诞生于德国唯心主义时期，属于前现代的理论产物。而海德格尔作为现代思想家实际上反对传统哲学和艺术哲学。因此，用艺术哲学命名其美学并不恰当，这和分析并未完全摆脱传统西方美学的话语体系。诚然，海德格尔的美学包含丰富的艺术思想，探究其艺术之思显然是美学研究工作必不可少的环节，但艺术只是美学整体理论结构的一个组成部分，美学的题中应有之义不止于此。事实上，美学自身包含不同的维度。从存在性、思想性、语言性出发，美学一般包括美论、美感论和艺术论。

由此，我们试图从美、美感、艺术出发，对海德格尔的美学思想进行全面而深入的探究。选取这三大范畴不是任意为之，而是遵循了历史上哲学与美学研究的主题。李泽厚总结了国内外学界比较典型的关于美学的定义①，继而指出，"所谓美学，大部分一直是美的哲学、审美心理学和艺术社会学三者的某种形式的结合"②。这种关于美学的定义囊括了美的本质、审美经验、审美对象，以抽象与具体、简单与复杂相结合的方法对美学做出规定。与李泽厚不同，彭富春并非单纯地总结现有美学研究的基本特征，而是更为本源地从哲学的主题入手厘清美学的本性。彭富春将有史以来的哲学主题总结为存在、思想、语言③，此三者构成了现代思想的三个维度。在现代语境中，对事物本性的揭示一般从这三个方面展开。由此出发，"美学的主体一般分成了美论、美感论和艺术论三个大的部分"④。虽然李、彭二人出发点不同，但他们都指出美、美感、艺术乃是美学的题中应有之义。这为我们追问海德格尔的美学提供了指引。

但我们也要注意，美、美感、艺术在西方美学史上有其历史语义，这种通行的表达或许并不切中海德格尔的思想，从而导致其存在美学被遮蔽。依照传统，美等同于美的本质，探究美即追问"美是什么"。海德格尔则认为美即美的存在或存在之美，并将提问的方式转换为"美如何存在"，以此显示美作为其自身如何生成。一般认为，美感即审美主体对客体的审美感觉，它属于心理学或认识论的范畴。海德格尔则摒弃了这一说法，代之以"美的存在的经验"。经验不同于体验，后者关涉主客结构，并且主客二元彼此分离，而前者无所谓主客关系，而是人直接把握美的存在并与美合一的经验状态。通常而言，艺术相关于艺术家的创作，它被人的审美观念、审美趣味、审美理想所规定。海德格尔则将艺术的本源规定为存在，并认为艺术的表达和创造相关于存在之美的显现。

综上所述，在海德格尔之前，美学在西方历史上有多种表现形态，如诗学、美学（感性学）、鉴赏判断力学、艺术哲学，它们无一例外地被理性哲学所设定。海德格尔美学的革命性体现在他颠覆了理性美学的传统，从而建立起具有现代意义的存在美学。存在超越了感性与理性，或者说，

① 就中国学界而言，流行的美学定义包括三种：美学是研究美的学科；美学是研究艺术一般原理的艺术哲学；美学是研究审美关系的科学。就国外学界而言，J. Stonitz认为近代美学由德国的哲学、英国的心理学、法国的文艺批评三者所构成；H.S. Langfield认为美学包括哲学、心理学、客观对象分析三种研究；另有学者认为美学可分为形而上的（定义美）、审美心理的、社会学的三种研究。参见 李泽厚.《美学四讲》.桂林：广西师范大学出版社，2001年版，第11页，第13页。

② 李泽厚.《美学四讲》.桂林：广西师范大学出版社，2001年版 第13页。

③ 参见 彭富春.《哲学的主题与方法》，载《哲学研究》，2005年第3期。

④ 彭富春.《美学原理》（修订版）.北京：人民出版社，2021年版，第12页。

它比感性更感性，比理性更理性。美学不再被人所钳制，而是聚焦于存在如何审美化的问题。[①] 海德格尔的美学依据其思想道路的两次转向呈现出阶段性的特点，中期相关于"存在的真理"，而晚期相关于"存在的地方"。以美的存在、美的存在的经验、艺术（诗）为路标，我们将踏上海德格尔美学思想的道路。

[①] 王昌树指出：后期的大道、路、天地神人四方游戏、诗、语言和艺术的研究不过是前期的存在论的生发，是存在论的一种审美探求。参见 王昌树.《海德格尔生存论美学》.上海：学林出版社，2008 年版，第 1 页。

第三章　美的存在

在现代思想中，哲学的主题由理性转向存在。西方哲学由此发生了根本性的转变：对存在者之本质的追问转向对存在者之存在的追问。这同时引发了美学上的转变，对美的追问从"美是什么"转变为"美如何存在"，亦即从美的本质问题转换为美的存在问题。

形而上学美学始终活跃在这一追问美之本质的领域之中。古希腊早期美学在探寻客观世界本源的哲学背景下展开。作为宇宙论美学，它从秩序出发探讨美，并指出美的本质在于整体的和谐。到了古希腊盛期，柏拉图在历史上首次区分了美的事物和美本身，从而将"美的本质"确立为一个问题。他认为美的本质即理念，美的事物因分有或模仿美的理念而成其为美。亚里士多德批判了柏拉图的理念论，将美从超验的理念世界拉回感性的现实世界，认为美在于有机的整体。中世纪美学在探索主观精神世界的哲学背景下展开，美的问题在上帝、世界和灵魂的思想主题下得到讨论。近代美学在探讨主观世界与客观世界之关系的哲学背景下展开，其中理论贡献最为突出的是德国唯心主义美学。基于主观唯心主义的立场，康德依据形式逻辑的四大范畴构建了美的鉴赏理论，其核心为美是无利害的快感。基于客观唯心主义的立场，黑格尔认为美是绝对理念的感性显现。

总的来说，从古希腊到近代，美的问题在本质主义尤其是理性本质主义的视域中得到思考。哲学家们在客观世界、主观世界以及主客二元世界中寻找美的本质，却遗忘了美的本源即存在自身。而现代思想的特征体现为反本质主义和后本质主义，它否定了现象之外的本质，而聚焦于现象如何显现与存在。由此，美的本质失去其合法性，从而被美的存在或存在之美所代替。马克思从生产出发将存在规定为劳动和实践，他认为美是人的本质力量的对象化和自然的人化。尼采从意志出发将存在规定为创造力意志，他认为美是人之生命力和创造力意志的充盈和上升。

与马克思和尼采不同，海德格尔从思想出发追问存在自身，并展开为"意义""真理""地方"三个维度。海德格尔早期从"此在"出发追问"存在的意义"，包括世界性的"在世存在"与时间性的"向死存在"两个部分。由于他将"存在的意义"落实到"此在"的生存活动之中，存在之美便具体化为"此在"的生存之美。美在这一阶段意味着"此在"的敞开。海德格尔中期不再从人出发追问存在，而是直接揭示"存在的真理"的历史性生成，美在这一阶段意味着"真理"

的发生。到了晚期，海德格尔转向"存在的地方"，并将"地方"之地方性归于"道说"。"道说"揭示的"地方"不仅聚集了世界化和物化的发生，还聚集了天、地、神、人四元的居住。美在这一阶段意味着诗意的居住。总之，在海德格尔的整体思想中，存在与美是一而二，二而一的，换言之，存在即美，美即存在。

第一节 从美的本质到美的存在

在日常语义中，对于美的探讨一般依托于具体的美的现象和现实中美的形态。它们是自然的、社会的，抑或是艺术的。不同于美的日常语义，哲学探讨的不是美的具体现象，而是美的本质。可以说，一切形而上学美学都以追问美的本质为自身的根本任务。不过，美的本质在西方美学史上还以其他名字出现过，例如作为美的美、美自身、美的基础、美的根据、美的本源、美的来源等[①]。

在展开海德格尔关于美的思想之前，我们回顾一下西方美学史上已有的相关思想。西方的历史大致可以划分为古希腊、中世纪、近代、现代、后现代五个阶段，我们将据此论述美的历史规定。

古希腊哲学本质上是一种有关客观世界的哲学，其目的在于探寻客观世界的本原，主要形态包括自然哲学与存在论哲学。与此相关，古希腊美学旨在从与混沌不同的秩序出发来探讨美。所谓秩序，即宇宙、世界和整体。美的本质在此体现为整体的和谐。希腊早期美学可以概括为宇宙论美学，其代表人物有毕达哥拉斯、赫拉克利特、苏格拉底等。与泰勒斯、阿那克西曼德、阿那克西米尼将世界的本原归结为水、无定形者、气不同，毕达哥拉斯提出了数本原说。他认为一切事物都包含数量关系，因此，万物的本原是数。从其数的哲学出发，他提出了美是和谐、美在对称和比例的命题。鉴于数是一切事物的本质，宇宙和世界都是由数以及数量关系构成的整体。和谐是由数的关系造成的。因此，宇宙和世界就成为一个和谐的美的整体。除了从抽象的数的哲学出发对美进行界定之外，毕达哥拉斯还将数的关系运用到具体的艺术门类中，例如雕刻、绘画、建筑等。在他看来，数的关系在艺术作品中具有至关重要的作用，它相关于对称和比例，决定了艺术能否呈现出最美的形象。由此出发，他提出"一切立体图形中最美的是球形，一切平面图形中最美的是圆形""身体美确实在于各部分之间的比例对称"等命题[②]。

在毕达哥拉斯的数本原说之后，赫拉克利特又提出了火本原说。他认为万物的本原为火，并且火与一切存在者之间处于永恒的相互转化过程中。除了火本原说之外，赫拉克利特哲学中还有一个特别重要的主题，即逻各斯。在他看来，火虽然不断运动流变，但它并非无章可循，而是遵

---

① 参见 彭富春.《美学原理》（修订版）.北京：人民出版社，2021年版，第21页。
② 参见 李醒尘.《西方美学史教程》.北京：北京大学出版社，1994年版，第12页。

循一定的分寸和秩序。这种永恒不变的普遍法则即逻各斯。与数作为量的规定不同，逻各斯乃是质的规定。基于其哲学背景，赫拉克利特也主张美是和谐。但此种和谐并非数的和谐，而是对立的统一，亦即逻各斯。如他所说："互相排斥的东西结合在一起，不同的音调造成最美的和谐，一切都是斗争所产生的。"[1] 因此，美是和谐同时意味着美是对立的统一。

到了苏格拉底这里，出现了自然哲学向道德哲学的转向。道德哲学旨在认识人的心灵，而心灵的内在原则乃是美德。他提出美德即知识的命题，具体而言，美德是关于善的知识。一般而言，知识与道德分属于真和善的领域。苏格拉底的这一命题则将真与善统一起来，没有关于善的知识，美德便失去了基础。除了实现真与善的统一之外，苏格拉底还将美、善与效用相提并论。他认为人的一切活动都要遵循一定的目的，美之为美就在于其合目的性。在他看来，"任何一件东西如果它能很好地实现它在功用方面的目的，它就同时是善的又是美的，否则它就同时是恶的又是丑的"[2]。

古希腊美学经历了早期之后迎来了盛期，其代表思想家为柏拉图与亚里士多德。严格说来，柏拉图算得上首位以哲学为根底专门而系统地思考美的思想家。其著有《大希庇阿斯》，此乃目前所知的西方历史上第一部系统探讨美的著作。该著作以对话的形式编写而成，对话人为苏格拉底与著名智者和诡辩学家希庇阿斯。对话伊始，苏格拉底提到他在一次讨论会上被问到能否替美下一个定义，他却无言以对。有鉴于此，苏格拉底希望能够从希庇阿斯那里获得启示。二人首先达成一个共识，即美是一个真实的东西。然后，希庇阿斯提出美是一位漂亮的小姐。由此回答出发，二人还列举了美是一匹母马、一把竖琴、一个汤罐等观点。但苏格拉底一针见血地指出，以上探讨都围绕美的东西展开，而未触及美自身。关键在于区分"什么东西是美的"与"什么是美"。

在接下来的讨论中，二人主要提出了关于美自身的五个命题并逐一进行反驳。首先，希庇阿斯提出美是恰当。对于何为恰当，希庇阿斯解释道："我以为所谓恰当，是使一个事物在外表上显得美的。举例来说，相貌不扬的人穿起合式的衣服，外表就好看起来了。"[3] 苏格拉底马上反驳道，如果恰当只是使事物在外表上显得比实际更美，那么它只是一种错觉，真正的本质被其掩盖。美应当不局限于外表而使事物真正成其为美。然后，苏格拉底提出美是有用。他举例说道，眼睛之所以美是因为它看得清楚，即有用处。但他随即又质疑道，有用是双面性的，可能对好事有用，也有可能对坏事有用。于是，有用之所以是美，是因为它实现了某个好的目的。这样，也就推出了第三个命题：美是有益。所谓有益，即产生好结果，而产生结果的叫作原因，这样，美就是好（善）的原因。然而，苏格拉底再次推翻了这一观点，因为在他看来，原因不是结果，结果也不是原因，所以美不善而善不美。接着，苏格拉底提出美是由视觉和听觉产生的快感。但不出意外，他再次驳斥了这一论点，因为此命题指涉的是由视听而来的快感，快感赋予美只能是视听这两种感觉合

① 邓晓芒，赵林.《西方哲学史》.北京：高等教育出版社，2005 年版．第 22 页。
② 李醒尘.《西方美学史教程》.北京：北京大学出版社，1994 年版，第 17 页。
③ [古希腊] 柏拉图.《柏拉图文艺对话集》.朱光潜，译.北京：人民文学出版社，2008 年版，第 152 页。

在一起，而不能单是视觉或听觉。而事实上，美作为使每一个事物成其为美者必定属于单一者。此外，这一观点可能还会经受以下质询：为什么仅仅将此两种快感而非其他快感视为美？对此，苏格拉底回答道："这两种快感，无论合在一起说，或是分开来说，都是最纯洁无疵的，最好的快感。"① 于是，他进而提出第五个命题：美是有益的快感。但他很快发现问题又绕回去了，因为所谓有益的就是产生善的，但前面分明已经辨析过美不是善，善也不是美。于是，这一场关于美的讨论无疾而终。苏格拉底以一句话为其画上句号：美是难的。

这段对话并非咬文嚼字，而是匠心独运。柏拉图借老师苏格拉底之口道出了自己关于美的思想。其突破性体现在他在历史上首次区分了美的事物和美本身，从而将"美的本质"形成一个问题。虽然对话最终没有提供一个明确的结论，但其不可磨灭的贡献在于：通过批判通行的关于美的各种看法将人们对美的思考带向一本质领域，此即美自身。在此基础之上，柏拉图提出其著名的观点：美是理念。美的理念即美自身，它区分于美的万物并且是其根源。美的事物之所以美是由于分有或模仿了美的理念。尽管美是理念说超越了特殊事物而直达普遍本质，但这种将美归结为理念的做法使美脱离了现实生活而进入超验领域，从而在人与美之间建立了一道鸿沟。

针对柏拉图论美的问题，学生亚里士多德对其进行了批判。作为古希腊哲学与美学思想的集大成者，他批判了柏拉图的理念论。柏拉图将理念视为脱离个别事物而独立存在的精神实体，而亚里士多德认为理念只能存在于具体事物之中，不存在脱离了个别的一般。这样，亚里士多德就不是从超验的理念世界，而是从感性的现实世界出发思考美的本质。在他看来，美不在于理念，而在于客观事物的属性。他指出："美的主要形式是秩序、匀称和明确。"② 这具体表现为安排合理、体积合适、比例合度等，其中蕴含了部分与整体的关系。总的来说，亚里士多德认为美在于有机的整体，这可以通过其悲剧理论得到说明。他强调悲剧的情节应当完整，即事物有头、有身、有尾。换言之，一个整体包括开端、中间、结尾三大要素，缺一不可。与柏拉图相比，亚里士多德的进步性体现在他把美从理念世界的压抑中解放出来，使其不再作为理念的幻影，而是扎根于现实世界的感性真实。

如果说古希腊哲学是有关客观世界的哲学，那么中世纪哲学则是关于主观精神世界的哲学，其目的在于寻找精神世界的本原，主要形态包括心灵哲学与一神论的宗教哲学。"中世纪思想的主题主要是上帝、世界和灵魂。由此形成了理性神学（目的论）、理性宇宙论和理性心理学。"③ 此阶段美的思想就体现在关于上帝、世界、灵魂的讨论之中。其代表人物包括普罗提诺、奥古斯丁、托马斯·阿奎那等。普罗提诺处于古希腊与中世纪的交界线，他既是古希腊哲学的终结者，又是中世纪宗教神秘主义的创立者。作为新柏拉图主义者，其哲学主要是柏拉图哲学的变种。他认为世界的本原是太一或神，这相当于柏拉图所说的理念。在他看来，太一或神是最高的存在与真善

① ［古希腊］柏拉图.《柏拉图文艺对话集》.朱光潜，译.北京：人民文学出版社，2008 年版，第 166 页。
② ［古希腊］亚里士多德.《形而上学》.吴寿彭，译.北京：商务印书馆，1959 年版，第 265-266 页。
③ 彭富春.《哲学美学导论》.北京：人民出版社，2005 年版，第 6 页。

美的统一体，世界万物都由完满充溢的太一或神流溢而采，美也不例外。与柏拉图的美是理念说相似，普罗提诺认为美的事物因分有神的理念而美。换言之，此岸之美来源于神之美。奥古斯丁是中世纪早期重要的神学家，是教父神学的主要代表。他对美的思考主要包括两个阶段。在皈依基督教之前，他主要受亚里士多德影响，认为美是事物本身的整一与和谐。在皈依基督教之后，他基于基督教神学的立场提出美的根源在于上帝。现实事物之所以整一与和谐是因为上帝自身就是整一与和谐，上帝按照其自身的特性创造万事万物。托马斯·阿奎那是中世纪末期重要的神学家以及经院哲学体系的完成者。一方面，他继承了普罗提诺与奥古斯丁的思想，认为上帝是最高的美，一切感性事物之美皆来源于上帝之美。另一方面，他受亚里士多德哲学的影响，重视感性经验世界与尘世生活之美，以此克服传统思想中所蕴含的柏拉图主义的神秘色彩。托马斯·阿奎那从三个方面界定美，它首先是完整和完美，其次是适当的比例与和谐，最后是色彩鲜美。① 总的来说，中世纪的美论更多地沿袭了柏拉图思想，基于二元世界观贬降经验世界之美，并将其溯源于超验世界的上帝之美，以此高扬神学的权威。

到了以文艺复兴为开端的近代，哲学不只是单纯地研究客观世界或主观世界，而是旨在探讨主观世界和客观世界的关系。这主要包括三个层面，即人与自然的关系、思维与存在的关系、主体能动性与客观制约性的关系。② 近代哲学的核心是认识论问题，美学作为研究感性认识的学科就诞生于这一时期。在美学创始人鲍姆加登看来，美是人们在认识过程中产生的必然结果，美的本质即感性认识的完善。由于美学应该包括理论部分和实践部分，这种完善既是理论性的，又是实践性的。此外，鲍姆加登认为直接决定感性认识的不是形式的外在美，而是心灵的内在美。

近代美学的主要流派包括法国理性主义美学、英国经验主义美学和德国唯心主义美学。虽然前两派都探讨过美的问题，但德国唯心主义美学在思考美的本质方面的贡献是最为显著的。其代表人物为康德、席勒、费希特、谢林、黑格尔等。康德的批判哲学体系包括认识论、道德哲学、美学和目的论三大部分。美学和目的论所对应的判断力批判对于其整个批判哲学的建筑结构而言具有拱心石的作用。康德对美的本质的分析依据形式逻辑的四大范畴展开。就质而言，美是无利害的快感。就量而言，美是无概念而又具有普遍性的。就关系而言，美是无目的的合目的性。就模态而言，美基于人人所有的"共通感"而具有必然性。康德从主观唯心主义的立场出发将美的问题置于主体范围之内，因此，他构建的主要不是美自身而是美的鉴赏理论。

与康德从心灵出发探讨美的本质不同，席勒将美的本质植根于人性。基于康德的观点，席勒将人性划分为理性与感性两部分。这在人身上分别体现为不变的人格与变化的情景。人格即主体、形式和理性，情景即世界、物质和感性。此二者在绝对存在那里是统一的，而在有限存在中是分离的。这样，人的存在中就有两种冲动：感性冲动和理性冲动。这两种冲动在理想的人性中和谐统一，但在近代资本主义劳动分工的背景下却产生了分裂。因此，席勒寄希望于第三种冲动即游戏冲动，

---

① 参见 彭富春.《哲学美学导论》.北京：人民出版社，2005 年版，第 7 页。
② 参见 邓晓芒，赵林.《西方哲学史》.北京：高等教育出版社，2005 年版，第 7 页。

以此弥合感性冲动与理性冲动之间的裂痕，从而恢复人性的完整。游戏冲动之所以能够使人性恢复完整，是因为它作为自由活动消除了感性的强制与理性的强制，感性冲动与理性冲动的关系由此从相互对立转变为共同游戏。有鉴于此，他从游戏冲动出发规定美，指出美是游戏冲动的对象，亦即活的形象。美作为活的形象实现了感性与理性、主观与客观、内容与形式的统一。

在席勒之后，费希特建立了以自我为中心的主观唯心主义哲学体系。费希特批判了康德哲学中的自在之物，认为意识之外的客体只是一种虚构，而只有自我才是唯一的实在，以此发扬主体能动性。其全部哲学体系主要包含三个基本原理：自我设定自身；自我设定非我；自我设定自身和非我。可见，自我是第一性的，非我只是自我的派生物。基于这一哲学背景，费希特认为美是主观心灵的产物。但谢林认为费希特所说的自我最终会导致唯我论而不足以成为哲学的出发点，于是，他不是直接从自我出发而是规定确定自我与非我之上的绝对同一者，然后由此出发去确定自我与非我的关系。由此，他基于主观与客观的绝对同一建立其客观唯心主义哲学。关于美，谢林主要提出了三个命题：美是自由和必然的统一；美是普遍与特殊、有限与无限的统一；美是感性和理性的统一。①

黑格尔作为德国唯心主义哲学的完成者，从绝对理念的运动出发建立了一个包含辩证法和历史主义的客观唯心主义哲学体系。绝对理念经过正、反、合三段式的发展推演出整个现实世界。据此，其哲学体系可以划分为逻辑学、自然哲学和精神哲学三大板块。其美学思想主要在精神哲学这一部分体现出来。精神哲学自身经历了主观精神、客观精神、绝对精神的正、反、合三阶段，美和艺术处于绝对精神发展的低级阶段。从这一哲学体系出发，黑格尔提出美是理念的感性显现。柏拉图也曾提出美是理念的命题，但在他看来，理念是唯一真实的东西，而美只是理念的影像或摹本。与柏拉图不同，黑格尔在肯定绝对理念之最高真实的同时并未否定美的真实存在，而是将其规定为最高真实的一种表现方式。绝对理念是抽象的，但抽象的理念并不美，只有借助于具体的感性形式显现出来的理念才是美的。美不是空洞的形式，而是以绝对理念为内容，并实现了内容与形式的统一。不过，绝对理念的主导地位是不可动摇的，因而是内容决定形式而非相反。实际上，这里不仅仅显示出内容与形式的统一，还有主体与客体、理性与感性、内在与外在、一般与个别、无限与有限等对立因素的统一。②此外，黑格尔还区分了自然美与艺术美，并认为艺术美高于自然美，这与其哲学体系中精神哲学高于自然哲学相呼应。

黑格尔的哲学体系构成了形而上学的终结，这意味着理性哲学在现代宣告死亡。现代哲学的主题不再是理性，而是存在。与之相应，传统意义上的美学在现代已没有容身之地，其本质从理性美学转变为存在美学。一般而言，现代美学指黑格尔之后到海德格尔为止的美学思想。它可以划分为不同的维度和流派，例如存在维度、心理维度、形式与符号维度③，表现主义美学、自然主

① 参见 李醒尘.《西方美学史教程》.北京：北京大学出版社，1994 年版，第 250-251 页。
② 参见 李醒尘.《西方美学史教程》.北京：北京大学出版社，1994 年版，第 260 页。
③ 参见 彭富春.《哲学美学导论》.北京：人民出版社，2005 年版，第 14 页。

义美学、形式主义美学、精神分析美学、分析美学、现象学美学、存在主义美学、符号论美学、格式塔心理学美学、社会批判美学、结构主义美学、解释学美学等 ①。其中最为核心的是存在维度，其代表人物是马克思、尼采、海德格尔。

马克思从生产出发，将存在规定为劳动与实践，此即人类有意识地使用工具的物质生产活动。立足于资本主义社会的现实，他指出人的存在即异化劳动。这导致人丧失其本性，人之本性的回归则要通过共产主义实现。异化劳动到共产主义的转变意味着非人到人的转变。人性的回归同时意味着感性的解放，在此，人成为审美的人。马克思关于美的规定通过人的不同规定显示出来，这主要包括人作为类存在物、人作为雇佣劳动者、人作为共产主义者。当人作为类存在物时，马克思将美的生产作为人与动物的最高区分。马克思指出："动物只是按照它所属的那个种的尺度和需要来构造，而人懂得按照任何一个种的尺度来进行生产，并且懂得处处都把固有的尺度运用于对象；因此，人也按照美的规律来构造。" ②动物与其生产活动是同一的。它无法意识到自身的生产活动，更意识不到他者的生产活动，而只是本能地按照其自身物种的尺度进行生产。与此不同，人的生产是作为有意识的生命活动的生产。人不仅能够认识并运用自身的尺度，还能认识并运用其他物种的尺度。除此之外，人还能够将自身内在的尺度与外在对象的尺度结合起来进行生产活动。这体现了主体与客体的合一、人与自然的合一。此即自由的生产活动，美的规律就在其中。"通过这种生产，自然界才表现为他的作品和他的现实。" ③正因为人按照美的规律进行创造，才实现了产品向作品的飞跃。

人作为类存在物只是基于人与动物的区分。就人自身的区分而言，资本主义社会的现实中，人主要作为雇佣劳动者而存在。马克思指出："劳动生产了美，但是使工人变成畸形。" ④雇佣劳动者虽然也进行美的生产，但是这种生产不是为了工人自己，而是为了资本家，不是自发的，而是被迫的。这样，美的生产活动对于工人而言就不是自由活动，而是一种自我否定的活动。在异化劳动中，工人只是动物般、机器般的存在，生产美的过程同时也是他们自身变丑陋的过程。美的产品是工人自身异化的结果，它在为富人带来审美愉悦的同时，却让美的生产者沦为非人的存在。因此，异化劳动所生产的美还不是真正意义上的美，因为人的本质在其中没有得到确证。

基于这一异化的现实，马克思提出人要作为共产主义者而存在。通过对私有财产的积极扬弃，共产主义得以实现。在共产主义社会中，人以全面的方式占有自己全面的本质。人不仅通过思维，还以全部感觉在对象世界中肯定自己。马克思之前的哲学过于强调理性的绝对优势，这促使马克思借助费尔巴哈的思想走出西方理性哲学的传统。但是马克思所说的感性一方面不同于传统意义上的感性认识，另一方面不同于费尔巴哈所说的感性对象，而是感性活动本身。作为现代思想家，

① 参见 李醒尘.《西方美学史教程》. 北京：北京大学出版社，1994 年版，第6—7 页。
② Karl Marx. *Writings of the Young Marx on Philosophy and Society*. Loyd D. Easton，Kurt H. Guddat，trans. New York: Garden City, 1967, p. 295.
③ Karl Marx. *Writings of the Young Marx on Philosophy and Society*. p. 295.
④ Karl Marx. *Writings of the Young Marx on Philosophy and Society*. p. 291.

马克思所思考的不是传统哲学中与理性相对的感性，而是基于生产劳动实践的感性存在。感性存在之所以如此重要，是因为它直接相关于人性的回归。正如马克思所说："对私有财产的扬弃，是人的一切感觉和特性的彻底解放；但这种扬弃之所以是这种解放，正是因为这些感觉和特性无论在主体上还是在客体上都成为人的。"① 在感性解放的基础之上，马克思把美规定为人的本质力量的对象化。马克思强调："只是由于人的本质的客观展开的丰富性，主体的、人的感性的丰富性，如有音乐感的耳朵、能感受形式美的眼睛，总之，那些能成为人的享受的感觉，即确证自己是人的本质力量的感觉，才一部分发展起来，一部分产生出来。"② "音乐感" "形式美"源于人的审美活动，它们相关于人的感性，而人的感性又依赖于人的本质的对象性的展开。因此，美即人的本质力量的对象化，这同时意味着美即自然的人化。

与马克思不同，尼采不是从生产，而是从意志出发将存在规定为创造力意志，亦即人的生命及冲动。柏拉图的理念论将世界划分为超感性的真实世界和感性的虚幻世界。所谓的真实世界凌驾于虚幻世界之上，前者给予后者尺度。与柏拉图的理念类似的概念还有基督教的上帝、康德的自在之物等，它们在形而上学的历史中接替扮演最高价值。而尼采认为上述所谓的真实世界并不真实，而那所谓的虚幻世界才是真实的。因此，这些理论实际上否定了存在的意义而成为虚无主义。有鉴于此，尼采以"上帝死了"的断言否定西方历史上的虚无主义，从而宣告自己的虚无主义。不过，不同于历史上的虚无主义，尼采的虚无主义具有双重意义。从否定方面而言，它意味着以往最高价值的去值；从肯定方面而言，它意味着所有价值的重估。而创造力意志的提出可以被视为尼采重估一切价值的尝试。除了提出自己的创造力意志之外，尼采还溯源于古希腊的日神精神与酒神精神，以此反对历史上的宗教、道德和哲学。基于其以生命反对理性的哲学思想，尼采对美的本质也进行了重估。

尼采将美学的两大核心要素概括为感性和陶醉，指出它们是提高了的、常胜的生命的形象及其美化力量，以至于有某种完满性被置入事物之中③。此处的"完满性"即美，其本质为生命之美。一方面，感性和陶醉促成了生命之美；另一方面，生命之美激发了感性和陶醉。由此，感性、陶醉和美在尼采的思想中具有同一性。关于美，他指出："没有什么东西是美的，只有人是美的。全部美学就建立在这个朴素的观念之上，它是美学的第一条真理。"④ 与此相关，他还补充了第二条真理：没有什么东西是丑的，只有退化的人是丑的。这样，尼采就把美与丑和人的生命力与创造力意志关联起来，将丑视为人之生命力与创造力意志的衰退和下降，相反，将美视为人之生命力和创造力意志的充盈和上升。这一思想表明尼采将人规定为美的原因，此即他所说的人性的、太人性的美。

与现代哲学将存在作为其主题不同，后现代哲学的主题转变为语言。虽然语言也是现代思想

---

① Karl Marx. *Writings of the Young Marx on Philosophy and Society*. p. 308.

② Karl Marx. *Writings of the Young Marx on Philosophy and Society*. p. 309.

③ 参见 [德] 尼采.《尼采著作全集（第十二卷）》. 孙周兴，译. 北京：商务印书馆，2010 年版，第 386 页。

④ [德] 尼采.《尼采著作全集（第六卷）》. 孙周兴，李超杰，余明锋，译. 北京：商务印书馆，2015 年版，第 154 页。

的论题之一，但它在现代主要被存在和思想所规定。而后现代哲学所探讨的语言具有其自身的独特性。此阶段的哲学主要包括语言分析、结构主义、解构主义三大分支。语言分析和结构主义破除了语言的外在规定而聚焦于语言自身及其结构，解构主义则在此基础之上直接消解了语言自身的规定。由此，后现代哲学的基本特征为无规定性。于是，后现代美学主要体现为一种文本分析，美的问题转化为语言问题。

综上所述，西方美学五个阶段美的主题可以概括为：古希腊为美在整体（世界），中世纪为美在上帝，近代为美在自由，现代为美在存在，后现代为美的无规定性。①

纵观西方美学史，我们不难发现其对美的思考可谓源远流长，它诞生于西方思想的开端——古希腊。总的来说，从古希腊到近代，哲学家们对美的思考在本质主义的背景下展开②。古希腊时期，哲学家们致力于探究世界的本原，并从早期的朴素思维转变为以柏拉图和亚里士多德为代表的理性思维。中世纪，理性本质主义被基督教统治下的信仰本质主义所取代。近代，人用自身的神性即理性取代上帝的神性。理性本质主义在认识论的背景之下以更彻底的方式回归。在本质主义的规定下，对美的思考主要表现为对美的本质的探寻。但此种探寻往往超出事物之外去寻找一个更高的规定，从而造成了现象与本质的二元分离。虽然它采取二元思维模式，但其本质为一元中心论。在现象与本质中，本质作为绝对真实的存在占据统治地位。这样，美的本质就挤占了美的事物自身的存在空间，从而导致美自身被遗忘。

而现代和后现代的思想则是反本质主义、后本质主义，它们都认为根本不存在一个现象之外的本质。只不过，后现代思想更为激进，它不仅否定了形而上学的理性哲学，还因为现代哲学回荡着形而上学的幽灵亦即存在的规定性而与之相分离。因此，后现代既不关注美的本质，也不关注美的存在，而是将美化作语言问题。而现代思想从现象之外的本质回归现象自身，关注其如何显现与存在。它不再追寻所谓美的本质，而是揭示美的存在或存在之美。这样，思考与发问的方式就不再为"美是什么"，而转变为"美如何存在"。

虽然与海德格尔同时代的马克思与尼采都从存在出发思考美，但他们的思想具有一定程度的局限性。马克思将美规定为人的本质力量的对象化和自然的人化，但这一规定仍然囿于传统哲学主客二分的理论框架之中。尼采将美规定为生命力和创造力意志的充盈，但这一规定不仅将美框定在生理学范畴而缩小其边界，还用创造力意志取代传统的最高价值而落入形而上学的窠臼。由此，海德格尔将尼采称为最后一位形而上学家。与他们不同，海德格尔在反形而上学的基础上追问开端性的存在，从而为美的问题奠定存在的根基。

① 参见 彭富春.《哲学美学导论》.北京：人民出版社，2005年版，第29页。

② 刘旭光指出，本质主义的追问在美学上体现在三个方面。第一，就所有被称为美的事物来抽象出其统一性，从而有了"美是什么"这样一个问题；第二，选定一个美的或者是公认的美的事物，将其确立为对象，对其进行观察与思考，将其解析为内容与形式两个方面，在这两个方面中寻找美本身或者说美的本质；第三，将这种确立起来的本质置入真善美的价值体系中，使其因为回答了美是什么而获得崇高地位。参见 刘旭光.《海德格尔与美学》.上海：上海三联书店，2004年版，第58页。

第二节　早期：美作为此在的敞开

海德格尔早期并没有专门论美，但鉴于其存在学本身即是美学，我们可以从其存在思想入手探究其关于美的思想。海德格尔早期的存在思想主要集中于《存在与时间》一书，他在其中追问了"存在的意义"。该著作包含两篇，第一篇为"准备性的此在基础分析"，第二篇为"此在与时间性"。这两篇分别围绕"世界性"与"时间性"展开论述，以此从"此在"的存在论分析入手揭示"存在的意义"。

在"准备性的此在基础分析"部分，海德格尔首先从两个方面刻画了"此在"的特征。首先，"此在"的本质在于它去存在。在形而上学的传统中，对存在者的规定一般以"某物是什么"的陈述展开。在此类命题中，物被表象为现成存在者。就人这种存在者而言，历史上最具代表性的规定为"人是理性的动物"。其中，人作为现成对象被赋予理性这一属性。与以往不同，海德格尔认为"此在"分析的关键在于揭示其怎样去存在，也就是将人的存在还原到其具体的、动态的存在境域中。他将"此在"的存在规定为"生存"。其次，"此在"在其存在中对之有所作为的那个存在总是我的存在，此即"向来我属"性。海德格尔指出，谈及"此在"时必须使用人称代词，例如"我存在""你存在"。此即是说，"此在"并不是一个空泛的概念，它总是从属于某个具体的人及其去存在的生存活动。每一"此在"都对其存在有所作为，但这种实现其存在的行动并非千篇一律，而是因人而异。通过上述两个特征可以看出，海德格尔的"此在"规定颠覆了以往着眼于人之实在性的传统，而进入人之存在性的维度。

海德格尔将"此在"的基本结构规定为"在世界之中存在"。这一整体结构由三个组建环节构成："世界之世界性""在世作为共在与自身存在""在之中"。在"世界之世界性"这一部分，他在陈述传统的世界概念的基础上廓清了自己的世界之思。一般来说，世界被定义为存在于世界之内的现成存在者之总体。海德格尔却认为将世界理解为这样一种客观存在并没有切中世界的本质。本真的世界即"此在"作为其自身生活在其中的世界。在这样一种规定中，"此在"与世界之间并非主体与客体的关系。通常认为，主体只有在超越活动中才能认识作为客体的世界。海德格尔却从根本上推翻了这一观点。在他看来，"此在"无须超出自身的内在范围去揭示外在于它的世界，因为世界根本不在"此在"之外，相反，"此在"在世界之中存在，它本源性地与世界合一。因此，"在世界之中存在"比认识更为根本，"此在"本就以在世存在的方式认识着世界。世界在此具有一种前存在论的生存上的含义，"此在"唯有首先生存于世界之中，才有对于世界的理解和定义。于是，海德格尔从"此在"日常生存的周围世界入手探入一般世界之世界性。

海德格尔指出，"此在"的日常生存方式即与世界内的各种存在者打交道。他将"此在"与物打交道命名为操劳。在操劳活动中遇见的存在者被海德格尔称为用具。他指出："严格地说，从没有一件用具这样的东西'存在'。属于用具的存在一向总是一个用具整体。只有在这个用具

整体中，那件用具才能够是它所是的东西。"① 将用具还原到其所在的整体中去后，用具的本质便显现出来了，此即"为了作……之用"，其中包含着从某物指向某物的指引。用具不仅指向其合用性的何所用、其成分的何所来，还指向其利用者。例如，一双鞋的何所用是为了穿上走路，其成分的何所来在于皮或布，其利用者为购鞋的消费者。传统分析往往将用具作为理论认识的静观对象，关注其现成性（Vorhandenheit），而海德格尔的此种分析则将用具置于其最直接的形成和使用过程中，以此动态地展现用具的本真存在，聚焦其应手性（Zuhandenheit）②。

根据海德格尔，应手之物的存在特征即应手相关性（Bewandtnis）。应手相关性意味着用具存在自身敞开的同时敞开了整个它所关联的指引结构。不仅用具具有此种本性，包括人和自然物在内的世界之中的一切存在者都具有应手相关性。通常来说，自然物是未经人为加工的天然之物，它如何同人工制作的用具一样具有应手相关性呢？海德格尔举例说道："锤子、钳子、针，它们在自己身上就指向它们由之构成的东西：钢、铁、矿石、石头、木头。"③ 此即是说，用具虽来源于人工，但其指引结构中必不可少地涵盖了自然这一维度。于是，整个世界就成为由应手之物构成的意义关联全体（Bedeutsamkeit）④。而应手相关性和意义关联全体又要经由"此在"的操劳活动揭示出来。不过，这种揭示活动以"此在"的自我指引为前提，也就是说，"此在"必须先行理解自己的生存，才能理解与之打交道的应手之物如何在其生存结构中展开自身与其关联整体。因此，海德格尔总结道："此在自我相关的理解之所在，也就是让以应手相关性的存在方式（存在的）存在者应手相关之所向，就是世界现象。此在自我相关之所向的结构，就是构成世界之世界性的东西。"⑤ 世界之世界性就在于由应手相关性指向的意义关联全体。

在分析了"世界之世界性"之后，海德格尔进入了在世存在的第二个组建环节，即"在世作为共在与自身存在"。此即从世界的问题过渡到人的问题。海德格尔指出"此在"的世界是共同世界，"此在"的存在是与他人共同存在。即便"此在"处于独在状态中，也不能说明它并非与他人共在，因为独在乃是共在的一种残缺样式，因此它与共在处于最紧密的关联之中。海德格尔将"此在"与

① Martin Heidegger. *Sein und Zeit*. p. 92.
② 此处参照张汝伦《〈存在与时间〉释义（上）》中的译法，将Vorhandenheit和Zuhandenheit分别译为"现成性"和"应手性"。他指出，应手性是在前理论的实践活动中与我们相遇的用具性的存在者的存在方式，而现成性则是在理论认识中给予的存在者的存在方式。参见 张汝伦.《〈存在与时间〉释义（上）》.上海：上海人民出版社，2014年版，第238页。
③ Martin Heidegger. *Sein und Zeit*. p. 94.
④ 此处参照张汝伦《〈存在与时间〉释义（上）》中的译法，将Bewandtnis和Bedeutsamkeit分别译为"应手相关性"和"意义关联全体"。关于Bewandtnis，他指出："海德格尔最初是从拉斯克那里拿来这个概念，用在他的教授资格论文中，指事物被看到的方式。在1925年的《时间概念的历史导引》中，海德格尔用它来代替意义关联全体（Bedeutsamkeit），指在与他人相关时所采取的趋向。而在他在马堡大学1925—1926年冬季学期的讲课稿《逻辑：真理的问题》中，这个概念指应手之物的功能性、依从和应手。在《存在与时间》中，它指应手之物的存在，即前三节中所说的相关系统的存在现象。"关于Bedeutsamkeit，他指出："根据冯·赫尔曼的说法，Bedeutsamkeit是一个存在论术语，指世界的存在论结构、世界的世界性，它构成作为世界之世界的使事物具有意义的关系全体。海德格尔在1923年的《存在论：事实性释义学》中说它是'世界相遇特征'之总的名称。"参见 张汝伦.《〈存在与时间〉释义（上）》.上海：上海人民出版社，2014年版，第269-270页。
⑤ 张汝伦.《〈存在与时间〉释义（上）》.上海：上海人民出版社，2014年版，第280页。

世界中其他"共同此在"打交道称为操心。此即是说，"此在"的生存活动不仅关涉各种应手之物，还关涉他人。不过，"此在"在与他人共在的同时也保有其自身存在的维度。而自身存在又呈现出不同的状态，海德格尔区分了常人和本己，此即"非本真状态"与"本真状态"。他将常人的生存论性质刻画为平均状态。所谓平均状态，即日常的无差别状态，亦即受制于普遍的社会规范与公众意见的状态。它抹平了一切个人化的特殊存在的可能性，"此在"的本己存在就遮蔽在这样一种平均状态中。但常人在海德格尔这里并不具有否定意义，"常人是一种生存论环节并作为原始现象而属于此在之积极状态"①。事实上，"此在"基础分析中直接给予的现实即"此在"往往首先生存在这样一种常人的平均状态中，而未思其本真存在。但非本真与本真并非截然对立的二者，在原初的本真的基础之上才有非本真的变式，因此，非本真自身就潜藏着通向本真的道路。

接下来，海德格尔展开了对"在之中"的分析。"在之中"并不是指空间关系，并不像传统空间观所认为的一物占据另一物的空间。"在之中"被海德格尔理解为人居住在世界中的方式。由此可见，海德格尔晚期从居住出发探讨存在的思想实际上萌芽于早期。"在之中"作为人存在于世界的本质规定在海德格尔这里被标明为一种生存论术语。

他进一步将"在之中"解释为"此之在"，分析"在之中"亦即分析"此在"之"此"。海德格尔指出，"此"这个词意指这种本质性的敞开状态，通过这一敞开状态，这种存在者（此在）就会同世界的此在一道为它自己而在"此"。② 这就是说，"此在"即处于敞开状态中的存在者，它自身敞开的同时一道敞开了世界。"此在"在"此"亦即"此在"在世界中。海德格尔将"此在"的这种敞开状态进一步标明为"林中空地"。与中期的"自身遮蔽的林中空地"强调"真理"本源的遮蔽性不同，此处的"林中空地"只是在"真理"的敞开意义上而言的。由此，海德格尔从"此"出发阐释"在之中"的目的在于通过分析"此在"的基本存在方式来揭示"存在的意义"如何在"此在"这里得到敞开。

海德格尔从两部分入手解说"此"，一为"此的生存论建构"，一为"日常的此之在与此在的沉沦"。"此的生存论建构"刻画出"此在"在世的原始敞开状态，它由情态、理解、话语组建起来。情态即存在论意义上的情绪，它表明"此在是和它必须是"，此即"此在"的被抛性。情态本源性地规定了"此在"，只要"此在"存在，它就处于情态之中。理解表明"此在能在和如其可能"。理解表明"此在"的可能性，"此在"如何是其可能性，它就如何存在。"日常的此之在与此在的沉沦"则刻画出敞开状态的日常存在方式，它由闲谈、好奇、歧义进行描述。沉沦在此并不具有消极意义，而是表明"此在"通常沉入其所操劳的世界，即淹没在公众意见之中。在此，情态、理解和沉沦可以从必然性、可能性和现实性的层面进行理解。其中，情态与理解相关于人的本真存在，沉沦则相关于人的非本真存在。在此基础之上，海德格尔将"此在"结构的整体性概括为烦忙，这是对上文提及的与物打交道之操劳和与人打交道之操心的存在论生存论上的总括。

①　Martin Heidegger. *Sein und Zeit*. p. 172.

②　参见 Martin Heidegger. *Sein und Zeit*. p. 176.

在对"在世界之中存在"这一整体结构的三个构成部分进行了细致入微的分析之后，海德格尔却表明，从平均的日常状态入手探讨世界之世界性所揭示的乃是作为常人的"此在"，但常人作为非本真存在无法洞悉"存在的意义"。也就是说，"准备性的此在基础分析"并不充分和彻底。由此，海德格尔进而探讨"此在与时间性"，以此揭示"此在"存在的本真性。在他看来，将"此在"规定为烦忙于世的存在并未显示出其原始性和整体性，而将其视为出生与死亡之间的存在却补足了这一缺失。

海德格尔指出："死是一种此在刚一存在就承担起来的去存在的方式。"①这意味着死亡乃是"此在"的原初规定，"此在"存在的原始性通过死亡体现出来。他还表明死亡"这一属于能在亦即属于生存的终结界定着、规定着此在的向来就可能的整体性"②。也就是说，死亡作为"此在"之不可能的可能性刻画了其存在的整体性。除了原始性和整体性之外，海德格尔还如此规定死亡："死亡绽露为最本己的、无所关联的、不可逾越的可能性。"③所谓"最本己的"即原初性。那么何为"无所关联的"呢？它表明死亡的"向来我属"性。"每一此在向来都必须自己接受自己的死。只要死亡'存在'，它依其本质就向来是我自己的死亡。"④死亡不是"此在"作为类的规定，诸如将人与动物区分开的理性，而是每一"此在"作为个别存在而具有的存在论规定。死亡虽然规定着一切"此在"，但每一"此在"的死亡都具有特殊性与不可替代性。而"不可逾越的"则意指死亡对于"此在"而言具有必然性，只要"此在"存在，它就不可能摆脱这一命运。经过海德格尔的分析，死亡在存在论上便具有原始性、整体性、"向来我属"性和不可逾越性。

然而，日常"此在"通常逃避死亡而遮蔽了最本己的"向死存在"。对沉沦于周围世界的"此在"而言，死亡是存在的对立面，其意味着烦忙于世的终结与生存权利的剥夺，因此，它作为消极的东西被避讳。然而，海德格尔却指出存在论意义上的死亡区别于存在者层次上的死亡，后者意味着生命的完结，而前者意味着自由的实现。按照常理，死亡意味着生命的时间限制，既然是限制，又有何自由可言呢？依据海德格尔的思想，死亡对于"此在"而言并非否定意义上的限制，而是肯定意义上的划界，即确立边界。正是边界使得某存在者区分于他者而成其自身。在边界内，存在者才合乎其本性，亦即是自由的。因此，自由并非限制的对立面，恰恰在界限之内，自由才成其为自由。所谓自由，即本性的完满实现，此即让自己作为自己去存在和显示出来。死亡为"此在"划定边界并给予它自由。正因为"此在"理解了这种最极端的可能性，它才可能本真地理解与选择排列在那种不可逾越的可能性之前的诸种实际的可能性⑤。换言之，正因为"此在"理解了自身的限度，它才能更好地生存。"此在"撞击了存在的边界，这促使其在有限的时间里更大程度地拓宽存在的维度，探寻生命的意义。

---

① Martin Heidegger. *Sein und Zeit*. p. 176.
② Martin Heidegger. *Sein und Zeit*. p. 310.
③ Martin Heidegger. *Sein und Zeit*. p. 333.
④ Martin Heidegger. *Sein und Zeit*. p. 319.
⑤ 参见 Martin Heidegger. *Sein und Zeit*. p. 319.

那么，"此在"如何从非本真状态恢复其本真状态呢？海德格尔提出了良心（Gewissen）这一概念。良心的本质为呼唤，它召唤"此在"从常人状态进入其本真存在。那么，良心呼唤了什么内容呢？海德格尔说无物被呼唤。这看似自相矛盾，但符合他一贯的思想路数。良心的呼唤乃是一种无声的呼唤，因为良心本质上是沉默的。"呼声不是把被召唤者唤入常人的公众闲谈中去，而是从这闲谈唤回到生存的能在的缄默之中。"① 闲谈即日常"此在"进行理解和解释的存在样式。它所关涉的是一种平均的可理解性与可传达性。不过，闲谈之声往往不是对存在者的直接经验，而是通过人云亦云的方式建立起来的，这就造成一种遮蔽事情自身的危险。与日常状态不同，"此在"的本真存在并不通过有声的话语传达出来，而是在沉默的良心中得到经验。鉴于"此在"被存在自身所规定，而存在的本性又是虚无，我们可以在经验虚无的过程中理解"此在"的本真存在。考虑到虚无之虚无性，对虚无的经验也具有这种虚无性，良心之沉默就是其证明。被良心召唤的乃是"此在"，它对良心的倾听表明其愿有良心。这体现了"此在"对自身存在的选择，这在生存论上被称为决定（Entschlossenheit）。决定乃是"此在"之敞开状态的一种突出样式，因为它使"此在"从习以为常的平均状态中抽离出来而进入其本真存在。

海德格尔由"向死存在"过渡到最终也最为根本的时间性分析。在此，他为先前从世界性出发解析的"此在"的生存论结构奠定了时间性的根基。他分别从曾在、当前、将来的维度规定被抛性、烦忙、"向死存在"。被抛性意味着"此在"的存在总是已被抛到这个世界中，它存在且不得不在。作为"此在"最原初的规定，它具有曾在的意义。烦忙意味着"此在"的生存总是在与周围世界打交道的过程中敞开的，此即在当下的处境中与世界中的一切存在者发生关联。而"向死存在"意味着死亡作为不可能的可能性在将来等待着"此在"，因为人终归有一死，死亡最终实现了"此在"的完整性。不过，海德格尔并非机械化地将曾在、当前、将来与被抛性、烦忙、"向死存在"一一对应，而是暗示了它们每一者都关涉其他两者。曾在不仅仅是曾在，它还投射到当前与将来，因为"此在"在当前与将来的存在总是如其一向所曾是的那样存在。当前不仅仅是当前，它还投射到曾在与将来，因为"此在"在曾在与将来的存在总是通过当前化的生存活动敞开出来。将来不仅仅是将来，它还投射到曾在与当前，因为对终极境遇的理解决定了"此在"如何处理本真状态与非本真状态的关系。由此，海德格尔指出："我们把如此这般作为曾在着的有所当前化的将来而统一起来的现象称作时间性。"② 时间性具有绽出的特征，此即是说，时间并非现成存在者，而是自身生成者。由此可见，海德格尔的时间思想区别于流俗的时间观，后者单向地依循过去、现在、未来的线性序列，而前者强调的是曾在、当前、将来绽出性的统一与相互间的运动。不过，在时间的这三重维度中，海德格尔最为看重将来。在他看来，将来不仅规定着"向死存在"，还规定着"此在"的能在。"此在"总是着眼于将来而筹划自身，换言之，它总是在展望将来之际设想其种种可能性。"此在"生存的首要意义就在于这种自身筹划，将来的重要性由此凸显出来。

① Martin Heidegger. *Sein und Zeit*. p. 368.
② Martin Heidegger. *Sein und Zeit*. p. 431.

　　通过上述分析，时间性就成为"此在"存在的本真规定。《存在与时间》最终将"此在"存在的意义规定为时间性，但海德格尔创作此书的最初目的是通过"此在"存在的意义探入存在自身的意义。然而，他并未给出明确的解答，只是以提问的方式引导大家去思考："从原始时间到存在的意义，有路可循吗？时间本身是否公开自己即为存在的地平线？"①三十多年后，海德格尔在题为《时间与存在》（1962 年）的演讲中给出了这些问题的答案。他指出，在存在与时间之外，还有一更为本源者。规定存在与时间两者入于其本己因素之中即入于其共属一体之中的那个东西，我们称之为"生成"（Ereignis）。②存在与时间二者长期以来被形而上学的思想和语言所规定，即使海德格尔对它们做出了全新的阐释，它们也难逃被误解的命运。于是，他建立了具有个人特色的"生成"之思。关于存在与时间，形而上学的命题为存在存在，时间存在。海德格尔则将其转换为它给出存在，它给出时间。这个"它"即"生成"。由此，存在是"生成"的存在，时间是"生成"的时间。

　　虽然海德格尔早期并未直接探讨美，但考虑到其存在学与美学的同一性，其存在之思本就蕴含了美之思。与形而上学抽象地思考存在不同，海德格尔将"存在的意义"落实到"此在"具体的生存活动中。这样，存在之美就具体化为"此在"的生存之美。在充分敞开"此在"的生存之美之前，海德格尔对"此在"基本特征的刻画先行说明"此在"自身何以为美。首先，他表明"此在"的本质在于它去存在。近代西方哲学将人规定为主体，这意味着人被设定为现成的存在者。而海德格尔将人规定为去存在的"此在"，这意在凸显人之存在的伸展性运作与动态性发生。这样，美就不是作为主体的人所具有的某种属性，而是伴随"此在"的生存活动共同敞开的整个过程。其次，他指出"此在"的存在总是我的存在。这意味着"此在"的存在不是抽象的、普遍的存在，而是具体的、特殊的存在。同理，美也不是一个标准化的概念，它因每一"此在"所特有的生存活动而显现出差异性。在澄清了"此在"之美以后，海德格尔从"在世界之中存在"与"向死存在"两个方面论述了"此在"的生存之美。在分析"在世界之中存在"时，海德格尔区分了现成之物与应手之物。这为我们经验存在者之美带来启示。将存在者视为现成之物是科学的态度，而审美的态度则需要我们从应手之物的角度切入存在者之存在。存在者如何自身生成，美就如何生成自身。通过海德格尔对应手相关性与意义关联全体的刻画，我们获得了一种将存在者置于其所存在的整个关联结构中的视角。它在审美经验中的运用体现在，我们不仅经验独立自足的存在者之美，还经验其所敞开的整个意义关联世界之美。在分析"向死存在"时，海德格尔指出死亡实现了"此在"存在的整体性并赋予"此在"以自由。这正好切中美的含义，因为美即本性的完满实现。这样，死亡就不再令人害怕，因为它是美的完成。此外，海德格尔将时间的本性规定为绽出性，这意味着时间作为时间化而自身生成。用这种时间思想去诠释美，美就不是消逝性的，而是生成性的。总而言之，海德格尔早期主要聚焦于"此在"的生存，美在此阶段乃是"此在"的敞开。

① 　Martin Heidegger. *Sein und Zeit*. p. 576
② 　参见 Martin Heidegger. *Zur Sache des Denkens*. p. 24.

第三节　中期：美作为真理的发生

海德格尔中期美学思想的代表作为《艺术作品的本源》。它主要由"物与作品""作品与真理""真理与艺术"三部分构成。在第一部分，海德格尔尝试从物和器具出发分析艺术作品，但这一思想进路在后来被证实行不通。由于传统思想中关于物和器具的规定对分析艺术作品具有干扰作用，从艺术作品自身出发才是可行的。海德格尔在第二部分探讨了作品与真理的关系，指出艺术作品通过世界与大地的争执使"存在的真理"得以发生。不过，海德格尔探究艺术作品之本源的最终目的是追问艺术的本质，于是他在第三部分进一步探讨真理与艺术的关系，并总结艺术乃是真理的生成和发生，艺术即真理自行设置入作品。

在"作品与真理"部分，海德格尔论及美。根据海德格尔的规定，艺术作品乃是"真理"发生的一种方式，并且是一种原始的、突出的方式。他结合刻画农鞋的油画、描写罗马喷泉的诗歌以及矗立着的希腊神殿指出，真理的发生不仅仅意味着个别存在者的如实显现，更重要的是将存在者整体带入无蔽状态。不过，这种存在者整体的无蔽状态又依赖于个别存在者的如实显现。譬如说，农鞋越是摆脱了对象性和工具性的眼光而单纯地显示自身，它所关涉的世界与大地的争执以及农妇的存在越是本真地显现出来。海德格尔实际上道出了两种"真理"，即个别存在者的"真理"与存在者整体的"真理"，并且前者作为通向后者的入口而存在。

在此基础之上，海德格尔指出，伴随着存在者整体之无蔽状态的发生，自行遮蔽的存在便被照亮了。这就由存在者整体的"真理"进入"存在的真理"，由存在者整体的无蔽进入存在的无蔽。在此，我们需要厘清存在者整体如何照亮存在自身。首先，海德格尔将这一照亮活动限定在艺术领域。他指出，存在者在作品中走进其存在的光亮中，存在者之存在进入其闪耀的恒定①。此即是说，存在者如其自身显现便意味着它处于光亮之中，而这又要通过艺术作品来实现。较之于物与器具，艺术作品体现出在揭示存在者之"真理"方面的优先性。其次，存在者整体之所以要照亮存在自身，是因为存在原初性地处于黑暗之中。海德格尔将存在者整体所处的光亮领域命名为"林中空地"。它看起来是一个敞开的地方，但实际上隐含了遮蔽的维度，因为"林中空地"乃是森林遮蔽之中的敞开。没有森林的自身遮蔽，就无所谓空地的敞开。同理，没有存在的自身遮蔽，就无所谓存在者整体的显现。存在以自行遮蔽的方式敞开了存在者整体。最后，存在者整体之所以能够照亮存在自身，是因为其从存在自身那里获得了光亮。"林中空地"作为开端既不是混沌与黑暗，也不是上帝之光与理性之光，而是光明与黑暗交织的地方。它将光明赋予存在者整体，却以自身拒绝的方式停留于黑暗之中。存在者整体接受存在自身所给予的光亮，此即意味着存在者整体接受存在所给予的规定。有鉴于此，存在者整体又作为存在敞开自身的样式照亮存在。

海德格尔指出，如此这般形成的光亮，把它的闪耀嵌入作品之中。这种被嵌入作品之中的闪

---

① 参见 Martin Heidegger. *Holzwege*. p. 21.

耀就是美。美乃是作为无蔽的一种现身方式。① 这段话包含两层含义。首先，存在者在艺术作品中的显现即闪耀，亦即美。存在者的显现方式多种多样，其中既有本真的显现，也有非本真的显现。我们可以将其在器具与艺术作品中的显现进行比较分析。海德格尔指出，器具制造存在者，而艺术作品创造存在者。器具为其有用性而制造，作为存在者的质料因服务于此种有用性而得到研磨与变形。并且，器具的使用过程同时意味着质料的消耗过程。与器具的制造和使用不同，艺术作品虽然也要利用质料，但这是在创造和守护的意义上而言的。当生产过程特地带来存在者之敞开性亦即真理之际，被生产者就是一件作品。这种生产就是创造。作为这种带来，创造毋宁说是在与无蔽状态之关联范围内的一种接收和获取。② 通常认为，艺术创造是主体对客体的加工活动，而海德格尔反其道而行之，指出艺术创造是作品接收和获取存在者之"真理"。作品创造存在者即敞开其"真理"，亦即使质料如其自身地显示出来。作品不仅创造存在者，还以作品存在守护存在者，此即站立到作品产生的存在者的开放之中去，使其"真理"不断地涌现出来。由此，艺术乃是存在者的本真显现方式，艺术作品使存在者的闪耀得以可能。在作品中，不仅存在者自身闪耀，其光芒还覆盖了艺术作品整体，艺术作品由此也是闪耀的。这样，不但艺术作品中的存在者是美的，艺术作品自身也是美的。

其次，美是"存在的真理"的一种本性化的方式③。美不仅是存在者之美、作品之美，它在最根本的意义上还是存在自身之美。存在如其自身地显示就是美。照理来说，美是显性的存在，而"存在的真理"是作为虚无的存在，那么存在自身如何显现为美呢？艺术作品的重要性在此凸显出来。"存在的真理"虽然自身遮蔽，但它可以形诸具体的艺术作品。作品即存在之美发生的地方。可以说，艺术作品实现了真与美的统一。在西方传统思想中，真与美历来分属两个领域，前者对应于认识论，后者对应于美学。不过，真与美作为哲学的基本问题不能完全割裂开来，有史以来的哲学家们对此二者的探讨往往兼而有之并相互关联。古希腊的柏拉图认为理念即真，并划分了真实的理念世界与虚幻的现实世界。理念不仅为真，还是美。现实事物之所以美是因为分有或模仿美的理念。中世纪的基督教认为上帝即真，并划分了彼岸世界与此岸世界。上帝不仅至真还至美，一切物质世界的美都来源于上帝。不过，上帝之美是绝对美和无限美，人间存在的只是相对美和有限美。近代的康德认为自在之物即真，并划分了不可知的自在之物与可知的现象界。虽然自在之物不可知，但它是现象背后的真实存在。他认为美是统一自在之物与现象界的桥梁。其审美判断力批判以形式逻辑的四大范畴为理论框架建构而来。由此可见，西方哲学传统对于真与美的探讨基于二元世界的区分，并且，与具有绝对性的真相比，美往往居于次要地位。虽然黑格尔在客观唯心主

① 参见 Martin Heidegger. *Holzwege*. p. 43.

② 参见 Martin Heidegger. *Holzwege*. p. 50.

③ Martin Poltrum 指出，海德格尔已经在《存在与时间》中澄清了存在与真理的关系并认定它们是同样本源的，美的现象出现在他后来的思考过程中，并被思入新的真理概念——美、真理和存在的专题化融合，虽然海德格尔没有这样命名，但确实可以这样命名，以阐明其哲学背景中现象学的可证实的经验。参见 Martin Poltrum. *Schönheit und Sein bei Heidegger*. Wien: Passagen Verlag, 2005, p. 98.

义的基础之上实现了本质与现象的统一，但在他这里，美仅仅作为感性显现的样式服务于绝对理念。海德格尔关于美的规定既克服了历史上的二元论，又充分肯定了美的价值。将美规定为"存在的真理"成其本质的方式，这意味着真与美的同一性。此二者的关系体现为：真作为美而显现出来。不过，海德格尔就真与美的关系进一步指出："美与真理并非比肩而立的。当真理自行设置入作品，它便显现出来。这种显现——作为在作品中的真理的这一存在和作为作品——就是美。因此，美属于真理的自行发生。"① 虽然真与美具有同一性，但真对于美而言又具有规定性。一方面，"存在的真理"作为美而显现；另一方面，美归属于"存在的真理"的发生。

除了《艺术作品的本源》之外，海德格尔还在阐释诗歌的过程中论及美。1939 年，他解读了荷尔德林的诗歌《如当节日的时候……》。他主要围绕"自然"这一诗歌中的核心词展开论述。荷尔德林对自然有特殊情结，除了这首诗之外，他还撰写了《致大自然》等诗歌，表达了对自然的热爱与敬畏之情。但海德格尔并未按照荷尔德林的本意理解自然，而是在其基础之上有所阐发。荷尔德林在《如当节日的时候……》中吟诵道："自然的轻柔怀抱培育诗人们，强大圣美的自然，它无所不在，令人惊叹，但绝非任何主宰。"② 海德格尔对这一诗句的解读可以概括如下：第一，无所不在的自然在一切存在者中在场着，这包括矿物、植物、动物、人、诸神等；第二，自然既不是某一具体的现实事物，也不是个别现实事物组成的整体，事实上，存在者整体凭借自然才得以存在；第三，自然不能被视为制造和驱使的对象，而是自然而然的存在，这体现出其质朴性，它应当得到保护；第四，区别于现实事物的重力感和强制性，自然凭借其质朴性而具有轻柔性，以此自然而然地进行培育；第五，自然虽有轻柔的一面，但它同时具备强大的一面，因为它是力量之源；第六，自然并不采取任何外在的尺度，例如神性的尺度，而是以自身为尺度。

由此可见，荷尔德林诗歌中的自然与海德格尔思想中的存在具有一致性。和自然一样，存在自身也贯通一切存在者。存在并非某一现成存在者，也并非存在者整体，而是虚无。基于开端性的存在，一切存在者才能成其自身。由于存在即虚无，任何实体化和对象化的思考都会破坏其本性。在《世界图像的时代》里，存在者被预先置入主客二元思维的框架之中，这种强制性使其负重前行。与此相对，存在自身是轻柔的，它只是让存在者作为其自身而存在。但轻柔并不意味着虚弱，恰恰相反，存在是强大的，因为它包蕴着生成的力量，这种力量惠及全体存在者。本源性的存在不需要从自身之外获取任何规定，无论是神性的规定还是人性的规定，因为它是自我规定的。不过，自然与存在的同一性并不是荷尔德林的诗歌本身具备的，而是经海德格尔的阐释才生发出来的。如海德格尔所说："'自然'成了表示'存在'的词语。"③ 海德格尔以存在阐释自然，借助荷尔德林的诗歌揭示其思想。

实际上，在荷尔德林诗歌的阐释之外，海德格尔还在别处专门思考过自然。例如，在 1939 年

---

① Martin Heidegger. *Holzwege*. p. 69.

② Martin Heidegger. *Erläuterungen zu Hölderlins Dichtung*. p. 52.

③ Martin Heidegger. *Wegmarken*. p. 240.

撰写的《论 Physis 的本质和概念》一文中，海德格尔结合亚里士多德《物理学》第二卷第一章的内容，对"Physis"一词进行了详细的解析。"自然"是西方思想史中的一个基本语词，在海德格尔看来，它相关于存在者之"真理"与"真理"之本质的决断。其在希腊语中为 Physis，后经罗马人翻译为 Natura，意为"让……从自身中起源"。在德语中，自然一词为 Natur，它主要包含两层含义，一为"自然界"，一为"本性"。不过，海德格尔认为，无论拉丁语 Natura 还是德语 Natur 都未能切中 Physis 的本义，于是，他试图用"涌现"（Aufgang）一词翻译 Physis。最终，海德格尔指出 Physis 也许不可翻译，因为任何一种翻译都是转译，它们都是基于特定的语言背景和释义方向做出的理解，而 Physis 的语义丰富性无法在希腊语之外的任何一种语言中得到展开。因此，海德格尔选择直接使用未经翻译的"Physis"一词展开分析。

亚里士多德将 Physis 规定为运动。在此，运动被理解为存在的基本方式，亦即在场化的方式。与形而上学所说的现成状态不同，在场化乃是动态发生的过程，它意味着自行进入敞开域之中。亚里士多德通过生长物与制作物的对比来说明 Physis 为何种意义上的运动，他分别以植物和房子为例展开论述。"植物"通过萌芽、生长并且进入敞开域而展开自身，它同时返回到它的根部，因为它牢牢地扎根于锁闭之域，并因而取得其立足之所。自行展开的生长本身就是返回到自身中。这种在场方式就是 Physis。[1] 与植物的自身生长不同，房子乃是依据房子主人与建筑师的意图与规划被建造的。即便房子建成了，亦即矗立于敞开域之中，它也无法将自身置回其起始与本源之中，因为它经由他者建立而来。

基于亚里士多德的比较分析，海德格尔指出，Physis 乃是那种从自身而来，向着自身行进的它自身的不在场化的在场化。作为这样一种在场化，它始终是一种返回自身的行走，而这种行进又只不过是某种涌现的通道。[2] "从自身而来"强调了 Physis 是自发地在场化的运动，而不是被他者规定的运动。这种出离自身的运动同时是返回自身的运动，它以在场化的方式呈现其不在场。就像植物从其根部出发开始生长，但其向外伸展的运动同时是向内扎根的运动。枝繁叶茂的植物可见可感，其根部却深埋于土壤之中，正是在场化的枝叶连接并揭示出不在场的根部。总之，Physis 就是这种自我规定的、敞开的同时又有所遮蔽的运动。

虽然海德格尔非常推崇亚里士多德的 Physis 之思，但他又认为，在希腊哲学的伟大开端处还存在关于 Physis 的更为本源的思考，而亚里士多德的相关思想只是其衍生物。海德格尔指引我们思考赫拉克利特的一则箴言：存在喜欢隐藏自己。关于这则箴言，通常的解读为存在是难以理解的，海德格尔却对其做出如下诠释：存在乃是自行遮蔽着的解蔽——这就是原初意义上的 Physis。[3] 存在喜欢隐藏自己，这意味着存在自行遮蔽的本质。但全然遮蔽的存在是黑暗的，思想和语言对之触不可及。因而，与自行遮蔽一体化的还有自行去蔽。自行去蔽即入于无蔽状态，此即"真理"。

① 参见 Martin Heidegger. *Wegmarken*. p. 254.
② 参见 Martin Heidegger. *Wegmarken*. p. 299.
③ 参见 Martin Heidegger. *Wegmarken*. p. 301.

这当然不是传统意义上符合论的真理，而是海德格尔所说的"存在的真理"。由此可见，海德格尔借助赫拉克利特的箴言进一步将亚里士多德的 Physis 理解为"存在的真理"。

经过上述分析，自然与存在的同一性再次得到确证。荷尔德林认为，自然之所以美，是因为它无所不在，令人惊叹。对此，海德格尔进一步指出，自然贯通了存在者整体。一方面，自然保持着存在者之间的相互分裂和对立，例如至高的天空与至深的深渊之间的关系。处于这种极端状态中的对立者乃是最高显现者，海德格尔将其称为迷惑者。关于"迷惑者"，海德格尔在边注部分将其图式化为统一于美的最高显现者和最热爱者。他或许意在表明，自然通过保持这种分裂和对立使存在者处于其边界之内，亦即实现其本性，从而让其成为自身完满的最高显现者和最热爱者，此即为美。另一方面，自然又使相互分裂和对立的存在者共属一体。此种统一并未消减存在者之间的对立，而是把其置回宁静之中。"此宁静作为来自争执之火的寂静光辉来照射，在其中，一方把另一方摆置入显现之中。"[1] 对立的争执并未引起喧闹，而是带来宁静。通常来说，宁静是喧闹的对立面。海德格尔则认为此二者处于本质性的相互关联与转化之中，这样才有来自争执之火的寂静光辉。宁静具有统一的力量，它将对立者纳入其中，并使对立者在其光芒的照耀下显现自身。处于统一之中的对立使对立双方进入其本质的自我确立之中。海德格尔将这一统一体称为出神者。他指出："无所不在的自然有所迷惑又有所出神。而这同时的迷惑和出神就是美的本质。美让对立者在对立者中，让其相互并存于其统一体中，因而从或许是差异者的纯正性那里让一切在一切中在场。美是无所不在的现身。"[2] 此即是说，无所不在的自然体现了美的本质，因为它让对立成为对立，让统一成为统一，并让对立成为统一的对立，让统一成为对立的统一。总而言之，自然因其"让存在"而美。鉴于海德格尔思想中自然与存在的同一性，我们可以推出存在即美，美即存在。

1943 年，海德格尔在解读荷尔德林的另一首诗歌《追忆》时也谈及美。在分析"他们犹如画家，聚集大地的美丽"这一诗句时，海德格尔指出："在这里，美绝不是指各种各样的优美诱人和令人欢喜之物。大地的美丽乃是在其美之状态中的大地。"[3] 海德格尔首先从反面说明美的本质既不在于刺激感官，也不在于提供价值。在此基础之上，他阐释了大地的美丽。海德格尔提到，在《许佩里翁》中，荷尔德林用"大地"一词命名存在。《许佩里翁》是荷尔德林的一首诗体小说。海德格尔意在说明，诗人荷尔德林将大地作为存在的喻象。由此，"大地的美丽乃是在其美之状态中的大地"就意味着存在之美乃美之存在，存在与美具有同一性。海德格尔由此指出：美即存在之在场状态。

此外，海德格尔还提出："美是原始地起统一作用的整一。这个整一只有当它作为起统一作用的东西而被聚合为整一时才能显现出来。"[4] 美具有统一和聚合的力量，在统一和聚合发生的地

① Martin Heidegger. *Erläuterungen zu Hölderlins Dichtung*. p. 54.
② Martin Heidegger. *Erläuterungen zu Hölderlins Dichtung*. p. 54.
③ Martin Heidegger. *Erläuterungen zu Hölderlins Dichtung*. p. 134.
④ Martin Heidegger. *Erläuterungen zu Hölderlins Dichtung*. p. 135.

方才有美作为整一的显现。因此，美作为整一并非静态的结果，而是处于动态统一过程中的整一。尽管存在之美具有聚合力量，但它又要通过诗人的聚集作用显现出来。诗人犹如画家一样聚集大地（存在）的美丽，聚集的本质即以可见者显示不可见者。诗人之所以与画家相像，是因为他们都借助形象揭示"存在的真理"。只不过，前者诉诸语言构造的形象，而后者诉诸视觉形象。这种形象的构造被海德格尔称为筹划，"诗人们的天职就是让美的东西在美之筹划中显现出来"①。

通过上述分析，我们不难发现，海德格尔在阐释《如当节日的时候……》与《追忆》两首诗时做出的美之规定有异曲同工之妙。海德格尔分别用存在全释这两首诗中的自然和大地，由此，存在、自然与大地在海德格尔这里获得了同一性。以此为前提，海德格尔分别提出"美是无所不在的现身"和"美即存在之在场状态"的命题。此二者本质相同，它们都揭示出美作为'存在的真理'的发生，以此呼应海德格尔在《艺术作品的本源》中所做的美之规定。另外，海德格尔在解读这两首诗时还分别提出"美让对立者相互并存于其统一体中"和"美是原始地起统一作用的整一"的命题，意在表明存在作为美具有统一的力量。

海德格尔不仅在分析《如当节日的时候……》一诗时将美与对立的统一联系起来，他在《形而上学导论》中也提出了类似观点。在该著作第四章"存在的限制"中，海德格尔基于赫拉克利特的思想表明 Logos 指在自身中站立的存在者的会集，它是一切存在者之原初合一的统一，亦即存在。但 Logos 的统一不是无差别的统一，而是对立的统一。对立者并非互不相干，它们正是在相互排斥、相互激荡的过程中会集到一起的。作为 Logos 的存在是最闪耀者与最美者，"希腊人心目中的'美'就是约束"②。美是约束表明美即对立者之间的相互斗争与制约，存在作为最美者就是包含着对立的统一。然而，海德格尔指出，这种作为斗争的美在今天的语境中消失了，取而代之的是为了享受而设定的轻松与安宁。美不再被存在所规定，而是被人的鉴赏趣味所左右。由此，海德格尔通过溯源于古希腊的方式拯救美在现代的无根性，将其还原到存在的土壤之中。

海德格尔中期不仅从"存在的真理"出发思考美，还将美与"存在历史"之思关联起来。历史在此既不是存在者层次上的历史事件以及对这些事件的记载，也不是已经过去的社会活动与人类行为，而是"存在的真理"当下本质现身的过程。海德格尔将其规定为"生成"，此即原始的、本真的历史。虽然形而上学聚焦于存在者以及存在者之存在展开其历史并形成其学说和体系，但它充其量只是拥有其历史，而海德格尔所说的存在本身就是历史。事实上，他在《存在与时间》中就探讨过历史性问题。其中，历史性乃"此在"生存的基本结构，它意味着此在的发生。不过，比历史性更为本源的乃是时间性。"此在"历史性的分析想要显示的是：这一存在者并非因为"处在历史中"而是"时间性的"，相反，只因为它在其存在的根据处是时间性的，所以它才历史性地生存着并能够历史性地生存。与早期将历史性建基于时间性不同，海德格尔中期展开的是更为本源的存在历史性思想。历史性在此不再意指"此在"的发生，而是"存在的真理"的发生。由此，

① Martin Heidegger. *Erläuterungen zu Hölderlins Dichtung*. p. 135.
② Martin Heidegger. *Einführung in die Metaphysik*. Frankfurt am Main: Vittorio Klostermann, 1983, p. 140.

美在此被赋予历史性的意义，它不仅是"存在的真理"的显现，还是"存在历史"的显现。

早期海德格尔从"此在"出发追问"存在的意义"，存在之美以"此在"的生存之美体现出来。中期海德格尔不再从人出发追问存在，而是直接揭示"存在的真理"，美便意味着"真理"的发生。那么，这是否表明海德格尔中期关于美的规定失却了人的维度呢？并非如此。实际上，"存在的真理"一方面意味着存在的自身发生，另一方面也包含了人进入"存在的真理"的面向，因为存在失去了人的揭示便是黑暗的。由此，我们不但要从"存在的真理"出发思考美，还要从人的方面思考存在之美如何显现出来。与早期将人规定为"此在"不同，海德格尔中期将人规定为"历史性的人"。所谓"历史性的人"，即被"存在历史"所规定的人。海德格尔赋予"历史性的人"以重任，即成为"存在的真理"的建基者和保护者 [1]。此处的建基并不意味着人作为主体去设立"存在的真理"，恰恰相反，只有人首先归属于"存在的真理"，他才能够为"存在的真理"建基。为"存在的真理"建基即揭示"存在历史"的发生。除了揭示之外，我们还要保护"存在的真理"，亦即守护其本性，使其免遭伤害。然而，海德格尔指出"存在历史"之思乃是将来的思想，因为我们尚处于"第一开端"向"另一开端"的过渡之中。因此，"历史性的人"乃是"将来者"。"将来者"既是尚未到来者，又是将要到来者。海德格尔没有谈及其他"将来者"，而仅仅强调了荷尔德林乃是最具将来性的诗人，因为其敞开最伟大者亦即存在。由此，美作为"存在的真理"的发生需要"历史性的人"与"将来者"将其揭示出来。

第四节　晚期：美作为诗意的居住

海德格尔晚期探讨存在的视角从"真理"转向"地方"，并将存在之"地方"的敞开诉诸语言。有鉴于此，美在这一阶段体现为"道说"所揭示的"地方"之美。

海德格尔晚期思想的代表作为《在通向语言的途中》，不仅如此，其中收录的单篇文章也命名为《走向语言之途》，可见，其存在思想的最终落脚点在于语言。海德格尔晚期行走在通向语言的道路上。通向语言的道路可理解为思想之路，即经验和沉思语言的道路。不过，思想之路只是小径，语言自身才是大道。通向语言之路的根本含义在于通向作为语言的道路，因为在海德格尔的思想中，语言自身便是道路。"在作为道说的语言中有一条道路这样的东西成其本质。" [2] 作为"道说"的道路贯通并嵌合"林中空地"的自由境界，它让通达"林中空地"成为可能。由此，"存在的真理"作为"林中空地"唯有在"道说"中才能展开其地方性。

通常而言，道路被理解为手段和工具，它既指两地之间行走或驾驶的通道，又可以引申为达

---

① 参见 Martin Heidegger. *Beiträge zur Philosophie (Vom Ereignis)*. p. 16.

② Martin Heidegger. *Unterwegs zur Sprache*. p. 245.

到某种目的的方法和途径。从类型学的角度出发，道路一般可以划分为自然之路和人工之路。自然之路即自然形成的、已经给予的道路，它被自然所规定：如山林之路和原野之路等。而人工之路乃是人利用工具开辟的道路，它被技术所设定，如城市道路、乡村道路等。与一般的规定不同，海德格尔提出道路的第三种可能性，即自身开辟道路的道路，此即地带（Gegend）。道路乃属于我们称之为地带的那个东西。约略说来，地带作为地带化的东西乃是有所开放的"林中空地"，在其中被照亮者与自行遮蔽者同时进入敞开的自由之中。地带之开放和庇护是那种开辟道路的运动，这种开辟道路的运动产生出那些归属于地带的道路。① 海德格尔在此揭示出作为开端的道路，即地带。本源性的道路不是静态的，而是动态生成的，此即地带地带化的过程。它不需要任何外在规定，自身便是根据和原因。不仅如此，它在自身生成的同时也生成了一切道路，自然之路和人工之路都源出于此。

语言为"存在的地方"开辟道路，而"地方"在海德格尔的晚期思想中体现为世界化的"地方"。在此，世界并非传统形而上学意义上的世界，也并非现代科学技术意义上的世界，因为它们所谓的世界是知识性、对象性的世界。在海德格尔看来，此种世界实际上是"无世界的世界"。与此不同，海德格尔所思的乃存在性的世界，这在其思想的三个阶段分别体现为时间性、历史性和语言性的世界。在其思想晚期，世界不再是"此在"生存于其中的世界，也不再是与大地相互争执的世界，而是"道说"所显现的世界。"道说作为这种无声地召唤着的聚集而为世界关系开辟道路。"② 不过，语言作为召唤着的聚集又让世界在物那里显现出来。因为世界化作为不可见的运作必须具体化为物化的发生。世界化与物化之间的关系体现为：世界化规定着物化，物物化着实现世界。那么，何为语言所召唤的物呢？

实际上，在海德格尔晚期对物展开专题化的研究之前，他已经在早期和中期探讨过物。海德格尔早期区分了现成之物和应手之物。在《存在与时间》中，他以锤子为例展开关于物的阐释。如若将锤子视为现成之物，就会对其外观进行观察，对其属性进行厘定。如若将其视为应手之物，就会在使用锤子的过程中显示其用具特性。对锤子这物越少盯视，用它用得越起劲，对它的关系也就变得越原始，它也就越发昭然若揭地作为它所是的东西出现，作为用具出现。③ 锤子在锤打活动中获得其"自在"并参与关系的动态生成。这种活动越是得心应手，锤子越是仿若消失了一般。而当用具损坏并且人停下来检查其如何不合用时，用具才由应手状态转变为现成状态。不过，这一转变只是暂时的中断，当用具恢复其效用时，它就重新回到应手状态。海德格尔在此意在表明，理论认识只是一种对象化、范畴化和扁平化的把握物的方式，它恰恰遮蔽了物的本性，而这在应手性的打交道活动中显现出来。

中期，海德格尔在《艺术作品的本源》中展现出一条"物—器具—艺术作品"的思想进路。

---

① 参见 Martin Heidegger. *Unterwegs zur Sprache*. p. 186.

② Martin Heidegger. *Unterwegs zur Sprache*. p. 202.

③ 参见 Martin Heidegger. *Sein und Zeit*. p. 93.

他首先概述了关于物的三种传统定义。第一，物是特征的载体。这种解释的底层逻辑在于将命题结构与物的结构对应起来。简单陈述句的结构是主语和谓语的结合，与其对应，物的结构则是实体和属性的统一。第二，物是感觉的复合。如果说第一种解释将物把握为理性认识的对象，那么第二种解释则将其把握为感性认识的对象。前者使得人与物的距离过于遥远，后者又使得人与物的关系过分亲近了。第三，物是具有形式的质料。这种解释将作为整体的物拆分为形式和质料两部分，它们分别对应于理性和非理性。这一概念图式统摄了一切存在者，其产生的根源在于有用性，而最能体现有用性的物即器具。于是，海德格尔从物的分析过渡到器具的分析。他以农鞋为例阐释器具，不过他并未直接描述身边的农鞋，而是借助凡·高的油画展开分析。真实的农鞋首先呈现出其有用性，而比有用性更为根本的可靠性则要借助艺术作品展现出来。农鞋不仅仅是被使用的工具，其本真存在体现于人如何在使用农鞋的过程中与世界和大地发生关联，从而敞开存在的真理。由此，海德格尔中期对物的阐释落脚于艺术作品，因为它是"存在的真理"发生的本真方式。

到了晚期，海德格尔不再从器具或艺术作品那里获得物的规定，而是直接揭示物之物性。在《物》（1950年）这篇演讲稿中，他指出，现代技术缩短了时空中的一切距离，却没有带来"切近"（Nähe）。海德格尔从切近之物出发经验切近，并以壶为例展开讨论。壶是起容纳作用的器皿，它并非被制造的对象，其本质在于"虚空"（Leere）。通常意义上而言，壶之虚空指不占据空间的壶之腹部。从物理学来看，壶之虚空并非全然空无，而是充满空气。把壶灌满意味着用液体的充满状态取代气体的充满状态。但海德格尔认为这两种理解都并未切中"虚空"的本性。在他看来，壶一方面通过承受和保持斟入之物进行容纳，另一方面通过斟出而进行馈赠。由此，壶之虚空相关于倾注、容纳和馈赠。

以倾注之物为酒为例，海德格尔勾勒出这样一组关联整体："酒由葡萄的果实酿成。果实由大地的滋养与天空的阳光所玉成……倾注之赠品乃是终有一死的人的饮料。它解人之渴，提神解乏，活跃交游。但壶之赠品时而也用于敬神献祭。如若倾注是为了祭神，那它就不是止渴的东西了。它满足盛大庆典的欢庆。"[①]壶之虚空使酒之倾注、容纳和馈赠成为可能，而酒又聚集了天空、大地、诸神、能死者的四重整体。由此，海德格尔将壶之本质规定为聚集，而古高地德语中的Thing（物）这个词恰好含有聚集之意。物通过物化实现聚集，物化聚集着四重整体的居留。那么，物化如何聚集四重整体呢？它通过使天、地、神、人相互趋近的方式聚集四元，此即近化。然而近化并非距离的缩短，而是保持疏远的近化。此即是说，物之物化并非消减四元之间的距离，而是使它们切近各自的本性。四元中的每一元在切近自身本性的同时又可以映射出其他三元，而这种映射只有在保持距离的关系中才能够实现。虽然四元之间保持着一定距离，但它们又构成一个统一的整体，其中每一元与其他三元都具有不可分割的关联。

通过海德格尔对壶的分析，我们不难发现他晚期从空间入手揭示物之物性，这与此阶段的"地方"思想息息相关。不过，他所说的空间并非传统意义上的物理空间，而是通过倾听"道说"而

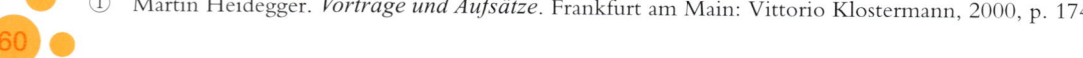

① Martin Heidegger. *Vorträge und Aufsätze*. Frankfurt am Main: Vittorio Klostermann, 2000, p. 174.

经验到的空间化的空间。他认为本真的空间乃是"虚空"，其本质在于聚集和生成。壶之虚空聚集了天、地、神、人的统一体，并生成了它们与自身以及他者之间的关系。这样，"虚空"就不是空间的缺乏，而是本性聚集的"地方"。关于距离，海德格尔也给出了独到的理解。他指出现代技术所带来的邻近也许恰恰是遥远，切近的本质要在近化即物化中得到经验，真正意义上的近乃是居于本性之中。由此，近化与物化在海德格尔这里都意指本性化。此种本性化的过程即"道说"开辟道路的过程，因为切近与道说作为语言的本质现身是同一者①。

从"地方"出发规定物在《建筑·居住·思想》（1951 年）一文中更为直接地体现出来。其中，海德格尔以桥为例阐释物。他说道："诚然，桥是一个独具方式的物；因为它以那种为四重整体提供一个场所的方式聚集着四重整体。但只有那种本身是一个位置的东西才能为一个场所设置空间。"②在海德格尔看来，比场所和空间更为本源的乃是"地方"。桥虽然占据实体性的空间并提供具体的场所，但其本质在于作为虚无和生成的"地方"。从"地方"而来，才有天、地、神、人的聚集。由此，物便作为"地方"而存在。"存在的地方"自身遮蔽，它唯有通过有形的物显现出来。但此物并非一般的物，而是物化着亦即居于其本性的物。

"道说"揭示"地方"，而"地方"又是世界化和物化的"地方"。基于海德格尔的阐释，"道说"、"地方"和物都被赋予聚集之意。被聚集者乃是天、地、神、人四元，海德格尔将四元的自身映射与相互映射称为映射游戏。天、地、神、人之纯一性的生成着的映射游戏，我们称之为世界。③世界在西方历史上的各个阶段具有其不同规定。在古希腊，它是包括诸神、自然和人在内的一切存在者的总和；在中世纪，它从狭义上说是被上帝所创造的世界，从广义上说是包括上帝在内的世界；在近代，它是作为主体的人所设立的客体世界，后者可被称为自然的世界，而前者可被称为历史的世界；在现代，它是人存在的世界，不再是主客二分，而是人与世界本源地合一；后现代则以解构的名义消解了世界，打乱整体，使之归于无序。④与上述世界观不同，海德格尔晚期将世界规定为由天、地、神、人构成的四元世界。

天既非宗教意义上属灵的天堂，亦非科学意义上的天文研究对象，而是原初意义上的天空。它除了可以呈现出许多美丽的景象之外，还是日月星辰聚集的场所，相关于光明与黑暗、四季之轮替。地并非技术开掘的土地资源和能源基地，而是原初意义上的承受者与给予者，它承受建基于其上的一切植物和建筑，在岩石和水流之中延伸开来，促成万物的生长与涌现。可见，天和地在海德格尔这里都摆脱了对象化和技术化的控制，从而在语言中回归其本真性。

神既非古希腊的诸神，又非基督教的上帝，说到底，它并非具体的实体，而是语言所召唤的神圣性。神学之维是海德格尔思想的来源与构成。无论是出生背景还是思想道路都体现出他与神学之间的密切关联。海德格尔的父亲是天主教教堂司事，其母亲是天主教徒，他就在这样一个神

① 参见 Martin Heidegger. *Unterwegs zur Sprache*. p. 202.
② Martin Heidegger. *Vorträge und Aufsätze*. p. 156.
③ 参见 Martin Heidegger. *Vorträge und Aufsätze*. p. 181.
④ 与世界规定相对应，物在上述五个时期主要被规定为在场者、受造物、对象、存在物、碎片。

学气息浓厚的家庭之中出生并成长起来。在海德格尔于弗莱堡大学读书的前两年，其所修的专业为神学。如其所说，倘若没有这一神学来源，他绝不会踏上思想的道路。①早期，海德格尔最初聚焦于经院传统的神学，即托马斯·阿奎那基于亚里士多德形而上学思想建构起来的天主教神学。其后，他对西方形而上学传统与经院－思辨神学传统发起攻击，其哲学便带有路德和加尔文的新教神学气息。②虽然其后来的研究方向由神学转向哲学，但他对于神学的钻研并未就此终止。③中期，海德格尔首先在《对哲学的贡献（论生成）》中提出了"最后之神"的概念。这里的"最后"并非时间或次序上的最末，而是"至高"的意思。这并不是说"最后之神"如上帝一般是创造一切的至高无上者，而是说它具有原初和开端意义上的至高性。"最后之神"即"存在的真理"与"生成"，它充当"存在历史"思想中的"另一开端"。其次，海德格尔在《论人本主义的信》中就荷尔德林的"神圣者"解释道："唯从存在之真理而来才能思神圣者之本质。唯从神圣者之本质而来才能思神性之本质。唯在神性之本质的光亮中才能思、才能说'上帝'一词所要命名的东西。"④由此可见，海德格尔中期的神性之思围绕"存在的真理"的本质现身而展开。到了晚期，海德格尔在天、地、神、人的四元关系中思考神圣性。⑤与神居于中心地位的传统不同，海德格尔在此思考的神与天、地、人三者具有平等地位。虽然"道说"召唤着四元的聚集，但它并不能被视为凌驾于四元之上的另一个上帝。因为"道说"在此并不命令与设定，而是以自身沉默的方式指引四元的本性化。1966年，海德格尔在接受采访时表示，唯有一神能够拯救我们，留给我们的唯一可能是，在思想与诗歌中为神之出现做准备或者为在没落中神不出现做准备。⑥与在真理维度中显现出来的"最后之神"不同，这个能拯救我们的唯一之神最终在语言的维度中显现出来。此二者的区别还在于，前者乃是"存在的真理"的隐喻，而后者作为一个要素参与着存在世界化的发生。

与作为不死者的神不同，人是要死者和能死者。人是要死者，因为其生命是有限的。同时，人还是能死者，因为他能够理解并承担作为死亡的死亡。早在《存在与时间》中，海德格尔就已

① 李红霞指出，海德格尔对于神学的处理应当是：对基督教体系进一步进行解构，从荷尔德林的"神圣"那里获得新的启发，并最终超越荷尔德林走向一种崭新的"神学"。参见 李红霞.《海德格尔晚期"神"的真义——兼对流俗解读的批评》，载《西南政法大学学报》，2016年第3期。

② 参见 海德格尔，奥特，等.《海德格尔与神学》.刘小枫，选编.孙周兴，等，译.香港：汉语基督教文化研究所，1998年版。

③ 刘小枫指出，整体看来，《海德格尔与神学》实际上可以分为三个部分——以《宗教现象学》为主的神学、批判形而上学的思辨神学和诗化的民族文化神学。参见 海德格尔，奥特，等.《海德格尔与神学》.刘小枫，选编.孙周兴，等，译.香港：汉语基督教文化研究所，1998年版。

④ Martin Heidegger. *Wegmarken*. p. 351.

⑤ 张海涛指出，个别化的此在不能仅停留在个别化上裹足不前，而是要在本己的生存筹划中将天、地、神迎入，从超越的维度中领取筹划的尺度。这也就是海德格尔后期反复道说的天、地、神、人的四方纯一。但是，在《存在与时间》有关此在的生存论分析中，海德格尔对超越维度的引入还是有着明显的抵触情绪。海德格尔后期在诗与思的讨论中所不断言及的自然之维与神性之维，在《存在与时间》的此在生存论分析部分显然是缺失的。参见 张海涛.《澄明与遮蔽：海德格尔主体间性美学思想研究》.北京：人民出版社，2013年版。

⑥ 参见 Martin Heidegger. *Reden und andere Zeugnisse eines Lebensweges*. Frankfurt am Main: Vittorio Klostermann, 2000, p. 671.

经谈及死亡问题，并将"此在"规定为"向死存在"。不过，其早期思想还保留了部分形而上学思想的残余，因为他把死亡刻画为"此在"的存在方式。这样，死亡就被印上属人的标记，其本性并未凸显出来。而晚期海德格尔更为根本地探讨了语言所揭示的死亡自身。他在《物》中指出，死亡是虚无的圣祠，虚无无论从哪个方面来看都不只是存在者，还是存在自身的本性。[①] 通常而言，圣祠为供奉圣徒或祖先而建，它是象征性和符号化的精神信仰，具有保存和纪念的意义。死亡是虚无的圣祠并不意味着死亡是终结的符号，因为虚无在此不能理解为存在者意义上的与有相对的无，而应理解为作为存在的虚无。鉴于存在与虚无的同一性，死亡即虚无的圣祠同时意味着死亡即存在的圣祠。此即是说，被"道说"所规定的死亡敞开并守护着存在和虚无的本性。因此，死亡在晚期不再是"此在"之生存规定，而是存在自身去蔽的一种方式。在此基础之上，死亡揭示出人作为能死者的本性。

　　"道说"不仅为世界化和物化的"地方"开辟道路，还召唤四元的居住。由此，它在道路之外还具有家园的意义。家园在此既非早期世界性的家园，亦非中期历史性的家园，而是语言性的家园。"道说"作为家园为四重整体提供了一个庇护之所。不过，在天、地、神、人四元中，人的居住要首先得到思考，这是因为唯有能死者才在居住之际理解和通达其他三者。虽然四元都被"道说"所规定，但唯有能死者能够倾听"道说"并揭示四元的本性。能死者居住在天空之下和大地之上，并存留于神性之前，这种居住的本质乃是保护。居住，即被带向和平，意味着始终处于自由之中，这种自由把一切都保护在其本质之中。居住的基本特征就是这样一种保护。[②] 能死者的居住即保护四重整体，他能够以死为死，同时拯救大地，承受天空，等待神性。这样一种居住即海德格尔所憧憬的诗意的居住。然而，现实的困境却在于技术统治下的无家可归，即非诗意的居住。技术使天、地、神、人四元失却保护而落入危险之中。天变成天文研究和太空探索的对象，地变成可供采掘的土地资源和能源基地，诸神逃遁并且上帝隐匿，人沦为技术理性的构成者。概而言之，此即物不物化、世界不世界化的存在状态。并且，最大的困境在于，这一居住困境并没有被思为困境，人们陷于无家可归之中却不自知。不过，无家可归并非仅仅具有消极意义，实际上，它与家园之间存在本质关联。唯有以原初在家为前提，无家可归才得以发生，无家可归乃是家园的褫夺状态。因此，无家可归恰恰为我们回归家园指明了道路，它促使我们学习和建筑居住。

　　通过上述分析可知，晚期海德格尔聚焦于"存在的地方"，并将"地方"之地方性归于"道说"。"道说"召唤的"地方"聚集了世界化和物化的发生，亦即美的生成。世界化即四元世界的运作，它通过物化呈现出来。由此，世界化对应于美本身，而物之物化乃是美发生的一种本真方式。"道说"作为家园聚集了天、地、神、人四元的居住，此即诗意居住的家园，亦即美的聚集之地。由此，在海德格尔晚期的思想中，美不再是此在的敞开，也不再是真理的发生，而是诗意的居住。美的问题最终体现为居住问题，即人如何居住在由四元构成的世界之中。

---

①　参见 Martin Heidegger. *Bremer und Freiburger Vorträge*. Frankfurt am Main: Vittorio Klostermann, 1994, p 18.

②　参见 Martin Heidegger. *Vorträge und Aufsätze*. p. 151.

依据海德格尔晚期的思想主题，我们可以将其对美的规定概括为美即诗意的居住。除此之外，海德格尔晚期还直接探讨过美。在《荷尔德林的大地和天空》（1959 年）这一篇演讲稿中，海德格尔基于《希腊》一诗来阐释荷尔德林的大地和天空之思，其中包含了他关于美的思想。首先，他指出，美乃是希腊意义上的真理，即在其本身中纯粹地闪现并因此而在场者的解蔽。其次，海德格尔从四重整体出发指出："美乃是整个无限关系连同中心的无蔽状态的纯粹闪现。"[①] 在他看来，天、地、神、人作为整体构成了一个无限的关系。其中有一个起中介作用的中心，它使四元相互嵌合而成为统一体。虽然海德格尔没有对该中心做出解释，但我们不难推断，能死者充当着这一中心角色，因为只有他能够倾听"道说"并将其带向语言。这样，海德格尔就从希腊意义上的存在者之美过渡到关系之美，美在四元的关系中显现出来。再次，海德格尔基于《希腊》一诗的内容阐明："这就是大地和天空的婚礼，在那里，人与'无论何种精灵'，亦即某个神，更共同地让美在大地上居住。"[②] 美不仅生成于四元关系中，还相关于居住，并且被规定为在大地上居住。美虽然在天空与大地之间的维度中展开，但其本质在于居住于大地之上。此即是说，美并非凌驾于大地之上的超越者，而是立于大地之上的世界化和物化之发生。在大地上的居住是诗意的，诗意在此并非云游天际的浪漫幻想，而是接受"道说"所给予的尺度。诗意地居住的人把天、地、神及一切闪现者带入美之中。最后，海德格尔将诗意创作规定为美发生的方式。因为"道说"本质上自身沉默，而诗意语言是"道说"发声的本真样式。由此，我们可以通过倾听诗意语言去经验"道说"及其所聚集的美。

以古希腊的柏拉图专题化地探讨美的本质为开端，西方形而上学美学追问美的历史展开为追问美之本质的历史。这肇始于柏拉图的理念论，终结于黑格尔的绝对理念论。然而，在海德格尔看来，这种本质主义的追问并未揭示美自身，相反还造成了美的遮蔽。海德格尔关于美的思想在现代反本质主义和后本质主义的背景中建立起来。他破除了现象与本质二元分离的传统框架，将美的本源归结为与存在者一体的存在自身，并通过存在者如何存在来揭示美如何生成。因此，不再是美的本质，而是美的存在成为思想的事情。根据海德格尔思考存在的三个维度，美在早、中、晚期分别体现为此在的敞开、真理的发生、诗意的居住。

---

① Martin Heidegger. *Erläuterungen zu Hölderlins Dichtung.* p. 179.
② Martin Heidegger. *Erläuterungen zu Hölderlins Dichtung.* p. 179.

第四章　美的存在的经验

　　如同美一样，美感也属于美学的基本问题。一般而言　对美感的理解主要分为两和，一为审美心理，一为审美意识。前者从心理学的角度出发，将美感划分为狭义的美感和广义的美感。狭义的美感即对于美的感觉，如感知或情感等。广义的美感即包括美的感觉在内的整个审美心理结构，它涉及感知、想象、理解、意志和情感等要素。后者从哲学的角度出发，将美感定义为审美理想、审美理论和审美文化等。[①]但无论美的感觉的心理学还是美的思想的认识论，都并不切中海德格尔意义上的美感。

　　根据海德格尔的思想，比心理和意识更为本源的乃是存在，同理，比审美心理和审美意识更为根本的乃是人与美的共在。唯有人首先置身于美之中，才有审美心理和审美意识的发生。这就超出了通常的理解而为美感找到了存在的基础。当海德格尔将美转化为美的存在时，美感也随之转化为美的存在的经验。审美经验不同于审美感觉和审美认识。后两者都牵涉主客体关系并且主客二元分离，其中，美感是审美主体的感觉和认识，美则是被感觉和被认识的审美客体。而前者意味着人直接把握美的存在并且与美合而为一，美的存在与美的存在的经验同属一起。

　　在审美经验中，情绪或情感占据重要一维。情绪和情感二者虽然存在一定的差异，譬如前者具有生理性、情境性、短暂性，而后者具有社会性、稳定性、持久性，但它们往往可以通用。情绪或情感既是情态性的，它是人的某种生存状态，又是意向性的，它相关于人对事物的态度。从根本上来说，情绪或情感关涉人在生活世界的根本以及人与万事万物的关系。在这种意义上，人的存在乃是情绪性或情感性的。

　　对情绪或情感的研究最常见于心理学领域。心理学认为，情绪和情感都是以主体的需求欲望为中介的心理现象，都是人对客观事物所持的态度体验，只不过前者更具个体性，而后者更具社会性。作为哲学的研究对象，情绪或情感曾被视为感性认识的要素。即便鲍姆加登于18世纪命名了研究情感和感性认识的学科——美学，也没能动摇哲学史上理性对感性的一贯统治地位。只是到了现代，感性才摆脱认识的框架而成为独立的议题，情绪或情感的重要性才凸显出来。海德格尔身为现代哲学家为此做出的贡献不容小觑，他超出理性与感性的二元分离而在开端性的存在处

---

① 参见 彭富春.《美学原理》（修订版）.北京：人民出版社，2021年版，第133-134页。

为情绪或情感建立根基。为了区分于心理学意义上的情绪或情感，我们将哲学领域的相关研究定性为情态问题研究，它旨在厘清情绪或情感的本性。

虽然海德格尔对情态问题的思考已经引起国内外若干学者的兴趣，但相关研究大部分局限于其早期思想。少数学者如 Paola-Ludovika Coriando[①] 和孙周兴[②] 注意到其中期情态思想，韩炳哲[③] 在早、中期情态思想的基础之上还注意到其晚期情态思想，但它们并未充分地与海德格尔不同时期的思想主题结合起来得到探讨。究其原因：一方面，目前学界对海德格尔的思想分期并不明晰，一般依据其 20 世纪 30 年代发生的转向划分为前后两个阶段，而未注意到其自身标明的思想道路上的三个站点；另一方面，研究者们往往围绕海德格尔明确提及"情态"一词的文本做文章，而未自发地基于其不同时期的文本将情态问题形成专题。事实上，如果我们对海德格尔整体思想道路上的两次转向有所把握，就会发现情态阐释不但贯穿其思想始终，还由于思想主题的不同而各具特色。这主要体现为早期的"畏惧"、中期的"既惊恐又畏惧的压抑"，以及晚期的"痛苦"与"欢乐"。[④] 并且，其思想中还有一种根本性的情态，即"泰然让之"。

第一节　早期：畏惧

在正式的探讨开始之前，我们首先追问情态何以成为海德格尔思想的问题。我们知道，布伦塔诺的著作引起了海德格尔对存在问题的思考，这成为其毕生思想事业的起点。而布伦塔诺除了哲学家的身份以外，还是一位心理学家，他是意动心理学派的创始人。他指出，不同于感觉、判断、情感等心理的内容，心理学研究的是感觉、判断、情感等心理的活动即意动。这样，布伦塔诺研究的课题就不仅是存在，还涉及感觉。在他看来，在感觉中有一种对于感觉对象的敞开性，感觉是人类进入世界的原初方式。然而，对于布伦塔诺而言，感觉是原初的，但知觉和理性才是首要的和基本的意识实行方式。胡塞尔在老师布伦塔诺的基础之上强化了感觉的意向性分析，从

---

① 　Paola-Ludovika Coriando 是《海德格尔文集》主编 Friedrich-Wilhelm von Herrmann 的学生，博士毕业后担任其私人助理，2001 年获得德国弗莱堡大学授课资格。她在探究情绪现象学时涉及海德格尔的情态问题。不仅如此，她还通过阐明真理与情绪的关系为心理治疗奠定哲学根基。在《真理与情绪——心理治疗的理论与实践的基本要素》一文中，她比较分析了海德格尔早、中两个时期真理与情态的关系：《存在与时间》中的基本情态（诸如"畏惧"）展开了此在生存的个体性真理，《对哲学的贡献（论生成）》中的基本情态（诸如"惊恐""压抑"）则展开了存在历史性的真理。参见 Paola-Ludovika Coriando.Wahrheit und stimmung: grundelemente der theorie und praxis der psychotherapie. *Daseinsanalyse*，2012（28）：113-122.
② 　孙周兴详尽分析了存在历史的"另一个开端"的基本情绪：既惊恐又畏惧的压抑。参见 孙周兴.《为什么我们需要一种低沉的情绪？——海德格尔对哲学基本情绪的存在历史分析》，载《江苏社会科学》，2004 年第 6 期。
③ 　韩炳哲分别探讨了海德格尔提出的"畏惧""压抑""痛苦"等情绪，但并未依据海德格尔各个阶段的思想论题对其做出明晰化的分析。参见 Byung-Chul Han. *Heideggers Herz: Zum Begriff der Stimmung bei Martin Heidegger*. München: Wilhelm Fink Verlag, 1996.
④ 　对情态问题的相关分析参见 丰雅鑫《存在与情态——海德格尔追问情态的道路》，载《学术探索》，2021 年第 12 期。

而确立了表象的先决性。他认为，我们原初地在表象的知觉中觉察世界。虽然布伦塔诺和胡塞尔都认为感觉与世界息息相关，但他们也都预设了理性在揭示世界之真理方面的优先地位[1]。作为胡塞尔的学生，海德格尔自然深谙老师的思想及其来源。不过，他并非一成不变地承袭老师的理论，而是在其基础之上提出自己的创见。与布伦塔诺和胡塞尔更多地关注感觉不同，海德格尔聚焦于与之相关的情绪。他一反传统，从存在自身出发赋予情绪前所未有的地位。在海德格尔看来，世界性和时间性的、历史性的、语言性的存在以及人的存在都首先在情态和情绪之中发生。

　　在早期代表作《存在与时间》中，海德格尔从"此在"出发探讨存在。其思想进路为首先从"此在"的日常生活世界入手探入世界之世界性，然后为其奠定时间性的根基。"此在"的基本结构为"在世界之中存在"，其在世存在包含本真与非本真两种样态。海德格尔通过若干生存论环节展开对它们的阐释，前者体现为情态、理解、话语，后者体现为沉沦。关于情态，海德格尔指出："我们在存在论上用现身情态这个名称所指的东西，在存在者层次上乃是最熟知和最日常的东西：情绪；有情绪。"[2] 不同于作为日常用语和心理学术语的情绪，情态乃是存在论生存论术语。在海德格尔看来，传统意义上的情绪指向的只是一种个别化的情感，对于情绪的研究一般从心理学和人类学的角度展开，但这并未触及情绪的本性。于是，他特意从情态（Befindlichkeit）出发为惯常使用的情绪（Stimmung）一词寻找更为本源的含义。在德语中，Befindlichkeit 为动词 Befinden 的名词形式，后者含有"处于……""感觉"之意，前者则一般表示身心一体的感觉和体验。海德格尔使用这个词意在说明，情态并非只是单纯的心理状态，它还有身体性的维度，是一种处身性的情态。人处于一种情绪状态中同时意味着人身处于存在者整体、身处于世界中。实际上，在情态中并不存在身体与心理的二元分离，它们作为一个整体指向人的存在。

　　海德格尔指出，情态是"此在"的原始存在方式。首先，情态敞开了"此在"的被抛性。被抛意味着"此在"存在且不得不在，换言之，"此在"的存在首先是一种被给予存在，而非出于个人的选择。被抛性本身恰恰不是由认识通达的，而是在"觉得如何如何"之中远为原始地敞开了。[3] 由于"此在"被抛没有根据和原因，它不能被理性精准地把握，而只能在情态中得到经验。其次，情态敞开了在世存在的整体。"此在"是既已被抛入世界中的存在，因而，情态敞开"此在"的被抛性同时意味着敞开其"在世界之中存在"。在世存在是一个整体，它包括世界、"此在"及世界中的其他存在者。情态对在世存在的揭示并不需要依托于一个所谓的主体，事实上，它本源地敞开着在世存在的整体，"此在"作为其中的一个要素也一并得到敞开。

　　在《存在与时间》中，海德格尔主要探讨了作为基本情态的"畏惧"（Angst）。在具体展开对"畏惧"的分析之前，我们需要先对该书中的另一核心语词 Sorge 做出一番说明。在剖析了"在世界之中存在"所蕴含的诸要素之后，海德格尔将"此在"结构的整体性概括为"烦忙"（Sorge）。

① 参见 Paola-Ludovika Coriando. Geschichte der emotionen: stimmungen und gefühle in der philosophie. *Daseinsanalyse*, 2006(22): 64-72.

② Martin Heidegger. *Sein und Zeit*. p. 178.

③ 参见 Martin Heidegger. *Sein und Zeit*. p. 449.

在德语中，Sorge 既有"照顾、操劳"之意，又有"担心、忧虑"之意，而 Angst 既有"畏惧"之意，又有"忧虑"之意。虽然这两个语词都可以表示"忧虑"，但它们在海德格尔这里界限分明。经过他的阐释，Sorge 即从存在论上对"此在"在世做出的基本规定，它表明"此在"总以在世界之中与他者相交涉的方式存在着。这种打交道兼具行为性与情态性，此即"烦忙"的双重语义。而纯粹的情态分析主要围绕"畏惧"展开。

海德格尔在"畏惧"与"害怕"（Furcht）的区分中显示出"畏惧"的别具一格性。虽然"害怕"与"畏惧"都属于情态的样式，但怕之所怕是世内具体的存在者，而畏之所畏是虚无（Nichts）。在畏之所畏中，"它是虚无而且无一所在"公开出来。① 海德格尔指出，虚无并非一无所有，而是世界本身。此处的世界不是作为实体的存在者整体，而是世界之世界性。海德格尔在"此在"生存论的视野下将世界的本性揭示为虚无，并以此作为追问存在的道路。但他并未就虚无自身进行阐释，也未言明虚无与存在之间的关系，个中原因或许可以归结为《存在与时间》的残篇特性。不过，这在两年后的演讲稿《形而上学是什么？》中得到了展开。其中，海德格尔将《存在与时间》中潜藏的思想揭示出来，明确指出存在的本性即虚无。相较于对存在者的"害怕"而言，对存在自身的"畏惧"才是更为根本的。

"畏惧"不仅敞开了作为虚无的存在，还敞开了"此在"的存在。如前所述，"此在"存在的基本结构为"在世界之中存在"，而世界的本性又是虚无，因而，此在"在世界之中存在"同时意味着"在虚无之中存在"。海德格尔将"此在"的这种存在状态描述为"无家可归"（Unheimlichkeit）②。与"无家可归"相反，"此在"沉沦于熟悉的日常生活世界则意味着"在家"。依循常理，与安定的在家状态相比，无家可归是要被否定和消除的状态。而在海德格尔这里，"无家可归"作为"此在"的本真存在样态恰恰意味着在家，而惯常意义上的"在家"作为"此在"的非本真存在样态恰恰显示出其无根性。不同于日常生活的实在性，虚无本质上自行隐匿，这决定了"此在"通常以非本真状态存在着。而畏惧把此在抛回到它所畏者那里，即抛回到此在的本真的能在世那儿去③。因此，"畏惧"敞开了此在"在虚无之中存在"的本性。

不仅如此，"畏惧"还敞开了此在"向死存在"的本性。海德格尔在"准备性的此在基础分析"中着眼于整体性，将"此在"的存在规定为"烦忙"，然而经过进一步的思考，他认为这一规定并不具备原始性，它并未揭示出"此在"存在的本真性与整体性。于是，他从时间性出发为"烦忙"奠定存在论基础，并将"此在"规定为"向死存在"。就时间性而言，"向死存在"意味着"此在"的有终性。死亡一般被理解为存在的对立面，它意味着残缺与消散。海德格尔却认为死亡使"此在"达到完满。"此在"存在于生与死、开端与终结之间，正是这两端确立其边界，给予其自由。人们通常从将来的视角出发将死亡视为尚未发生之事，然而在海德格尔这里，死亡既是"此在"

---

① 参见 Martin Heidegger. *Sein und Zeit*. p. 248.

② 在德语中，Unheimlich 意为"令人害怕的"。海德格尔则依据否定前缀"Un-"和词根"Heim"（家）将其创造性地解释为"不在家的""无家可归的"。

③ 参见 Martin Heidegger. *Sein und Zeit*. p. 249.

一向已曾是的原初规定，也是"此在"将要到来的不可能的可能性，还是"此在"当下在世的生存方式。死亡从曾在与将来的相互召唤中赋予"此在"的当前以"去存在"的意义①。虽然"向死存在"是"此在"的本真规定，但"比在"往往逃避和遗忘其本己之无而沉入日常之有，而"畏惧"敞开了"此在"被抛向其终结的存在。

　　总而言之，海德格尔在《存在与时间》中表明，"畏惧"不仅揭示出"世界之无"，还展露出"此在之无"（"无家可归"与"向死存在"）。它既敞开存在的本性，又敞开人的本性。海德格尔指出，在生存论存在论分析工作中，畏惧这种现象承担着原则性的方法论上的功能。② 由此，"畏惧"这一基本情态对于海德格尔早期追问"存在的意义"的重要性可见一斑。

　　除了《存在与时间》之外，海德格尔还在《形而上学是什么？》中进一步探讨了"畏惧"。在《存在与时间》中，海德格尔将"畏惧"称为基本情态（Grundbefindlichkeit）。而在《形而上学是什么？》中，他将"畏惧"称为基本情绪（Grundstimmung）。可见，海德格尔在《存在与时间》之后不再强调情态与情绪的差异性，此二者都打上了其思想的烙印并具有同一性。在《形而上学是什么？》中，他通过建立 Stimme、Stimmen 和 Stimmung 之间的联系来阐明存在（虚无）与"畏惧"之间的关系。他将"畏惧"规定为由存在之音调（Stimme des Seins）所调谐（Stimmen）的情绪（Stimmung）。也就是说，"畏惧"是被作为虚无的存在所规定的情绪。由于这样一和情绪被存在所调谐和定调，它可以使我们通达存在。存在之音调乃是一种"无声的音调"，这源于存在自身遮蔽的本性。海德格尔所说的这种"无声的音调"使我们联想到老子提出的"大音希声"。此二者看似都在强调存在与道自身遮蔽的本性，但老子实际上意在指明道的悖论。在老子看来，最大的声音没有声音，这表现出道与非道的悖论。在道看来，道是道，非道是非道。而在非道看来，非道是道，道是非道。这就导致道似非道，非道似道，因此便形成"正言若反"的语言悖论。在"大音希声"这一表达中，主语"大音"是就道而言，表语"希声"是就非道而言。于是主语和表语实际上在同一的语言表达式中代表了两种完全相反的观点。③

　　海德格尔指出，《形而上学是什么？》乃是基于对存在之音调的留心聆听而思入由存在之音调而来的调谐之中，这种调谐占用着人的本质，人由此得以学会在虚无中经验存在。④ 这样，对存在与"畏惧"的思考同时相关于对人之本质的思考。存在调谐"畏惧"的同时也调谐人的存在，人在"畏惧"中经验虚无的同时也经验自身的存在。因而，"畏惧"实则充当着存在与人之间的桥梁。何以如此？由于存在的本性即虚无，它并非可见可感之物，这样存在与人之间就横亘着一条难以逾越的鸿沟。虽然存在规定了人，但人如何能够接受虚无所给予的尺度呢？这其中就暗含了作为中介的情态的维度。人是情绪性的人，而"畏惧"这一基本情绪能够揭示虚无，由此，人

① 海德格尔对死亡的阐释体现了其独到的时间观，在他看来，时间不是过去、现在、未来的线性序列，而是曾在、当前、将来的统一性生成。

② 参见 Martin Heidegger. *Sein und Zeit*. p. 252.

③ 参见 彭富春.《论老子》. 北京：人民出版社，2014 年版。

④ 参见 Martin Heidegger. *Wegmarken*. p. 307.

就在"畏惧"之中被带到虚无面前。

在思考人的本质时，海德格尔进一步指出，在"畏惧"中，发生了作为主体的人向"此－在"的转变。所谓"此－在"，即嵌入虚无中的状态①。实际上，在《存在与时间》的手写边注部分，海德格尔就指出"此－在"乃是作为进入存在之无并保持在其中者，作为保持关联者②。"此－在"（Da-Sein）区别于"此在"（Dasein）又相关于"此在"。"此在"一词在形而上学的话语体系中表示以现实性、实在性、客体性命名的事物。虽然海德格尔在《存在与时间》中也使用这一语词，但他赋予其全新的含义，即人的存在。"此在"既表示存在与人之本质的关联，又表示人与存在自身的敞开状态即"此"（Da）的关联，它意指人之为人所置身于其中的那个本质领域。③不过，"此在"一词作为形而上学语言的残余难免存在歧义，海德格尔在《存在与时间》之后更多使用带连字符的"此－在"。"此－在"之"此"意为敞开状态即"林中空地"，"此－在"之"在"意为人的存在，连字符将存在与人之存在关联起来。因而，"此－在"不再单纯指人的存在，而是强调人与存在之间的亲密关系。它贯通了存在与人，维系着存在与人之间的张力，人的存在由此得到建基。在"畏惧"中，人摆脱了传统意义上作为"主体"和"理性的动物"之规定，转变为"此－在"并进入其本真存在的维度，虚无以此得到经验和揭示。

此外，海德格尔在《存在与时间》中并未从语言的角度探讨"畏惧"，而这在《形而上学是什么？》中得到了补充。他指出，面对虚无，任何"存在"之道说（"Ist"–Sagen）都沉默了。④此处的存在并非 Sein，而是加了引号的 Ist，也就是作为存在者而理解的存在。海德格尔意在表明，因为虚无并非存在者，所以不能用言说存在者的方式言说虚无，而要保持沉默。由于"畏惧"揭示虚无，而虚无要求沉默，这样，畏惧使我们无言⑤。在此，我们需要对沉默进行更为深入的剖析。海德格尔所说的沉默绝非一言不发，否则虚无无法得到揭示。虽然虚无自身遮蔽，但它也要被付诸词语和声音，如此，自身遮蔽的虚无才能得到经验。所谓沉默，是指不再对虚无进行对象性的陈述，而是将虚无自身拒绝的本性述说出来。对于不可言说的虚无，我们只能说"它不可说"，除此之外，任何其他表达皆为语言的暴力。由此，"畏惧"就使我们处于一种独特的宁静之中，在此，人无须多说，虚无自身道说并向我们敞开。

然而，"畏惧"这一基本情绪不同于日常生活中可以轻易获得的任何一种情绪，它仅仅发生在一些罕有的瞬间。"畏惧"揭示虚无，而虚无本质上自身遮蔽，这又导致虚无被遮蔽（譬如它在形而上学的历史中长久以来被存在者所遮蔽），这样一来，虚无就处于双重遮蔽之中。有鉴于虚无的遮蔽特性，"畏惧"这一揭示虚无的基本情绪也经受着被压制的命运。但我们不能因为"畏惧"罕有而忽视它的存在，而要在层层去蔽的努力中全身心地期待它的到来，以此经验存在自身

① 参见 Martin Heidegger. *Wegmarken*. p. 115.
② 参见 [德] 海德格尔 .《存在与时间》. 陈嘉映，王庆节，译 . 北京：商务印书馆，2020 年版。
③ 参见 Martin Heidegger. *Wegmarken*. p. 372.
④ 参见 Martin Heidegger. *Wegmarken*. p. 112.
⑤ 参见 Martin Heidegger. *Wegmarken*. p. 112.

以及我们的存在①。

第二节　中期：既惊恐又畏惧的压抑

　　海德格尔中期的美学思想首先体现在他对荷尔德林诗歌的阐释中。在《海德格尔文集》第三十九卷《荷尔德林的颂歌〈日耳曼尼亚〉与〈莱茵河〉》中，他开辟专章探讨了诗歌的基本情绪。其中，海德格尔分析了情绪所包含的要素：调谐者、被调谐者、两者之间的交替关联。通常认为，情绪所关涉的调谐者是产生情绪之人，而被调谐者是移情的对象，亦即被人之情绪所感染之物。调谐者与被调谐者之间构成主体与客体的关系，情绪即主客体相互作用的产物。而海德格尔破除了这一流俗观点进而指出，作为主体的人并非调谐者，而是被调谐者，真正的调谐者乃是存在自身。存在与人之间并不构成主客体的二元关系，它们实为一体。情绪统一此二者并使它们产生交替关联，这是因为情绪及其涌现与消退乃是原初之物②。情绪不仅是聚集存在与存在者的原初之物，还具有最本己的运动性，其涌现与消退对应于存在自身的显现与遮蔽。

　　在"诗性道说从基础情调中的起源"这一部分，海德格尔指出，道说的音调必须得到调谐。诗人从一种情绪而来进行言说，这种情绪规定了基础与地基，并且贯通性地调谐着一个空间，诗意道说在这个空间的基础上，在这个空间之中，创建了一种存在。我们将这种情绪命名为诗歌的基本情绪。③ 在《形而上学是什么？》中，海德格尔曾提出存在之音调调谐着基本情绪，而这里又表明基本情绪调谐着诗意道说之音调，可见，在艺术或诗中体现出"存在—基本情绪—诗意道说"这样一个规定序列。存在规定着基本情绪，而基本情绪又规定着诗意道说。在基本情绪的调谐之下，诗人敞开一个世界并揭示世界中的存在者，而这又要归功于存在的原初运作。

　　通过具体分析荷尔德林的诗歌《日耳曼尼亚》与《莱茵河》，海德格尔从四个方面概括了基本情绪的本质：第一，基本情绪将我们移置到存在者的边界上并将我们置入与诸神的关联之中，无论这种关联是朝向还是背离；第二，基本情绪将我们移出并同时将我们移入同大地与家乡的关

---

① 除了探讨"畏惧"之外，早期海德格尔还在《海德格尔文集》第二十九、三十卷《形而上学的基本概念：世界—有限性—孤独性》中将"无聊"作为唤醒我们的哲学活动的一种基本情绪。在该著作的第一部分，他以现象学的方式分析了无聊的三种形式。无聊的第一种形式：被某物搞得无聊。无聊的第二种形式：在某事物中感到无聊。无聊的第三种形式：深度的无聊作为"某人无聊"。在此基础之上，他追问了一种特定的作为我们当今此在之基本情绪的深度无聊。在该著作的第二部分，他现实地追问从深度无聊的基本情绪中发展出来的形而上学问题：世界、个体化、有限性的问题。而这三个问题的根源在于时间之本质。Romano Pocai 澄清了深度无聊与畏惧的差异。他认为，在深度无聊中发生着意义清空活动，"此在"在其中不再创造意义。与此相反，意义维度在畏惧中并未被否定，即便"此在"的不再筹划也意味着对其筹划特征的放弃而非否定。参见 Romano Pocai. *Heideggers Theorie der Befindlichkeit: Sein Denken zwischen 1927 und 1933*. Freiburg / München: Verlag Karl Alber, 1996, p. 110.
② 参见 Martin Heidegger. *Hölderlins Hymnen »Germanien« und »Der Rhein«*. p. 83.
③ 参见 Martin Heidegger. *Hölderlins Hymnen »Germanien« und »Der Rhein«*. p. 79.

联之中；第三，基本情绪开启了作为一个起贯通性支配作用的领域的，作为世界之统一性的存在者整体；第四，基本情绪将我们的此在委任给存在，此在从而必定接纳、塑造、承载着存在。[①] 从这四点可以看出，基本情绪并非某种固定的属性，而是一种动态的发生，它具有移置作用，并体现为移出和移入的同时发生。其生成活动不仅敞开了存在者整体，还揭示出人与诸神、人与大地以及人与存在之间的关系。由此，海德格尔通过诗歌的阐释凸显基本情绪的重要性，它敞开了存在之深度以及建基于此的存在者之广度与人之存在的维度。

除了对荷尔德林诗歌的阐释之外，海德格尔还在其中期代表作《对哲学的贡献（论生成）》中探讨了情态问题。为了摆脱主体主义的嫌疑，海德格尔中期不再从"此在"出发去追问"存在的意义"，而是直接揭示"存在的真理"并据此思考人的本性。与此相关，阐发情态思想的进路不再是由人到存在，而是从存在自身出发进而关涉人。这样，情态问题首先就不再是"此在"的生存论问题，而是"存在历史"的问题。

海德格尔的"存在历史"之思形成于"第一开端"与"另一开端"的争辩之中。在呈现"第一开端"与"另一开端"的争辩时，情态占据重要一维，海德格尔将其称为基本情绪[②]。他指出，"另一开端"的基本情绪回荡于"惊恐""畏惧""压抑"之中，并将其称为"既惊恐又畏惧的压抑"。在与"第一开端"的基本情绪的对照中，海德格尔阐释了"惊恐"。在他看来，"第一开端"的基本情绪为"惊讶"（Erstaunen）。哲学起源于"惊讶"，惊讶于存在者的存在。可以说，人类对世界和自身的探索就起源于这一情态。这一点早在古希腊就得到了印证，比如说，柏拉图与亚里士多德都将"惊讶"视为哲学的开端。但这种"惊讶"所引发的乃是对原因和根据的寻求，此即超越一切存在者之外的无条件者和绝对者。而"另一开端"的基本情绪乃是"惊恐"（Erschrecken），惊恐于"存在的遗弃"。在海德格尔看来，"惊讶"这一基本情绪始终囿于存在者的范围而导致"存在的遗忘"的困境，而这一困境的极端之处在于它并没有被思为困境，此乃"无困境的困境"。不过，形而上学对存在的遗忘只是第二位的，其根本在于存在对存在者的遗弃，此乃存在自行遮蔽的本性。由此，海德格尔指出，存在之遗弃状态乃是存在之被遗忘状态的基础。[③]"惊恐"这一基本情绪旨在将自身遮蔽与被遮蔽的存在揭示出来。

虽然海德格尔早期与中期都探讨了"畏惧"，但它们的用词不尽相同，早期为 Angst，中期为 Scheu。关于"畏惧"（Scheu），海德格尔指出，从畏惧中，产生出隐瞒的必然性，而且，这种隐瞒就是让作为生成的存在本质性地现身。[④] 这就是说，存在自身隐瞒的必然性通过"畏惧"这一基本情绪体现出来，而这种自身隐瞒恰恰是存在本质现身的方式。"畏惧"具有"让本质现身"

---

① 参见 Martin Heidegger. *Hölderlins Hymnen »Germanien« und »Der Rhein«*. p. 223.

② 孙周兴指出，海德格尔前期倾向于使用"处身情态"（Befindlichkeit）一词，后期为了反对此在－主体形而上学少用此词而更多地代之以"基本情绪"（Grundstimmung）。这种区分有一定道理，但本书旨在用哲学层面的"情态"一词统一海德格尔对相关问题的探讨，以此区别于日常语义和心理学语义上的"情绪"。参见 孙周兴.《为什么我们需要一种低沉的情绪？——海德格尔对哲学基本情绪的存在历史分析》，载《江苏社会科学》，2004 年第 6 期。

③ 参见 Martin Heidegger. *Beiträge zur Philosophie (Vom Ereignis)*. p. 114.

④ 参见 Martin Heidegger. *Beiträge zur Philosophie (Vom Ereignis)*. p. 20.

的能力，它以此成为"回响"和"跳跃"的主导情绪。海德格尔的"存在历史"之思通过六个"接缝"复合为一个整体。"回响"为第一个"接缝"，它意味着"存在离弃状态之困境"中的"存在之回响"。"跳跃"为第三个"接缝"，此即"第一开端"向"另一开端"的"跳跃"，亦即从存在者跃入作为生成的存在。在这两个关键性的"接缝"中，"畏惧"都发挥了至关重要的作用。

不过，"惊恐""畏惧""压抑"三者并非并列关系。实际上，"惊恐"和"畏惧"原始地归属于"压抑"（Verhaltenheit）。换言之，"压抑"的语义涵盖了"惊恐"和"畏惧"又不止于此。压抑规定着另一开端中的开端性思想的风格。[①]海德格尔指出，"压抑"是建基的基本情绪。对建基的理解乃是从"第一开端"向"另一开端"过渡所必不可少的准备工作。建基不同于基础又相关于基础，此乃动词化的建立基础。海德格尔所说的基础不同于形而上学意义上的原因与根据，后者外在于事物并与之相分离，而前者与事物一体化地存在。建基乃是发生在存在与人之间的双向活动。一方面，"存在的真理"为人建基，给予人"此－在"之规定。海德格尔巧妙地将"存在的真理"比作"深渊"（Abgrund）。他将 Abgrund 一词拆解为 Ab-grund，其中，"Ab-"意为"脱离、离去"，"Grund"意为"基础"。由此，"深渊"即脱离着、离去着的基础。他以此凸显基础的自行隐匿特性。"深渊"并非无尽的空虚，相反，它敞开了存在最宽广的维度，以此为存在者提供尺度。这样，"存在的真理"即作为深渊的基础，它以此为人建立基础。另一方面，人为"存在的真理"建基。这并不是说存在有赖于主体的创建，相反，存在自身生成产生成人。此处的建基乃是"让－基础－存在"[②]，亦即让存在作为其自身而存在，敞开和守护"存在的真理"。敞开自身遮蔽的存在，这话听起来似乎自相矛盾。然而，它只是表明将存在自行隐匿的本性揭示出来，除此之外，对存在所做的任何解说都将被贴上暴力的标签。由于存在作为虚无的本性，它不能通过自身而只能借助人显现出来，这反映出存在需要人，人归属于存在的关系。建基体现出存在与人之间的张力。

双重建基显现出双重"压抑"。首先，"压抑"意味着存在的拒绝（Verweigerung），它以此生成万物。存在拒绝给出自身，而把自身抑制入虚无中去。虚无在此不是一无所有，而是虚无化，它包蕴着生成的力量。海德格尔给出了存在生成万物的图示：

$$
\text{人类} \left[\begin{array}{c} \text{世界} \\ \leftarrow \text{E} \rightarrow \\ \text{大地} \end{array} \right] \text{诸神}\quad（\text{此}）\qquad ③
$$

① 参见 Martin Heidegger. *Beiträge zur Philosophie (Vom Ereignis)*. p. 15.
② 参见 Martin Heidegger. *Beiträge zur Philosophie (Vom Ereignis)*. p. 31.
③ 参见 Martin Heidegger. *Beiträge zur Philosophie (Vom Ereignis)*. p. 310.

这幅图中心的"E"为"Ereignis"的缩写，此乃"生成"，亦即"存在的真理"。以其为中心朝上、下、左、右分别发射出四个箭头，它们指向世界、大地、人类、诸神。图右侧的"（此）"是存在的别称，不过它在这里更侧重于表示存在发生的地方。如上图所示，"生成"从自身出发生成了世界、大地、人类、诸神四者。它们并非彼此独立，而是被"生成"聚集起来并产生关联。不过，"生成"与被生成者之间并非单向关系，我们同样可以从后者出发揭示前者。根据海德格尔的思想，正是在世界与大地、人类与诸神的争执中，"存在的真理"发生了。争执并未引起撕裂，反而促成了以"生成"为中心的共属一体性。与被生成者的显性存在不同，"生成"乃是自行隐匿的，它恰恰以此成就前者。换言之，存在正是在拒绝给出自身的同时给予了万物。因而，"压抑"不仅是存在的拒绝，还是存在的给予，更确切地说，它是作为拒绝的给予。

其次，"压抑"意味着人的放弃（Verzicht），它以此守护存在。放弃在此不具有消极意义，它意味着人放弃自身的主体地位，放弃对存在的宰制，从而把自身抑制入存在之中。海德格尔将其称为"内立状态"（Instandigkeit）。Instandigkeit在德语中的本义为"急切性、迫切性"，海德格尔从字面上截取前缀"In-"（在……内）和动词原形"Stehen"（站立）的含义，从而创造性地将其解读为"站立在……之内"。这样是为了说明人并非存在之外或存在对面的存在者，而是内立于存在之中，本源性地与存在合一。海德格尔指出，这样一种放弃之出现，乃作为对于拒绝的愿意，愿意坚守这个以此形态、作为存在本身而本质性现身的奇异之物[①]。这样，他所说的放弃就与日常意义上的放弃截然相反了，它恰恰作为愿意而存在。在此，愿意并非意指人的意愿，而是甘愿，心甘情愿地内立于存在之中，以此守护"存在的真理"。因而，"压抑"不仅是人的放弃，还是人的愿意，更确切地说，它是作为放弃的愿意。

存在的"压抑"表明其生成万物，人的"压抑"表明其守护存在，由此可以看出"压抑"的创造性。生成即创造，这一点毋庸置疑，然而守护何以也是创造呢？根据海德格尔的解释，创造（Schaffen）在此乃是从广义上而言，意味着真理在存在者中的每一种庇护[②]。也就是说，广义上的创造即存在者对于"存在的真理"的庇护。实际上，人对存在的守护不仅体现于这种广义上的创造，还体现于狭义上的创造，或者说，人正是通过狭义上的创造来实现广义上的创造，尤其是艺术创作。海德格尔一贯赋予艺术以重任，即敞开"存在的真理"。艺术创作的成果即艺术作品，其意义在于通过可见可感的形象显示那不可见者，道说那不可说者，亦即自行遮蔽的"真理"。

通过上述分析，海德格尔所说的"压抑"并非低落、沉郁的情绪，而是存在的情态，它贯通着"存在的真理"以及人的存在。它并不具有限制之意，相反意味着最大程度的开放和创造。

---

① 参见 Martin Heidegger. *Beiträge zur Philosophie (Vom Ereignis)*. p. 62.
② 参见 Martin Heidegger. *Beiträge zur Philosophie (Vom Ereignis)*. p. 24.

第三节　晚期：痛苦与欢乐

海德格尔晚期发生了思想中的第二次转向，即从"存在的真理"转向"存在的地方"。他不仅以"地方"阐释"真理"，还进一步追问"地方"之地方性从而聚焦于开端性的语言。海德格尔晚期主要通过阐释诗歌展开对语言的探讨，相关思想集中于《在通向语言的途中》一书。该书涉及多种情态样式，例如喜悦、欢乐与哀伤。不过，其中最为核心的情态当属"痛苦"（Schmerz）。

实际上，海德格尔在其思想中期就已多次探讨过"痛苦"。1934—1935 年冬季学期，他讲授了荷尔德林的颂歌《日耳曼尼亚》与《莱茵河》。在《日耳曼尼亚》这首诗中，荷尔德林提出放弃呼唤古老的诸神，海德格尔由此展开关于"痛苦"的解说。过去的诸神已经远去，不再可以呼唤，而将来之神却尚未到来。人在此期待正在到来之神，但又要经受它的缺席。在海德格尔看来，对这样一种矛盾的忍受乃是痛苦（Schmerz），一种痛苦（Leiden）[1]。[2]

与《日耳曼尼亚》一致，《莱茵河》也含藏了"痛苦"的情态。海德格尔从该诗出发谈及存在之痛苦与诗人之痛苦。他将存在视为命运，命运意义上的存在的基础特征乃是痛苦（Leiden）[3]。但痛苦在此并不具有否定意义，相反，这是一种创造性的痛苦，因为它对于存在者整体而言具有建基作用。存在之痛苦牵涉诗人之痛苦。诗人被存在所规定，并被赋予半神的使命。半神一方面预感神之到来，另一方面唤醒人之存在。其作为传递消息者将神与人勾连起来。诗人作为半神必须经受存在之痛苦，此即过去诸神的逃遁与将来之神的到来。

1939 年，海德格尔解读了荷尔德林的诗歌《如当节日的时候……》并多次发表相关演讲。诗的内容涉及"神的痛苦"，他以此就"痛苦"（Leiden）这一情态展开阐释。在展开其独有的阐释之前，海德格尔先追问了荷尔德林本人如何思考"痛苦"之本质。荷尔德林认为："保持在清白无邪的真理中乃是一种痛苦。"[4] 海德格尔则从其中期的思想背景出发，将荷尔德林所说的真理解读为"存在的真理"，并将"存在的真理"喻为"神圣者"。"神圣者"先于万物而涌现并把一切包含于自身中，因而，其本质体现为一种亲密性，从这种亲密性而来才有万物的存在。但这种聚集一切于自身的亲密性却是一种源自开端的痛苦。"神圣者就在照射自身之际持存于其本质之真理中，而且因此就有原初的痛苦。"[5] 于是，海德格尔提出"痛苦"乃是坚定地保持在开端中。进一步而言，"存在的真理"本身即是痛苦，并且是一种亲密的痛苦。就开端的自身遮蔽而言，它是痛苦，但它聚集并显示万物的存在，因而又是无所不在的亲密。

通过上述分析，我们可以发现海德格尔中期主要以"存在的真理"为背景探讨"痛苦"这一情态，

---

① Schmerz 为名词，Leiden 为动名词，它们都意为"痛苦"，故翻译保持一致。
② 参见 Martin Heidegger. *Hölderlins Hymnen »Germanien« und »Der Rhein«*. p. 81.
③ 参见 Martin Heidegger. *Hölderlins Hymnen »Germanien« und »Der Rhein«*. p. 227.
④ Martin Heidegger. *Erläuterungen zu Hölderlins Dichtung*. p. 74.
⑤ Martin Heidegger. *Erläuterungen zu Hölderlins Dichtung*. p. 75.

它涵盖存在之痛苦以及人尤其是诗人之痛苦。而到了晚期，海德格尔对"痛苦"的阐释主要在《语言》（1950 年）一文中呈现出来。在这篇文章中，他指明了一条通向语言的道路——诗歌，这是因为诗歌乃是纯粹语言的一种样式。海德格尔选取的作品是诗人格奥尔格·特拉克尔的《冬夜》。此诗包含三小节，其初稿第二节的后面两行及第三节与终稿不一致，海德格尔在文中对两个版本都有所呈现。然而，海德格尔并未结合初稿对该诗进行阐释，而是直接以终稿为蓝本。按照终稿的内容，该诗刻画了这样一幅图景：在雪花飞扬的冬夜，众人在家中享受盛宴。漫游者由户外的幽暗小径跨入光华照映的室内，餐桌上显现出作为圣餐的面包和美酒。

通过比照两个版本的诗歌，再结合海德格尔的具体解析，我们可以推测他为何没有将初稿的内容纳入阐释的过程中。这主要体现在诗歌第三节。终稿第三节为：

> 漫游者静静地跨进；
> 痛苦已把门槛化成石头。
> 在清澄光华的照映中
> 是桌上的面包和美酒。

而初稿第三节为：

> 啊！人赤裸裸的痛苦。
> 默默地与天使相搏，
> 为神圣的痛苦所驱迫，
> 人默然乞求上帝的面包和美酒。[①]

两个版本第三节的核心语词都是"痛苦"。该词在初稿中出现了两次，分别为"人的痛苦"和"神圣的痛苦"，而它在终稿中只以不加修饰成分的形式出现了一次。照理说，同一个语词在同一节诗歌中重复出现即为强调之意，围绕初稿该节展开阐释应该更能凸显"痛苦"的重要性。而海德格尔却选择了终稿，并就"痛苦已把门槛化成石头"这句诗进行重点阐释。究其原因，主要有两个方面。首先，终稿第三节旨在呈现"痛苦"自身，而非"人的痛苦"和"神圣的痛苦"。在海德格尔看来，前者才是根本，后者以前者为基础。没有洞悉"痛苦"的本性，就无法理解"人的痛苦"和"神圣的痛苦"。其次，"痛苦已把门槛化成石头"一句包含了两个核心词，一为"痛苦"，一为"门槛"。可以说，"门槛"对于澄清"痛苦"的本性而言是不可或缺的，它使不可见的"痛苦"化作形象显现出来。

"门槛"是门框底部的横料，它介于门和地面之间，也介于房屋与外界之间。"门槛"作为"之间"

① Martin Heidegger. *Unterwegs zur Sprache*. p. 15.

而存在。在"痛苦"中，"门槛"被化为"石头"，"石头"体现了"门槛"的坚固性和可靠性。在此，"门槛"与"石头"不是截然不同的二者，它们在"痛苦"这里获得其同一性。那么何为"痛苦"呢？特拉克尔在此并没有就"痛苦"自身给出明晰的解释，海德格尔则基于个人的思想背景对其进行个性化的阐释。他指出，痛苦乃裂隙之嵌合，此种嵌合就是门槛。[①] 海德格尔对"痛苦"的诠释基于其对"门槛"本性的洞察。一般而言，"门槛"起分隔作用，海德格尔却揭示出其聚合意义。作为"之间"的"门槛"在分隔不同空间的同时又作为连接之物将它们嵌合为一个整体。显然，这种对"之间"的理解超越了单方面的分离，而是基于一种原始统一性的分离。与作为"嵌合着的裂隙"的门槛相契合，"痛苦"乃是"聚集着的分离"。

除了将"门槛"作为"痛苦"的喻象之外，海德格尔还通过解构语词对其展开进一步分析。他将"痛苦"规定为"区－分"（Unter-Schied）。Unter-Schied 一词由德语 Unterschied 拆解而来，后者意为"区别"。而海德格尔用连字符将其划分为前后两个部分，其中，"Unter-"意为"在……之间"，"Schied"意为"分离"。他以此表明，不存在脱离了"之间"的"分离"，换言之，"分离"即"寓于之间的分离"。在此基础之上，海德格尔将"区－分"阐释为"一"。此处的"一"具有双重含义：它既是"唯一"，又是"统一"。"唯一"表明它自身发生、自我规定，"统一"则意味着它自身发生的同时又形成关系。关系在此不可理解为独立于存在者之外的附加物，也并非可供表象的现成之物，而是动态化的生成着和维系着的关系。作为"统一"的关系贯通了关系中的诸要素，使之成其自身的同时实现共存。

形象化的阐释与词法上的重构皆为准备工作，它们都服务于海德格尔对"痛苦"的根本阐释，即世界与物的关系。根据海德格尔的思想，世界与物之互相的嵌合就是痛苦[②]。世界与物（存在者）向来是哲学的论题，这也是海德格尔思想的事情。不过，就他个人的思想道路而言，世界与物的内涵在各个阶段显现出一定的差异。在其思想早期，世界包括"此在"、现成之物和应手之物。中期，自然不再纳入人的世界，而是从世界中脱离出去。这样，世界整体就包括了人的"世界"和自然的"大地"，此二者形成一种争执关系。而到了晚期，世界乃是由天、地、神、人四元组成的整体[③]。进一步而言，海德格尔早期论述的世界以"此在"为中心，它只是"此在"生存论规定的一个环节。而他中期涉及的世界与大地一样，只是"存在的真理"发生的要素。与早、中期不同，海德格尔晚期聚焦于世界自身如何生成，亦即"世界化"问题。虽然他在《艺术作品的本源》中也提及"世界世界化"[④]，但此处世界化的意义仅仅在于它参与了"存在历史"的生成。只是到了晚期，在开端性的语言中，世界何以成其本性才得到了专门探讨。而世界化最终又落实到物化

---

① 参见 Martin Heidegger. *Unterwegs zur Sprache*. p. 24.

② 参见 Martin Heidegger. *Unterwegs zur Sprache*. p. 25.

③ 韩炳哲指出，痛苦是描绘出世界之四元轮廓的裂隙。从这一轮廓而来，伟大获得其伟大性，这对于人而言是非常伟大的。参见 Byung-Chul Han. *Heideggers Herz: Zum Begriff der Stimmung bei Martin Heidegger*. p. 128.

④ 参见 Martin Heidegger. *Holzwege*. p. 30.

之中，前者规定后者并通过后者显现出来。正如海德格尔所说："物物化世界。"[①] 物成其自身的过程聚集了天、地、神、人四元，以此促成世界的发生。

那么，世界与物的关系何以呈现为"痛苦"呢？因为此两者横贯一个"之间"。这个"之间"起双重作用，它既分离又聚集、既区分又统一着世界与物。这种说法看似自相矛盾，却道出了事情的真相。事实上，既不存在排除了分离的聚集，也不存在失却了区分的统一。分离与聚集、区分与统一只有在彼此互证的前提下才获得其自身的意义。与可见可感的物相比，世界是看不见摸不着的，两者以此相互区分而产生裂隙般的"之间"。但这一"之间"并没有完全将它们割裂开来，因为世界世界化而给予物，物物化着实现世界[②]。自身遮蔽的世界有赖于物而得以敞开，而物在敞开世界的同时又成其自身，此乃物之被给予的本性。正是这个"之间"将世界与物联结为一个密不可分的整体。海德格尔将世界与物的"之间"阐释为"亲密的区分"，此乃"痛苦"的真意。它以此区别于通常作为负面情绪的痛苦以及特拉克尔诗歌中的"痛苦"，而成为存在的情态。

"痛苦"作为世界与物的"之间"而存在。有鉴于此，我们可以看出海德格尔晚期存在阐释的独特性。早期海德格尔为了区分于把存在实体化为存在者的形而上学而提出"存在学差异"，以此追问"存在的意义"。中期海德格尔为了规避从"此在"出发追问存在可能导致的人类中心主义误解，从"存在的真理"自身出发原初性地阐明其历史性生成。而到了晚期，海德格尔不再从与存在者的差异中凸显存在，也不再试图跳过差异而径直揭示原初的"真理"，而是聚焦于作为"之间"的存在。存在即世界与物的"之间"，这一"之间"所标明的不是可测量的物理距离，而是此二者共同生成的运动区间。此区间是一个特别的"地方"，在此，世界与物在其"亲密的区分"中共生共在。而依据海德格尔晚期的思想主题，"存在的地方"在开端性的语言即"道说"中敞开自身，世界化和物化的发生都有赖于"道说"的开启作用。不仅如此，存在于世界与物"之间"的人也要倾听"道说"的召唤。因而，人在倾听"道说"之际经验存在，亦即经受"痛苦"。这样，"痛苦"就超出属人的情绪之范围，成为存在自身的情态。

继《语言》（1950年）一文之后，海德格尔还在《诗歌中的语言——对特拉克尔诗歌的一个探讨》（1952年）一文中围绕《明朗的春天》一诗展开其"痛苦"阐释。诗人说道："活着是如此痛苦地善和真；一块古老的石头轻柔地触摸着你。"[③] 鉴于"石头"一词在特拉克尔的诗歌中出现过三十多次，其重要性可见一斑。海德格尔阐发了"石头"与"痛苦"之间的关系。他指出，"石头"中隐藏着"痛苦"，此即古老的渊源和先行的开端。"痛苦"自行锁闭并自身静默，但它可以通过"石头"的显现和诉说得到经验。在此，海德格尔不再仅仅将"痛苦"阐释为世界与物的"之间"，而是直接将其规定为寂静的开端，亦即"道说"。正如他所说："一切开端性的本质所具

---

① Martin Heidegger. *Vorträge und Aufsätze*. p. 182.

② 参见 Martin Heidegger. *Unterwegs zur Sprache*. p. 23.

③ Martin Heidegger. *Unterwegs zur Sprache*. p. 60.

有的最早的早先之明朗从那遮蔽着的痛苦之寂静中突现出来。"①

　　然而，"道说"不仅是痛苦的开端，还是欢乐的家园。这一思想在《返乡——致亲人》（1943年）一文中有所体现。虽然该文章从写作时间上而言不能算作严格意义上的晚期作品，但它延生于海德格尔中期思想向晚期思想过渡的阶段，并且突出体现了其晚期的归家思想。海德格尔借荷尔德林描写返乡的诗歌阐发了返回本源的思想要旨。这首诗歌的整体基调表现为欢乐或喜悦。关于欢乐，海德格尔指出，欢乐的原始本质是对本源之切近的亲熟。②由此，诗人笔下返乡的欢乐被赋予了更深刻的意涵，此即返回本源的欢乐。

　　荷尔德林通过这首诗描述了自己偶然的一次返乡经历，海德格尔却指出诗人作为首先返乡者的必然性。因为唯有诗人才能通过其诗意创作道说故乡之神秘，换言之，诗意创作中包含着最初的返乡。海德格尔借"云创作着喜悦"这一诗句形象地论述了这一思想。他将诗人比作"云"，"喜悦"是诗人的诗意创作物。但"喜悦"并非来自诗人，相反，诗人被"喜悦"所规定并且迎接"喜悦"的到来。"喜悦"通过诗人的诗意创作显现出来，这意味着存在在语言中得到敞开。正如海德格尔所说："诗意创作意味着：在欢乐中存在，这种欢乐把极乐之切近的神秘守护于词语中。"③诗意创作的本质在于倾听"道说"并在词语中守护存在。

　　海德格尔将"喜悦"解读为"令人欢乐者""明朗者""清明的空旷"，此四者皆为存在自身的喻象。实际上，"明朗者"（das Heitere）和"清明的空旷"（das Aufgeräumte）这两个语词在德语中都含有喜悦和欢乐的意思，不过，后者与前者相比更加凸显了空间性思想。"'清明的空旷'在其空间性中得到了敞开、澄明、和谐。唯有明朗者，即清明的空旷，才能使它物适得其所。"④对于一切存在者而言，存在自身作为"清明的空旷"乃是一本质空间，万物在归属于这一本质空间的基础上获得其本真存在的地方（Ort）。这表明，从空间性和地方性诠释存在的倾向萌芽于海德格尔的思想中期并在晚期得到专题化的探讨。

　　作为本质空间的存在被海德格尔赋予家园的意义，返乡就是返回开端性的"道说"所敞开的存在家园。人类和万物的本性就体现为这种"在家"性。不过，海德格尔指出，那些看似"在家"的人却并不熟悉家乡的本质，此即"在家"之人无家可归的悖论。不过，这并不能完全归咎于乡亲们，其根本原因在于家乡即存在自身隐匿的本性。因此，诗人作为首先返乡者不仅经验着返乡的欢乐，还承受着无家可归的忧心。其使命在于指引乡亲们认识自身"不在家"的困境，从而熟悉家乡的本质进而实现返乡。但欢乐和忧心在此并非截然对立，"由于必须为那种对自行隐匿着的极乐之切近的守护而忧心，忧心便进入喜悦之中了"⑤。忧心乃是出于对欢乐家园的守护，从此种意义上而言，忧心作为通往欢乐的进路与欢乐共属一体。与此类似，海德格尔所说的"痛苦"也并非幸

①　Martin Heidegger. *Unterwegs zur Sprache.* p. 60.
②　参见 Martin Heidegger. *Erläuterungen zu Hölderlins Dichtung.* p. 25.
③　Martin Heidegger. *Erläuterungen zu Hölderlins Dichtung.* p. 25.
④　Martin Heidegger. *Erläuterungen zu Hölderlins Dichtung.* p. 16.
⑤　Martin Heidegger. *Erläuterungen zu Hölderlins Dichtung.* p. 25.

福的对立面，相反，"痛苦是一切本质现身者之本质的恩惠"[1]。唯有在对"痛苦"的悦纳和感谢中，人及一切存在者才成其自身，从而处于完满的幸福之中。由此可见，在海德格尔这里，痛苦与幸福、欢乐与忧心打破了流俗意义上的疆界，它们相互交融而游戏，共同构成了美的存在的经验。

第四节　泰然让之作为情态的本性

针对海德格尔的思想分期，我们专题化地探讨了早期的"畏惧"、中期的"压抑"和晚期的"痛苦与欢乐"。但其思想中还有一更为根本的情态没有得到探讨，此即"泰然让之"。综观海德格尔的所有文本，其中涉及"泰然让之"的主要有两个，一为《对泰然让之的探讨——一次有关思的林中路交谈》[2]（1944—1945年），一为《泰然让之》（1955年）。

《对泰然让之的探讨》一文收录了海德格尔与一位研究者和一位学者之间的思想对话。这既是三人之间的思想对话，也是三人关于"思想"的对话，因为对话的主要内容就是探寻思想的本性。

哲学所从事的向来都是思想的事业，但它不是一般的思想，而是理性。理性是自身建立根据的思想，它具有提供原则的能力。海德格尔把柏拉图至黑格尔的历史称为西方形而上学的历史，此即用理性寻求根据的历史。而以笛卡儿为开端的主体形而上学则将形而上学推向极致。这种主客二元思维模式贯穿了整个近代哲学史。海德格尔在《对泰然让之的探讨》一文中所批判的"表象思维"就孵化于主体形而上学。"表象"一词的德语为 Vorstellen，海德格尔按构词法将其拆分为前缀"Vor-"和词根"Stellen"。"Vor-"意为"在……面前"，"Stellen"具有"放置""站立"等意。这样，"表象"就意味着将某物放置在面前，使其站立于面前。这里涉及的是物，但它隐含了物对面的人。人和物在此构成了主体与客体的二元关系，并且在这组关系中，主体占据主导地位，客体成为被规定的对象。而"对象"的德语恰好为 Gegenstand，即"立于对面"（"Gegen"意为"与……相对"；"Stand"意为"位置""站立"）的存在者。这就是说，表象思维与对象化思维本质上同一。

在主体形而上学的概念体系中，客体的存在特性取决于主体的表象活动。为了阐明表象思维，海德格尔在文本中区分了"前景"（Aussicht）和"外观"（Aussehen）、"境域"（Horizont）和"敞开域"（Offenes）这两组语词。他指出："具有境域特性的东西，只不过是一个具有环绕作用的敞开域的朝向我们的那一面，这个敞开域充斥着对于外观的展望，即对于作为对象显现给我们的表象的东西的外观的展望。"[3] 从"境域"也即人的视角出发，物只是作为扁平化的"前景"呈现在我们眼前，它仅仅具有朝向我们视域的单维面相。而"敞开域"呈现了事物自身的整体"外观"，

① Martin Heidegger. *Unterwegs zur Sprache*. p. 60.

② 下文将《对泰然让之的探讨——一次有关思的林中路交谈》简称为《对泰然让之的探讨》。

③ Martin Heidegger. *Aus der Erfahrung des Denkens*. p. 45.

不存在任何从人的视角出发而对事物进行的阉割。表象思维以"境域"为先决条件将事物处理为"前景"，这恰恰是海德格尔所要批判的。

在去除了传统表象思维对思想自身的遮蔽之后，海德格尔指出思想的本性是"泰然让之"。"泰然让之"的德语为 Gelassenheit，其日常语义包括"平静""安宁"等，理论语义则要追溯到德国神秘主义思想，如埃克哈特认为，泰然让之指摈弃罪恶的私欲，以及为了上帝的意志而放弃本己的意志①。在此，泰然让之意指个人意志向上帝意志的让渡。与神秘主义的规定不同，海德格尔认为"泰然让之"根本不属于意志领域。值得一提的是，海德格尔对"泰然让之"的创造性阐释在一定程度上归功于谢林的思想。谢林将德国唯心主义的基本原则概括为意志活动乃原初存在，并通过批判意志形而上学提出了与之相对的泰然让之。此外，谢林在 1809 年的另外两个概念——原初根据或无根据命名了一种不再从意志活动来理解的允让②。这样，海德格尔就基于谢林对意志的批判既超出了神秘主义，又冲破了唯心主义的藩篱。

在《对泰然让之的探讨》一文中，海德格尔提出了两个关于"泰然让之"的命题。首先，海德格尔指出"泰然让之"是等待。等待（Warten）有别于期望（Erwarten），后者囿于表象思维而指向实体化的对象，而前者意味着"让我们等待的东西保持敞开"③。等待的这一特性恰好印证了"泰然让之"（Gelassenheit）之"让"（Lassen）。"让"不具备任何强制性，而是意味着某物的自身呈现。那么何为我们所等待的东西呢？他指出我们等待的乃是作为开放地域的敞开域。众所周知，海德格尔终其一生行走在一条追问存在的道路上，并且他所说的存在区分于"存在者"与"存在者的存在"，指的是存在自身。为了阐明存在自身，海德格尔创造了与之同一的语言家族，其中包括敞开域（Offenes）、地带（Gegend）、开放地域（Gegnet）、林中空地（Lichtung）等。有鉴于此，等待实际上标明了思想与存在之间的关系，即思想让存在保持敞开。这并非意指思想的某种强力，而意在表明思想作为存在的思想从本性上而言就能揭示存在。思想内立于存在之中，此即海德格尔所说的思想的域化（Vergegnis）。作为等待的思想敞开存在，这是"泰然让之"的第一层含义。

其次，海德格尔宣称"泰然让之"是道路之运动（Bewegung）。这一运动朝向地带。道路、运动、地带这三个词串联在一起，不禁让我们想起海德格尔在《语言的本质》（1957—1958 年）一文中提出的"地带是开辟道路的运动"。在此，海德格尔将地带规定为本真的语言即"道说"，并用地带的运动阐释道路的原始生成。与之不同，他十多年前在《对泰然让之的探讨》一文中并未从本源上将地带规定为"开辟道路的运动"，而仅限于探讨被地带所规定的道路如何运动。在此，地带乃存在的喻象，道路乃思想的喻象，思想乃是通向存在的运动。作为运动的思想通向存在，这是"泰然让之"的第二层含义。

① 参见 Martin Heidegger. *Aus der Erfahrung des Denkens*. p. 42.
② 参见 劳赫·胡恩.《海德格尔与谢林的哲学对话》，庞昕，译 载《社会科学家》，2017 年第 12 期。
③ Martin Heidegger. *Aus der Erfahrung des Denkens*. p. 49.

根据海德格尔，这种运动的特点体现为"作为回归的远离"。他指出，只要我们是思想者，我们便进入开放地域之切近处，但同时由于这种切近而保持远离于开放地域，不过，这种保持同时也是一种回归，投身于泰然让之意义上的回归。[①] 思想被存在所规定，它本性上归属于存在，此乃本源的亲近。但鉴于存在作为虚无而自身遮蔽的本性，它不能作为实体而被带向近处，与之相反，思想恰恰要远离存在而保护其本性不受伤害。此种意义上的远离乃是回归，思想以此归属于、听命于存在。思想向存在的运动就是这种悖论性的运动。

等待与运动，日常语义中相互矛盾的两者，就这样在海德格尔的独特诠释下统一于"泰然让之"。这在于，无论是等待还是运动，它们都意味着思想敞开和守护存在的本性。海德格尔不是单纯地追问思想，其更重要的目的在于澄清人的本性。他指出，本真的泰然让之其实只在于，人在其本性中归属于开放地域，也就是泰然让之于开放地域。[②] 也就是说，本真的"泰然让之"体现为人对存在的归属关系，即人的存在被"存在的真理"所规定。因此，人之所以能够对存在"泰然让之"，是因为存在自身首先给予了这种"泰然让之"，此乃存在之"让"。存在自身不仅给予了人的存在，还给予人"泰然让之"的存在状态。"泰然让之"不仅体现了人对存在的归属关系，还显示出存在对人的需用关系，即存在需要通过人来进行揭示。由于存在作为虚无而自身遮蔽的本性，它只有借助人的存在才能显现出来。人正是在其"泰然让之"的存在状态中经验存在之"让"，从而敞开存在自身。

在《对泰然让之的探讨》一文中，海德格尔从思想的本性入手探讨人的本性，从而指出人的本性是对存在的"泰然让之"，也即敞开存在自身。"泰然让之"作为人的存在状态显现出存在的本性。

1955 年，海德格尔在家乡梅斯基希为纪念作曲家孔拉丁·克洛伊采举行了名为《泰然让之》的演讲。与《对泰然让之的探讨》相同，这次演讲也围绕思想的本性展开并延伸至人的本性，只不过它们借以澄清思想的批判对象有所不同。《对泰然让之的探讨》意在阐明形而上学的表象思维和对象化思维对思想自身的遮蔽，《泰然让之》则旨在强调现代技术的计算性思维对思想本性的侵蚀。

这种差别与时代背景息息相关。《对泰然让之的探讨》形成于 1944—1945 年间，当时正值第二次世界大战尾声。虽然一些科学技术的发展和应用因为战争有所推进，但新兴科学技术整体上还处于萌芽阶段。这时，海德格尔的思想仍然延续其早期就开始的形而上学批判。由此，《对泰然让之的探讨》将矛头指向形而上学思维模式的弊端。而到了 1955 年，也即海德格尔举行《泰然让之》演讲时，第三次工业革命[③]已取得阶段性的成果，海德格尔在演讲中多次提及的原子弹、

---

① 参见 Martin Heidegger. *Aus der Erfahrung des Denkens*. p. 69.

② 参见 Martin Heidegger. *Aus der Erfahrung des Denkens*. p. 66.

③ 近代以来至海德格尔生活的时代总共发生过三次重大的工业革命：第一次是 18 世纪末的蒸汽技术革命；第二次是 19 世纪末的电力技术革命；第三次是 20 世纪中期的计算机及信息技术革命。第三次工业革命以原子能技术、航天技术、电子计算机技术的应用为代表，还包括人工合成材料、分子生物学和遗传工程等高新技术。

氢弹等技术就是其显著标志。另外，海德格尔在演讲中提到的美国化学家斯坦黎 1955 年的预言[1]也最终以基因重组、结构化学和分子工程学领域的突破成为现实。基于这一时代背景，海德格尔从形而上学批判转向现代技术批判。

海德格尔洞察到技术时代的危险，即总体的无思想状态。按照常理，任何一种技术的发展都依托于科学思想的革新，技术时代应该是思想迸发的时代。海德格尔却认为技术消解了思想，这在于技术时代的思想体现为计算性思维，而它恰恰掩蔽了思想的本性，即沉思之思。也就是说，那不思的表现为思，本性之思却被掩盖了。因此，无思想状态即本性之思被遮蔽的状态。

虽然计算性思维在技术时代开花结果，但它实际上扎根于近代主体性哲学的土壤之中。也就是说，计算性思维乃是表象思维、对象化思维的衍生形态。将世界表象为对象只是人的主体地位的初步确立，计算性思维乘胜追击，从而将世界进一步表象为技术对象。计算在此不能狭义地理解为数字运算，而是考虑和谋划。"计算性思维权衡利弊。它权衡进一步的新的可能性，权衡前途更为远大而同时更为廉价的多种可能性。计算性思维唆使人不停地投机。"[2]在计算性思维大行其道的地方，人不再满足于表象一个对象，而是追求对象为自己所用。技术对象成其为技术对象，就在于其有用性。在这种思维的驱动之下，人竭尽全力挖掘一切存在者的利用价值。自然的天地本来自在自足，在计算性思维的强力之下，天成为天文研究和航空探测的对象，地成为土地资源和能源基地。不仅外在于人的对象被计算，人自身也沦为了计算对象。人的身体本来经由自然生育而来，后来却成为生物技术改造的对象。人对技术的控制最终演变为技术对人的吞噬。

与计算性思维设定技术对象不同，沉思之思对物"泰然让之"。选取一个路向、选取一个事情已经自发取得的路向，这在德语中叫作 Sinnan、Sinnen，即思忖、沉思。自行进入意义（Sinn），此乃沉思（Besinnung）的本性。[3]海德格尔通过沉思与意义的字面联系建立其内在关联。意义在此不是人赋予的，而是事情自身已经被给予的。沉思就是思入事情自身所敞开的意义，亦即事情的本性。而在所有的意义中，有一开端性、本源性的意义，那就是存在自身，亦即意义的意义。因此，海德格尔说沉思乃是"思索在一切存在者中起支配作用的意义（Sinn）的那种思想"[4]。这一"起支配作用的意义"就是存在。存在给予思想这种思索本性的能力，因而思想不仅能沉思存在的本性，还能沉思一切存在者的本性。居于其本性的存在者被海德格尔称作物。物不是人设立的对象，而是独立自足的存在者。它拒绝任何表象性、说明性的思想，以此持守自身。海德格尔用物化阐释物自身生成的本性。沉思思入事情的本性，而物又是居于其本性的存在者，因此，沉思之思对物"泰然让之"就意味着思想敞开存在者的本性。

① 海德格尔在《泰然让之》演讲中提到，1955 年夏季，诺贝尔奖获得者国际会议在林道举行。美国化学家斯坦黎在会上说道："生命掌握在化学家手中的时刻不远了，化学家将随意分解、组合和改造生命机体。"参见 Martin Heidegger. *Reden und andere Zeugnisse eines Lebensweges*. p. 525.

② Martin Heidegger. *Reden und andere Zeugnisse eines Lebensweges*. p. 519.

③ 参见 Martin Heidegger. *Vorträge und Aufsätze*. p. 63.

④ Martin Heidegger. *Reden und andere Zeugnisse eines Lebensweges*. p. 520.

　　为了使人们更好地把握"对物的泰然让之"，海德格尔同时提出"对神秘的敞开状态"，并指出此两者共属一体。关于"神秘"，海德格尔说道："如果我们始终特别地注意到，技术世界里一种隐蔽的意义无处不触动着我们，那么，我们就置身于一个向我们遮蔽自己的东西的区域中——诚然，这个东西是在朝我们走来的同时遮蔽自己的。以这样的方式显示自己同时隐匿自己的东西，乃是我们所谓的神秘的基本特征。"[①]这种既显现又遮蔽的"神秘"就是存在自身，它是技术世界中隐蔽的意义。"对神秘的敞开状态"就是存在的敞开状态。如果说"对物的泰然让之"是从存在者的角度而言的，那么"对神秘的敞开状态"就是从存在自身的角度而言的，后者乃是前者的本源规定。沉思敞开了存在，由此，物之物性也一道被揭示出来。

　　存在自身隐蔽于技术世界之中。因此，沉思必须面对技术统治的现实而敞开存在。对此，我们首先需要思索技术何以遮蔽存在。事实上，遮蔽的结果不是技术单方面造成的，根本的原因乃存在自身遮蔽的本源性。由此，海德格尔指出，存在从其本性上而言就是它自身的危险，唯因为存在如此这般是危险，所以危险于自身中同时也是对人类的存在之思的危险[②]。总体的无思想状态作为技术时代的危险只是一种显性的危险，更本源的危险乃自行遮蔽的存在自身。因此，存在的自行遮蔽是第一位的，在此基础之上，才有技术对存在的遮蔽。

　　然而，技术之所以能够遮蔽存在，是因为技术乃自身遮蔽的存在进行去蔽的一种方式。存在自身去蔽的历史性形态在现代显现为技术。这样，技术的本性就相关于存在自身，只不过它以存在的伪装形态显现出来。因此，海德格尔并未完全否定技术，而是主张对其既说"是"又说"不"，亦即在肯定技术的必要性的同时否定为技术所奴役。而不被奴役的根本方法即沉思技术的本性。海德格尔指出，技术一词来源于古希腊语 Techne，其本义为知道，而知道的本性在于 Aletheia，即去蔽。这样，技术最根本的含义并非从无到有的制作，而是存在者的去蔽。技术的原初意义乃揭示存在者的本性，换言之，技术敞开了物。这正好契合海德格尔关于存在本性的规定。

　　沉思之思不仅敞开了存在和物，还揭示了技术的本性，它以此克服计算性思维导致的整体无思想状态。与此同时，它还拯救了人的本性。海德格尔指出，与整体的无思想状态相伴相生的现实乃人将否定和抛弃他最本己的东西，即他的沉思本性[③]。虽然海德格尔在《对泰然让之的探讨》一文中从思想的本性入手探讨人的本性，但他并未直接标明人的本性即沉思。而在《泰然让之》演讲中，海德格尔明确地将人规定为思者。传统哲学指出人是理性的动物，海德格尔则认为理性并未触及思想自身，况且用动物来规定人实则是对人性的贬低，因此他提出人是沉思的生命。而技术时代的整体无思想状态则直接导致人之本性的丧失，由此，海德格尔才呼吁大家在无思想的时代里唤醒思想的能力，从而复归人的本性。

① 　Martin Heidegger. *Reden und andere Zeugnisse eines Lebensweges*. p. 527.

② 　参见 Martin Heidegger. *Bremer und Freiburger Vorträge*. p. 54.

③ 　参见 Martin Heidegger. *Reden und andere Zeugnisse eines Lebensweges*. p. 529.

与本性的复归一道发生的还有家园的回归①。在《泰然让之》演讲中，海德格尔警示道："根基持存性的丧失威胁着我们的时代。"②所谓"根基持存性"，即人类赖以生存的基础。而在技术主义盛行的时代，人类面临失去根基的困境。海德格尔用'无家可归'一词对其加以形象描述。其实，早在《对泰然让之的探讨》一文中，海德格尔就感叹过："我们还远离人类之居住。"③只不过，当时的"无家可归"鉴于形而上学的阴影而提出，而十年后的"无家可归"针对技术笼罩的现实。但无论何种情形，它们所期待回归的家园是一致的，那便是存在自身。那么怀有乡愁的人类如何实现还乡的愿景呢？海德格尔给出的方案即通过建筑实现居住。

不同于日常用法，居住与建筑在海德格尔那里具有其特定含义。居住不是人类生活的基本方式，而是存在的基本方式。前者具有属人性，而后者乃是存在的形态。人的存在被存在自身所规定，后者给予前者居住的存在状态。建筑在德语中一般指广义的劳动和制作，而根据海德格尔，建筑的本性乃是"让居住"，即敞开居住的本性。"让居住"并不意指建筑与居住之间构成手段与目的的关系，实际上，它们具有同一性。而同一之中又有差异，即居住是规定者，而建筑是被规定者。建筑之所以能够"让居住"，是因为它首先被居住所"让"而成其自身。海德格尔不仅标明了居住与建筑之间的关系，还引发人们思索建筑与思想的关系。他指出，建筑和思想以各自的方式对居住来说是不可或缺的，但只要两者并不相互倾听，而是互不搭界地搞自己的一套，那么，两者对居住来说也是难以达到的。④也就是说，居住需要建筑与思想的彼此倾听。海德格尔在此实际上揭示出居住与建筑、存在与思想的互文关系。建筑与思想不是彼此隔绝的，思想实为建筑性的思想。作为建筑的思想，其本性也是"让居住"。这样，沉思就是归家之思、还乡之思。

总而言之，海德格尔在20世纪40年代针对形而上学的思维模式提出思想的本性是对存在的"泰然让之"，而后又在20世纪50年代针对现代技术的思维模式提出思想的本性是对物的"泰然让之"。总体而言，"泰然让之"是海德格尔整体思想中相对稳定的一个概念，它是思想的本性，也是人的本性，但根本意义上乃是存在的本性。只不过在形而上学导致的图像化时代，海德格尔寄希望于思想对存在的"泰然让之"，从而敞开那早已被遗忘的开端。而在现代技术导致的碎片化时代，海德格尔不再满足于开端之思，而是通过具体的存在者显示无家可归的总体困境，从而依靠思想对物的"泰然让之"完成个体存在者的本性回归，以此导向家园的回归。

通过上述分析，我们发现海德格尔并未将"泰然让之"作为一种专门的情态进行阐释，但这个词在德语中本就表示情绪。Gelassenheit的本义为"平静"与"安宁"。海德格尔基于该单词中包含的Lassen赋予其"让"的含义，从而凸显其敞开意义。而"泰然让之"是对Gelassenheit

①　比梅尔在《海德格尔》第146页说道："回到'人之存在的居所'就是海德格尔全部思赋予我们的任务。"参见 Walter Biemel. *Martin Heidegger in Selbstzeugnissen und Bilddokumenten*. Reinbek bei Hamburg: Rowohlt, 1973. p. 133.

②　Martin Heidegger. *Reden und andere Zeugnisse eines Lebensweges*. p. 522.

③　Martin Heidegger. *Aus der Erfahrung des Denkens*. p. 40.

④　参见 Martin Heidegger. *Vorträge und Aufsätze*. p. 163.

的中文译法，其中，"泰然"对应该词的本义，而"让之"则是海德格尔挖掘出的深层含义。实际上，我们无须将其拆解开来，因为"平静"与"安宁"的情态本就蕴含了"让"的可能性，亦即顺应本性意义上的"让存在"。

凭借其"让存在"的内涵，"平静"成为情态亦即美的存在的经验的本性。虽然"畏惧"、"既惊恐又畏惧的压抑"、"痛苦"以及"欢乐"这些情态都围绕存在这一根本问题展开，但它们主要服务于各个时期的思想主题而具有一定的针对性。而"让存在"作为存在的本性正是通过"平静"这一根本情态体现出来的。实际上，"平静"并非静止不动，相反，它包蕴着强大的动力，存在以此让万物生成，人以此归属于存在之"让"。由此，"平静"显示为一种自由感，亦即对于自由存在的感觉，因为自由恰恰意味着事物本性的完满实现。在"平静"的情态中，存在的本性、人的本性以及物的本性一道显现出来。

通过将海德格尔的情态思想置于存在问题的开端性领域进行考察，其情态阐释的独特性及边界之所在得以揭示出来。海德格尔对情态问题的探讨发端于早期的《存在与时间》但不止于此，它延伸至中期乃至晚期从而覆盖其思想道路的整体。聚焦于"畏惧"、"既惊恐又畏惧的压抑"、"痛苦"与"欢乐"等情态并非海德格尔任意为之，而是紧扣其各个阶段的思想主题。当他以"此在"为桥梁追问"存在的意义"时，"畏惧"敞开了在世存在的整体；当他聚焦于"存在的真理"自身时，"既惊恐又畏惧的压抑"敞开了"另一开端"的历史；当他从开端性的语言出发洞察"存在的地方"时，"痛苦"敞开了世界化和物化的过程，而"欢乐"敞开了回归家园的道路。不过，其思想中还有一种更为根本的情态，此即"泰然让之"。"泰然让之"的本义为"平静"，它蕴含"让存在"的深意。"平静"敞开了存在、人以及物的本性。

第五章　艺术（诗）

在海德格尔的整体美学思想之中，艺术思想占据最大比重。从时间上而言，其艺术之思的触角从古希腊延伸至现代。从空间上而言，其艺术之思的范围横跨东西。海德格尔在其各个时期的诸多文本中不仅探讨了艺术的本性，还分析了艺术家、艺术创作、艺术作品等艺术现象结构之要素。他涉猎的艺术门类非常广泛，涵盖诗歌、绘画、建筑、雕塑、戏剧、音乐等。众多艺术家进入其思想的视野，包括诗人荷尔德林、里尔克、特拉克尔、黑贝尔、格奥尔格、诺瓦利斯、兰波，画家拉斐尔、凡·高、塞尚、布拉克、毕加索、克利，雕塑家海利格尔、奇利达，戏剧家索福克勒斯，音乐家瓦格纳、斯特拉文斯基等。

海德格尔曾提出"一切艺术本质上都是诗"的命题。通常而言，诗歌被归定为文学领域的一种创作体裁。除此之外，它还被视为语言艺术的最高形式。从广义上而言，艺术包括作为语言艺术的文学，文学又包括诗歌、散文、小说等各种体裁。从狭义上而言，艺术指文学以外的其他艺术形式，文学和艺术被合称为文艺。无论从广义上还是狭义上来说，艺术与诗歌都不是等同的。与惯常规定不同，海德格尔指出艺术与诗是一而二，二而一的。在此，他无意于把一切艺术门类诸如绘画、建筑、雕塑、戏剧、音乐等归结为诗歌。因为他所说的并非作为个别存在者的诗歌，而是一般意义上的诗意创作。但这有别于亚里士多德所说的诗意创造理性，后者意味着理性给予存在尺度，而前者意味着思想接受存在的尺度。一切艺术之所以本质上为诗意创作，是因为它们都源于存在并接受存在所给予的尺度。由此，艺术才能反过来揭示存在自身。因此，海德格尔艺术之思的独特性表现为艺术与诗的同一性。

总的来说，海德格尔的艺术阐释与其思想中的双重任务紧密相关：一为克服传统美学，一为克服技术主义。他表明，艺术进入美学的视界之内是现代的基本现象之一。在美学的规定之下，艺术既被视为人类生命的表达，又被视为体验的对象。艺术家的生产创造和鉴赏者的审美体验都把艺术作品逼入了对象领域。海德格尔则从存在自身出发思考艺术，将其规定为存在的本真敞开样式，以此将艺术从传统美学的统治下解放出来。海德格尔所处的现代是技术统治的时代，这加剧了无家可归的困境。有鉴于此，他呼吁人们沉思技术的本性，这一任务由艺术开启，因为技术和艺术本质上具有亲缘关系。此二者在词源学的意义上都相关于希腊意义上的去蔽，海德格尔则将其引申为存在的去蔽。只不过技术的去蔽造成了新的遮蔽，而艺术揭示存在自身。艺术在唤醒技术的本性方面具有先天的优势，它对于技术的危险具有拯救意义。

虽然海德格尔的艺术思想散落在各个文本中，但它们可以依据其不同时期的思想主题得到系统的梳理。早期海德格尔通过"此在"追问"存在的意义"，但最终止步于"此在"的生存论分析。虽然他并未展开具体的艺术之思，但他在《存在与时间》中指出，诗歌是"此在"理解存在的方式之一，敞开生存可以成为"诗的"话语的目的。因此，在这一阶段，艺术乃是"生存"的显示。中期海德格尔转向"存在的真理"，与此同时，其较为成熟的艺术思想诞生于这一时期。通过探讨诗歌、绘画、建筑、戏剧、音乐等艺术门类，他指出艺术乃是"真理"的生成。晚期海德格尔再次转向"存在的地方"，这展开为作为"地方"的存在和作为地方性的"道说"。与此相关，其艺术之思涉及"地方"之思和语言之思。通过探讨诗歌、绘画、雕塑、音乐以及东亚艺术等艺术形式，他指出艺术乃是"地方"的创建。

第一节　早期：艺术作为生存的显示

在探讨海德格尔的艺术思想之前，我们回顾一下此前的西方美学史上关于艺术的代表性观点。这里主要以古希腊的柏拉图、近代的黑格尔以及现代的尼采为例展开论述。

柏拉图主张存在即理念。在他看来，现实世界只是理念世界的影像或模本，而艺术又是对现实生活的模仿，因此，艺术就是对模仿的模仿。为了便于理解，柏拉图举了一个关于床的例子。他区分了三种床：神造的床、木匠造的床、画家画的床。神造的床作为床的理念是真实的，木匠按照床的理念制造出个别的床，它近似真实，而画家画的床只是对个别的床的外观的模仿，它和理念隔得更远，更不真实。现实是理念的影子，而模仿现实的艺术乃是影子的影子。

黑格尔主张存在即绝对理念。在他看来，美是绝对理念的感性显现。此即是说，艺术的本质是绝对理念，其任务在于以感性形象来表现绝对理念。黑格尔对艺术发展史的描述恰好反映了绝对理念对于艺术的主导作用。根据精神内容与物质形式之间的关系，黑格尔区分了三种类型的艺术。最初的艺术是象征型艺术，在这一阶段，人还没有建立起对于绝对理念的清晰认识，只能借助客观事物的物质形式来象征抽象的绝对理念。由于象征型艺术不能充分地显现绝对理念，它进而被古典型艺术所代替。在这一阶段，人把握了绝对理念的运动规律，并且学会了用恰当的物质形式表现它。古典型艺术实现了内容与形式的高度统一和完全和谐。虽然古典型艺术克服了象征型艺术的缺陷而成为最完美的艺术，但它仍然用有限的物质形式来表现绝对理念，从而阻碍了其无限发展。由此，古典型艺术进一步让位于浪漫型艺术，其特点为精神内容压倒物质形式。尽管浪漫型艺术还保留了艺术的形式，但它相较于绝对理念而言已无足轻重。于是，浪漫型艺术的下一阶段是艺术的终结，艺术最终让位于宗教和哲学。

柏拉图与黑格尔代表了传统理性哲学的立场，他们都将艺术视为存在的间接表达。而尼采作为现代哲学家不再将存在诉诸超感性领域，而是主张存在即人的生命及冲动，亦即创造力意志。他认为艺术是创造力意志的直接表达，而宗教、道德与哲学是其间接表达。这样，艺术就高于宗教、道德与哲学。通过这种创造性的颠倒，尼采最大限度地肯定了感性现实世界和人的存在价值。然而，回到人的感性生命自身蕴含着一种危险，即落入主体性哲学的思维框架之中。海德格尔指出了尼采艺术思想的症结所在，此即从人的生命出发去规定艺术而遗忘了最本源的存在自身。尼采的颠倒具有革命性，其最根本的是超越感性与理性的二元对立去思考开端性的存在。[①]

与尼采一致，海德格尔也认为艺术是存在的直接表达，只不过尼采所说的存在是人的存在，而海德格尔直抵存在自身。一般认为，海德格尔成文的艺术思想肇始于 20 世纪 30 年代，但如果我们细读《存在与时间》，就会发现其中已然蕴含着其艺术之思。在厘清存在问题的第一重任务，即从"此在"的存在论分析入手揭示"存在的意义"时，海德格尔表明存在之理解属于"此在"特有的存在结构。存在之理解不仅一般地属于"此在"，而且随着"此在"的种种存在方式本身或成形或毁败，因此，可以对存在之理解做出多种解释。哲学、心理学、人类学、伦理学、政治学、诗歌、传记、历史记述一直以形形色色的方式和不同的规模研究"此在"的行为、才能、力量、可能性与命运。[②] 也就是说，"此在"虽然先天地能够理解存在，但其不同的存在方式会造成不同的存在理解。因此，有多少种"此在"存在的样式，就有多少种存在之理解。长期以来，分门别类的学科研究着"此在"的存在，它们包括哲学、心理学、人类学、伦理学、政治学、诗歌、传记、历史记述等。但海德格尔认为，并非每一种"此在"存在的方式都能通达存在自身，其中有一些往往错失了存在。因而，也并未全盘接受这些通行的研究成果，而是对它们的原始性提出质疑。他指出，也许这些解释具有生存的原始性，但在生存论上则不尽然。海德格尔并不满足于存在者层面的探讨，而是要在存在论的高度上给出"此在"的原初规定。

关于如何展开"此在"的存在论生存论分析，海德格尔给出如下指示：我们所选择的那样一种通达"此在"和解释"此在"的方式必须使这种存在者能够在其本身从其本身显示出来。也就是说，这类方式应当像"此在"首先与通常所是的那样显示这个存在者。[③] 此即平均的日常状态。但这并不等同于截取"此在"日常生活的零星片段对其进行解析，而是提炼出规定"此在"存在的本质结构。前文已经指出，作为艺术的诗歌既是"此在"存在的一种方式，也是"此在"理解存在的一种方式。但海德格尔并未从诗歌切入"此在"的存在，而是选择了其日常存在。究其原因，海德格尔认为日常状态才是"此在"大多数情况下所处的状态，而艺术状态则是超出日常生活的偶发状态。

---

① 以上内容参见 丰雅鑫.《艺术作为创造力意志的直接表达》，载《美与时代（下旬刊）》，2017 年第 3 期。

② 参见 Martin Heidegger. *Sein und Zeit* p. 22.

③ 参见 Martin Heidegger. *Sein und Zeit* p. 23.

虽然海德格尔在此处并未表现出对于诗歌的足够重视，但他在《存在与时间》的另一处凸显了诗歌的重要性。在分析"在世界之中存在"的组建环节"在之中"时，海德格尔分别从"此的生存论建构"和"日常的此之在与此在的沉沦"两部分展开论述。在"此的生存论建构"这一部分，海德格尔指出，与情态和理解一样，话语乃是"此在"在世的原始敞开状态所由以构成的一个环节。他指出，语言这一现象在此在的敞开状态这一生存论建构中有其根源。语言的生存论存在论基础是话语。① 话语说出来即成为语言，此二者既有同一性，又有差异性。话语是个人的、动态的言说现象，而语言是整体的、静态的符号系统。话语是生存意义上的，而语言是生存论层次上的。

"此在"通过话语道出自身，话语对于情态和理解又具有构成作用，于是，把情态的生存论上的可能性加以传达，也就是说，敞开生存，这本身可以成为"诗的"话语的目的②。海德格尔在此所说的不是一般的话语对于"此在"生存的敞开作用，而是"诗的"话语。他虽然没有展开论述"诗的"话语，但我们可以分析出其蕴含的两层含义，一为诗歌的话语，一为诗意的话语。所谓诗歌的话语，即作为艺术形式的诗歌所具有的专门语言。而要想理解诗意的话语，我们首先需要厘清诗意的含义。海德格尔早期并未专门阐释诗意，我们可以通过其中期和晚期的诗意思想反推其早期的相关思想。海德格尔中期在讲解荷尔德林的颂歌《日耳曼尼亚》与《莱茵河》时曾追溯了 Dichten 一词在古希腊的原初语义，即显示、敞开某物。而他晚期在探讨诗意语言时将诗意规定为接受尺度。传统的诗意是给予尺度，亦即思想给予存在尺度。而海德格尔所说的现代语境中的诗意乃是接受尺度，即思想接受存在的尺度。诗意语言就是这样一种倾听存在的语言。因为海德格尔在《存在与时间》中表明诗意的话语可以敞开"此在"的生存，所以这里的诗意更接近其中期的相关思想。

为了更好地理解"诗的"话语，我们可以将其与海德格尔的闲谈思想进行比较。在"日常的此之在与此在的沉沦"部分，海德格尔解析了闲谈这一日常"此在"的存在方式。话语本质上属于"此在"的存在结构，但它有可能在日常"此在"那里变成闲谈。闲谈的本质是人云亦云和不求甚解。在闲谈中，话语的真实性往往建立在其传播的广度之上，而并非建立在说话者与被说者之间的直接关联之上。对于常人而言，公众意见本就具有权威性，因此对事情的理解无须经过自己的求证与反思。这样无差别的理解看似敞开了所谈的事情，实际上却锁闭了在世存在的整体。这样，闲谈就暴露出其无根性，它刻画出"此在"的非本真存在。

与闲谈不同，无论诗歌的话语还是诗意的话语，它们都能够显示世界、共在、"在之中"以及"此在"的本真存在。诗歌这一艺术门类的特殊性由此凸显出来。虽然《存在与时间》对诗歌的论述不过寥寥数笔，但此时海德格尔已接触诗歌十余年。不过《存在与时间》主要刻画了"此在"的在世存在与"向死存在"，海德格尔的艺术思想在其中含而未发，只是到了中期他才正式展开诗歌之思。鉴于《存在与时间》的残篇特性，海德格尔并未揭示"存在的意义"。由此，诗歌在此阶段只是作为生存的显示，而没有触及存在自身。到了中期，海德格尔的思想发生了第一次转向，

① 参见 Martin Heidegger. *Sein und Zeit*. p. 213.
② 参见 Martin Heidegger. *Sein und Zeit*. p. 216.

他也由此揭开正式探讨艺术问题的序幕。与早期对于诗歌的规定不同，其中期和晚期更进一步地揭示诗歌如何揭示存在与道说。在此，我们需要思考海德格尔为何从早期的生存之思转向中期的艺术之思。究其原因，日常状态虽然是最习见的"此在"存在状态，但它作为非本真状态具有遮蔽性，并且这种遮蔽性往往是习焉不察的。要想完成去蔽，就不能囿于日常的眼光，而要跳跃到超越性的艺术领域，以揭示"此在"的本真状态与其居住的世界。

第二节　中期：艺术作为真理的生成

海德格尔中期的思想主题为"存在的真理"，其艺术之思以此为背景展开。在这一阶段，他探讨的艺术门类涵盖诗歌、绘画、建筑、戏剧、音乐等。

一、诗歌

1934—1935 年冬季学期海德格尔在弗莱堡大学讲授了荷尔德林的颂歌《日耳曼尼亚》与《莱茵河》，该讲课稿最终作为《海德格尔文集》第三十九卷出版。由此，海德格尔开启了其艺术之思。

海德格尔在 20 世纪 30 年代探讨诗歌并非偶然，而是出于其思想道路的必然性。据他本人所述，他从大学时代（1909—1913 年）开始就关注荷尔德林的诗歌[1]。1910 年，荷尔德林的品达诗译文手稿出版，1914 年，荷尔德林的后期颂歌也首次付印。当时这两本书对海德格尔等学生产生的影响宛若一次地震[2]。可以说，荷尔德林指引青年时代的海德格尔走上了一条沉思艺术的道路。海德格尔在首次讲解荷尔德林诗歌的课程中将其誉为最伟大、最具将来性的诗人和思者[3]，因为其诗歌敞开了存在[4]。有鉴于此，海德格尔对荷尔德林诗歌的阐释就区别于一般的文学鉴赏和艺术批评，而是对存在自身以及人的存在进行探问。这样，海德格尔的艺术之思就构成了其整本哲学思想的重要一维。

海德格尔首次讲解荷尔德林的诗歌时就选取了《日耳曼尼亚》与《莱茵河》这两首诗，其原因值得深究。从它们的名称来看，其主题涉及家乡与河流。诗人为何要歌颂家乡与河流？在《日耳曼尼亚》第二节的开头，诗人谈及"远遁的诸神"，此即古希腊的诸神。在荷尔德林所处的近代，无论是古希腊的诸神还是基督教的上帝都不再具有规定性。在一个神性缺失的时代，荷尔德林通

① 参见 Martin Heidegger. *Unterwegs zur Sprache*. p. 88.

② 参见 Martin Heidegger. *Unterwegs zur Sprache*. p. 172.

③ 参见 Martin Heidegger. *Hölderlins Hymnen »Germanien« und »Der Rhein«*. p. 6.

④ Susanne Ziegler 指出，在海德格尔眼中，荷尔德林建立了"另一历史"的开端，"另一历史"有两个来源，一为荷尔德林的诗歌，一为重复和改变希腊经验的存在思想。参见 Susanne Ziegler. *Heidegger, Hölderlin und die Aletheia*. Berlin: Duncker & Humblot, 1981, pp. 26–27.

过诗歌发出对家乡的吁求，家乡即诗人所说的"神圣大地"。而在《莱茵河》中，荷尔德林将这条河描述为一种"命运"，它凭借神的赐福而降生。由此，家乡的大地与河流都被赋予神性的意义，诗人希望从它们当中重获指引。

而在海德格尔看来，家乡与河流具有更为本源的意义，它们都相关于存在。他指出，家乡的本质在于它所具有的大地力量，人类就诗意地居住在此大地上。家乡的大地即原初意义上的自然（Physis），此即海德格尔所说的涌现。Physis 是照亮之林中空地的涌现①，存在是自行遮蔽着的去蔽——这就是原初意义上的 Physis②。可见，经过海德格尔的诠释，荷尔德林笔下的家乡获得了与存在的同一性。而河流乃家乡的河流，它通过行进在原本无路的大地上开辟道路，划分边界，从而参与到家乡的生成过程中，并且为人类的存在建基。由此，河流与家乡一道显现出存在的本性。

海德格尔从存在出发解读荷尔德林的诗歌，从而提出自己的独到见解。他区分了 Gedicht 与 Dichtung 二者③。前者指狭义上的现成的诗歌作品，而后者作为动名词由动词 Dichten 变化而来，它既可表示动词意义上的作诗，也可表示名词意义上的诗。海德格尔论诗主要围绕 Dichtung 展开，之所以如此，是因为 Dichten 一词具有特殊含义。它来自古高地德语 Tihtôn，与拉丁语 Dictare 有关联，后者有"口授""用语言形式拟就某物"的意思。从 17 世纪开始，Dichten 一词才专指诗歌的创作。而 Tihtôn-dicere 的原初语义即希腊意义上的显示、敞开某物④。这正好切合海德格尔对诗做出的规定，即诗的任务就是揭示存在。

除诗之外，海德格尔还从存在出发对诗人、作诗、诗意做出了特殊的规定。在他看来，诗人乃存在的建基者，作诗创建存在，诗意即经受存在。这一系列命题打破了惯常的概念。通常来说，诗歌即诗人的作品，作诗即诗人内在思想的外在表达活动，诗意即富有浪漫色彩的情感氛围。而海德格尔颠覆了这一传统认知，不是人规定诗歌，而是诗意创作规定人。它指引人敞开存在，与此同时为此在敞开归属之地。诗意不是人制造出的某种情调，而是经验存在，并接受存在所给予的重量。

在 1934—1935 年冬季学期的讲解课之后，海德格尔于 1936 年 4 月 2 日在罗马做了题为《荷尔德林和诗的本质》的演讲。这一演讲直接脱胎于讲课稿的第四节和第七节。演讲的主要内容与讲课稿的相关部分并无二致，不过他对诗意与荷尔德林进行了适当补充。关于诗意，他指出其意味着此在被创建、被建基、被赠予⑤。关于荷尔德林，他说道："由于荷尔德林重新创建了诗之本质，他因此才规定了一个新时代。这是逃遁了的诸神和正在到来的神的时代。这是一个贫困的时代，因为它处于一个双重的匮乏和双重的不之中：在已逃遁的诸神之不再和正在到来的神之尚未中。"⑥

① 参见 Martin Heidegger. *Erläuterungen zu Hölderlins Dichtung*. p. 56.

② 参见 Martin Heidegger. *Wegmarken*. p. 301.

③ Iris Buchheim 指出，海德格尔对"诗歌中的诗意创作"（Dichtung im Gedicht）的思索，是他对诗歌的逻各斯的整个指引结构的命名。参见 Iris Buchheim. *Wegbereitung in die Kunstlosigkeit: Zu Heideggers Auseinandersetzung mit Hölderlin*. Würzburg:Königshausen & Neumann, 1994, p. 56.

④ 参见 Martin Heidegger. *Hölderlins Hymnen »Germanien« und »Der Rhein«*. p. 29.

⑤ 参见 Martin Heidegger. *Erläuterungen zu Hölderlins Dichtung*. p. 42.

⑥ Martin Heidegger. *Erläuterungen zu Hölderlins Dichtung*. p. 47.

荷尔德林作为贫困时代的诗人追忆作为曾在者的诸神，期待作为到来者的新神，坚守自身的使命，为其民族谋求真理，他当之无愧地被海德格尔称颂为诗人中的诗人。如果说荷尔德林是诗人中的诗人，那么海德格尔也称得上思者中的思者。他基于思者的自觉对诗歌的本质进行探寻，并由此触及艺术的本质。

在 1936 年的罗马演讲之后，海德格尔还阐释了荷尔德林的《如当节日的时候……》（1939 年）、《返乡——致亲人》（1943 年）、《追忆》（1943 年）这几首诗。在分析《如当节日的时候……》时，海德格尔着重探讨了贯穿全诗的"自然"一词。荷尔德林笔下的"自然"是"无所不在者""强大者""圣美者""神圣者"，诗人作为"预感者"归属和应和自然。海德格尔从其思想主题出发将作为"神圣者"的"自然"解作"存在"，"在其到来中建立着另一种历史的另一个开端"①。根据海德格尔，"第一开端"的历史即形而上学的历史，要紧的是克服形而上学而揭示"存在的真理"，此即从"第一开端"过渡到"另一开端"，亦即敞开存在自身生成的历史。

《返乡——致亲人》一诗描述了荷尔德林由异地返回家乡进而与乡亲们会面的情景。荷尔德林笔下写实的返乡被海德格尔赋予"返回本源"的意涵，本源即存在。最初的返乡是在诗意创作中实现的。诗人的天职乃返乡，诗人凭借其诗意创作揭示"存在的真理"。由此，海德格尔指出，哀歌《返乡——致亲人》并不是一首关于返乡的诗歌，相反，作为它所是的诗，这首哀歌就是返乡。②

《追忆》这首诗纪念了荷尔德林在法国的一次逗留。法国南方的人们使他更为熟悉希腊人的本质，因此，诗人纪念的不仅仅是这次异国出游的经历，更是家园。正如黑格尔所说，希腊对于欧洲人尤其是德国人而言具有一种家园之感。在异乡的漫游激起了诗人对于家园的思念。与海德格尔对《返乡——致亲人》的解读一致，他将诗人所要纪念的家园诠释为"本源"。诗人的诗意创作就是对本源亦即存在的纪念。

通过以上分析我们不难发现，荷尔德林的《日耳曼尼亚》《莱茵河》《返乡——致亲人》《追忆》等诗全都围绕同一主题展开，此即家乡。在海德格尔看来，这恰恰体现了荷尔德林的伟大之处，因为"伟大诗人们所歌唱和道说的一切，都是从乡思之苦出发被看见的"③。乡愁构成了荷尔德林诗歌的主要基调，而这正好与海德格尔思想的论题相契合。从这一点出发，荷尔德林超越一般诗人而成为最具思想性的诗人。不得不说，海德格尔的这一洞见十分准确，因为荷尔德林（似乎于 1802 年）在给朋友的信中就已表明，"现在萦绕在我窗口的哲学之光就是我的欢乐"④。由此，荷尔德林的诗才如此引起海德格尔的共鸣。不过，海德格尔不是照本宣科地解读荷尔德林的诗歌，实际上，他是借诗人之诗阐发其个人之思，更大程度上是对荷尔德林思想的重构。在此，我们无须厘清海德格尔在何种程度上误读了荷尔德林，因为他不是基于文学或艺术的理论视域去解析荷尔德林的诗，而是从思想的事情本身出发去思荷尔德林所未思，说荷尔德林所未说。正如他本人

① Martin Heidegger. *Erläuterungen zu Hölderlins Dichtung*. p. 76.
② 参见 Martin Heidegger. *Erläuterungen zu Hölderlins Dichtung*. p. 25.
③ Martin Heidegger. *Aus der Erfahrung des Denkens*. p. 124.
④ Martin Heidegger. *Erläuterungen zu Hölderlins Dichtung*. p. 158.

所说，这些阐释乃是一种思与一种诗的对话，这种诗的历史唯一性是绝不能在文学史上得到证明的，而通过运思的对话却能进入这种唯一性。①

　　除荷尔德林之外，里尔克也是海德格尔十分关注的诗人。根据海德格尔，里尔克是从荷尔德林处获得灵感的诗人②。因此，在对荷尔德林的分析过程中，里尔克自然也进入了海德格尔的视野之内。1946 年，海德格尔为纪念里尔克逝世二十周年做了题为《诗人何为？》的演讲。这次演讲以荷尔德林在哀歌《面包和葡萄酒》中的诗句"……在贫困时代里诗人何为"开头，追问身处该时代的诗人的职责。"贫困时代"即神性的光辉黯然熄灭的时代，海德格尔已多次如此描述这一时代困境。荷尔德林与里尔克作为贫困时代的诗人，其使命是一致的，即寻找神性之踪迹。只不过，二人存在本质上的差别。海德格尔指出："里尔克的诗在存在历史之轨道中还没有达到荷尔德林的位置和起点。"③究其原因，荷尔德林思入"林中空地"，抵达"存在的真理"，而里尔克还囿于形而上学的领域探寻存在者的真理。虽然该演讲是为了纪念里尔克而做，但海德格尔在其衬托之下再一次凸显了荷尔德林的崇高性，荷尔德林作为贫困时代诗人的先行者超越一切同时代的其他诗人。

二、绘画与建筑

　　在阐释了荷尔德林的颂歌《日耳曼尼亚》与《莱茵河》之后不久，海德格尔做了题为《艺术作品的本源》的演讲。这次演讲虽然题为《艺术作品的本源》，但实质上探讨了艺术的本质。对艺术本质的追问并未局限在艺术学的理论视域内，而是基于海德格尔的存在之思。

　　海德格尔在演讲一开始就提到了切入这一问题的两条路径，即艺术家和艺术。但他没有选取其中任何一条而是从艺术品入手进行分析。从艺术家出发难以避免人类中心论的嫌疑，而从艺术出发又过于抽象，最恰当的办法是从现成的艺术品出发，因为它是已经被给予的存在者。不过，在进入具体的艺术品之前，海德格尔先走了一段弯路，即分析物和器具。令人意想不到的是，走上这段弯路竟是海德格尔有意为之，他要借此表明，从物和器具进入艺术品的做法是行不通的，因为传统关于物和器具的观念恰恰会遮蔽艺术品。不借助它物，直接进入艺术品，对其进行现象学的阐释，才是最稳妥的思想进路。

　　海德格尔在《艺术作品的本源》中主要探讨了两件艺术作品，一是凡·高的油画《农鞋》④，

---

① 参见 Martin Heidegger. *Erläuterungen zu Hölderlins Dichtung*. p. 7.
② 参见 Martin Heidegger. *Unterwegs zur Sprache*. p. 172.
③ Martin Heidegger. *Holzwege*. p. 276.
④ 这幅画引起了夏皮罗与海德格尔之争，争辩的议题在于画中之鞋究竟属于谁。为此，国内学者宋聪聪专门撰写了《凡高的第九双鞋——走出农鞋阐释罗生门的一个尝试》一文，说明海德格尔谈论的很可能不是夏皮罗所认定的 255 号作品，而是凡·高第九幅描绘鞋子的画作，即 332a 号作品。而笔者认为问题的关键不在于辨析鞋的主人是谁，而在于海德格尔如何围绕画作中的鞋展开现象学的阐释。参见 宋聪聪.《凡高的第九双鞋——走出农鞋阐释罗生门的一个尝试》，载《文艺研究》，2020 年第 3 期。

一是建筑作品希腊神殿。在探讨器具的器具性时，他这样描述凡·高笔下的农鞋：在鞋具磨损的内部那黑洞洞的敞口中，凝聚着劳动步履的艰辛。在鞋具粗糙结实的沉重中，积聚着狂风中在一望无际、永远单调的田垄上的缓慢步履的坚忍。鞋皮上粘着土地的湿润和肥沃。鞋底下乡间路的孤独随着降临的暮色缓缓移动。在这鞋具里，回响着大地无声的召唤。这器具渗透着对面包的稳定性的无怨无艾的焦虑、挺过困境的无言喜悦、即将分娩时的哆嗦，以及死亡逼近时的战栗。这器具归属于大地，并在农妇的世界里得到庇护。从这种庇护的归属中产生出器具自身的自持。[①]

海德格尔由内到外、由鞋面到鞋底、由部分到整体地描述了画中的这双农鞋，并由此呈现出它所聚集的苦难与欢乐、生与死，最后指出其存在显现了大地和世界的关系。在此，现象学的方法显示了农鞋本身，并且这种显示是通过一幅画完成的。我们不禁疑惑：海德格尔为何不直接描述真实的农鞋，而要描述画中的农鞋？对此，他给出的答案是：我们也许只有在这个画出来的鞋具上才能看到所有这一切。[②] 实际上，海德格尔在此区分了两种"看"的方式："功利性的看"和"审美性的看"。当一双真实的鞋具摆在我们面前时，其最重要的特性是有用性，器具的有用性甚至体现在，其越合用越不容易引起注意。因此，比"功利性的看"更现实的是我们根本"看不到"作为鞋具的鞋。而当我们面对一件艺术作品时，"审美性的看"将取代"功利性的看"。它不再是客观的对象，而是显现出其存在丰富性的鞋自身。

海德格尔描述画中的农鞋，落脚点在于其存在显现了大地和世界的关系。对于大地和世界的关系的进一步揭示在另一件艺术作品——希腊神殿中显现出来。神殿作品开启一个世界，同时把它置回到大地之中。[③] 神殿区别于油画的地方在于它不摹写，不表现，从而回避符合论的艺术观。通过现象学的描述，海德格尔指出，正是神殿作品才嵌合那些道路和关联的统一体，同时使这个统一体聚集于自身周围；在这些道路和关联中，诞生和死亡，灾祸和福祉，胜利和耻辱，忍耐和堕落，从人类存在那里获得了人类命运的形态。[④] 神殿即供奉神的场所，神在其中现身在场。神作为被供奉者总是相关于供奉者，即人。因此，神殿体现了人神共在。不过神殿这一场所并非仅仅关涉神和人，而是处在与周围事物整体的关联之中。白昼、黑夜、岩谷、天空、风暴、海潮、植物、动物等都通过神殿的存在一并显现出来。因此，神殿聚集了神、人及周围事物的统一体。按照海德格尔的说法，神殿敞开了世界。这里的世界不是存在者整体的聚合，也不是我们表象的对象。世界是"自行开放的敞开状态"[⑤]，世界世界化。

那么什么是大地呢？大地不是被表象的质料，也不是作为行星概念的地球。海德格尔将其规定为"自行锁闭者"[⑥]。"大地是一切涌现者的返身隐匿之所，并且是作为这样一种把一切涌现者

①　参见 Martin Heidegger. *Holzwege*. p. 19.
②　参见 Martin Heidegger. *Holzwege*. p. 19.
③　参见 Martin Heidegger. *Holzwege*. p. 28.
④　参见 Martin Heidegger. *Holzwege*. p. 28.
⑤　Martin Heidegger. *Holzwege*. p. 35.
⑥　Martin Heidegger. *Holzwege*. p. 35.

返身隐匿起来的涌现。在涌现者中，大地现身而为庇护者。"①海德格尔通过两个例子来进一步阐释大地。他指出，石头的沉重无法用数字计算，色彩的闪烁无法用波长记录。石头和色彩只有在其尚未被揭示之际才显示自身。更确切地说，它们只有在其尚未被对象化地揭示之际才是其所是。雕塑家与画家对石头和色彩的揭示才是一种如其自身的揭示。石头和色彩在雕塑作品和绘画作品中不再作为对象被计算和消耗，而是作为其自身被保持和呈现。

对于作为艺术作品的油画和建筑而言，大地意味着颜料和石头，世界即农鞋和神殿聚集的万物。我们观看既成的艺术作品，首先看到的是其敞开的作为关联整体的世界，而非诸如颜料和石头的质料性的东西。它们以其形态的无限丰富性化为艺术作品有机的组成部分，以自身隐匿的方式成就了作品的开放意蕴。

艺术品所呈现的世界与大地之间存在一种争执（Streit）关系。争执在此并不意味着消极意义上的截然对立，而是彼此关涉，相互生成。"在本质性的争执中，争执者双方相互进入其本质的自我确立中。"②世界的本质是敞开，大地的本质是锁闭，但根据海德格尔，世界和大地并非直接对应于敞开和锁闭。换句话说，世界和大地并非截然对立的二元，而是彼此共属的一体。世界的显现基于大地的锁闭，大地的锁闭又通过世界显现出来。此乃显现着的遮蔽，遮蔽着的显现。

通过世界与大地的争执，"真理"发生了。海德格尔指出，艺术作品以自己的方式开启存在者之存在。在作品中发生着这样一种开启，也即去蔽，也就是存在者之真理。在艺术作品中，存在者的真理自行设置③入作品中了。艺术就是真理自行设置入作品中。④细究这段话，我们不难发现，海德格尔在此区分了两种"真理"："存在者的真理"和"真理"。首先，艺术作品敞开了"存在者的真理"，也即让存在者如其自身地显现出来。在此基础之上，海德格尔指出，艺术的本质即"真理"自行设置入作品中。这句话中的"真理"不再是"存在者的真理"，而是"存在的真理"。在此我们需要特别注意最后两句话之间的逻辑关联。海德格尔意在说明：艺术作品之所以能够敞开"存在者的真理"，是因为艺术的本质乃"存在的真理"自行设置入作品中。

海德格尔通过艺术作品探问艺术的本质，最终指向"存在的真理"⑤。在此，值得进一步思考的是：艺术作品何以触发存在之思？大概是因为作品中的世界和大地两个要素之间的关系为海德格尔提供了某种启示。虽然海德格尔指出作品中的世界和大地都属于敞开领域，但此二者在敞开领域内的争执的确可以在某种程度上暗示"存在的真理"自身所包蕴的敞开和遮蔽双重领域的争执。

① Martin Heidegger. *Holzwege*. p. 28.

② Martin Heidegger. *Holzwege*. p. 35.

③ "设置"（Setzen）在此容易造成主客二元思维模式的误解，尽管海德格尔在其希腊意义上使用这个语词。希腊语中的"设置"意味着"让出现""带入无蔽领域""带入在场者之中""让呈现"。根据海德格尔在《艺术作品的本源》的附录中的补充解释，比"设置入作品"更佳的提法是"带入作品""带出来"。此处的"带"（Bringen）并不隐含一个主体，而是作为"让"（Lassen）的"带"。"带"和"让"意味着自身显现。

④ 参见 Martin Heidegger. *Holzwege*. p. 25.

⑤ Hubert L. Dreyfus 认为，对于海德格尔而言，艺术作品具有三种存在论功能：艺术作品显现世界；艺术作品明确表达一种文化的存在理解；艺术作品重构一种文化的存在理解。参见 Hubert L. Dreyfus. *Background Practices: Essays on the Understanding of Being*. Mark A. Wrathall, ed.. Oxford: Oxford University Press, 2017, pp. 125–140.

因此，海德格尔说真理的本质是原始争执（Urstreit）[1]。

海德格尔通过《艺术作品的本源》一文阐明了艺术与"真理"的关系，指出艺术是"真理"的发生方式。[2] 并且，他在文章行将结尾处论及艺术与诗的关系：一切艺术本质上都是诗[3]。这里当然并非把艺术等同于狭义上的诗歌，而是澄清艺术的本质乃诗意创作。诗意创作不是创作别的什么东西，而是创建存在。存在并不是创建的对象，相反，它恰恰作为给予者规定了诗意创作。诗意创作乃是存在得以发生的方式，这恰恰与艺术所承担的作用相吻合。艺术的本质是诗，这在于它创建"存在的真理"。海德格尔区分了"创建"的三重含义：赠予、建基、开端[4]。艺术的创建不是对存在施以馈赠抑或为存在建立基础，而是让自身为存在所用，从而开端性地敞开"存在的真理"。

三、戏剧

海德格尔对戏剧的探讨主要集中于古希腊悲剧，以索福克勒斯的《俄狄浦斯王》和《安提戈涅》为代表。

在《海德格尔文集》第四十卷《形而上学导论》中，海德格尔基于"为何只是存在者而不是虚元存在"这一形而上学的基本问题，从语法和语源出发对"存在"这一语词进行重定，并从历史的角度对各种哲学流派进行了剖析，从而指出形而上学囿于存在者而遗忘了存在自身的弊端。在第四章中，海德格尔着重分析了"存在与形成""存在与显象""存在与思想""存在与应当"这四组语词，在与"形成""显象""思想""应当"的区分中为"存在"自身划定边界。在"存在与显象"部分，海德格尔专门探讨了此二者之间的斗争在希腊人那里的诗性印记。他所选取的文本为索福克勒斯的《俄狄浦斯王》。从存在与显象的关系入手分析《俄狄浦斯王》并非海德格尔独创的解释路径，而是从卡尔·莱恩哈特（Karl Reinhardt）那里取法而来。海德格尔认为，莱恩哈特将《俄狄浦斯王》解释为"显象的悲剧"堪称伟大的成就。

戏剧《俄狄浦斯王》取材于古希腊神话中俄狄浦斯弑父娶母的故事。由于俄狄浦斯的生父忒拜国王拉伊俄斯从阿波罗神谕中得知其子长大后会弑父娶母，他在俄狄浦斯出生后就用铁丝穿其脚踵，并令仆人将其弃于荒野。仆人起了怜悯之心，将俄狄浦斯送给科林斯的一个牧羊人。因为科林斯国王没有儿子，便收养了俄狄浦斯。然而，长大后的俄狄浦斯从神谕中得知自己命中注定要弑父娶母，为了躲避厄运，他决定离开父母（实则是养父母）所在的科林斯而前往忒拜（真正的故乡）。吊诡的是，这一逃离反而加速了其悲剧人生的演进。他在三岔路口误杀了实为其生父

---

① 参见 Martin Heidegger. *Holzwege*. p 41.
② 对《艺术作品的本源》的相关分析参见 丰雅鑫.《从"真理"到"地方"——论海德格尔艺术思想的"转向"》，载《文艺理论研究》，2021 年第 3 期。
③ 参见 Martin Heidegger. *Holzwege*. p 59.
④ 参见 Martin Heidegger. *Holzwege*. p. 63.

的一位老者。到达忒拜后他又为民除害，破解了狮身人面女妖斯芬克司之谜，由此被拥戴为王，并娶了前王后伊俄卡斯达（其生母）为妻，与她生有四个孩子。弑父娶母的厄运全部应验，俄狄浦斯本人却一无所知。最后忒拜遭瘟疫侵袭，依照神谕，瘟疫由弑父娶母的凶手引起，找到凶手才能将其平息。俄狄浦斯最终发现自己就是那个凶手。伊俄卡斯达悲痛自尽，俄狄浦斯则刺瞎双目并自我放逐。

一般而言，《俄狄浦斯王》被定义为"命运的悲剧"，这是古希腊悲剧的典型形态。在古希腊，诸神乃是最高的规定，人的命运并非掌握在自己手里，而是被神所规定。但并非所有人都甘于完全臣服于神，当人有意挑战这一规定，试图与命运抗衡时，悲剧就发生了。其悲剧性来源于人之智慧与神之启示二者之间的矛盾。就《俄狄浦斯王》而言，虽然阿波罗再三以神谕的方式警示俄狄浦斯命运的真相，但他明知神谕不可违而违之，经过一番挣扎后最终仍摆脱不了命运的罗网。这部戏剧指引我们去思考：人应当如何认识自己？戏剧中有一个经典情节，即俄狄浦斯因解开了令人费解的斯芬克司之谜而拯救了全城百姓。此谜语为：什么东西早晨用四条腿走路，中午用两条腿走路，晚上用三条腿走路，腿最多的时候，也正是速度和力量最小的时候？虽然俄狄浦斯猜中了谜底，即"人"，但他没有进一步思考这一谜底所蕴含的深意。斯芬克司之谜的真意与德尔菲阿波罗神殿中所刻的"认识你自己"是相通的。所谓认识自己，是认识到自己是人，而非神，从而明确自身的有限性，对神怀有永恒的敬畏之心。

与以往将《俄狄浦斯王》解读为"命运的悲剧"不同，海德格尔沿着莱恩哈特开辟的路径将其解读为"显象的悲剧"。关于显象（Schein），海德格尔概括了其三重含义：①光辉与光亮，如阳光、月光、烛光等；②作为现象（Erscheinen）的显象（Schein）和闪现（Scheinen），以及某物来此的显-露（Vor-schein）；③某物做出来的假象（Anschein）。[①]第二重与第三重含义上的"显象"可以结合《存在与时间》导论第七节对于"现象"概念的分析来理解。其中，海德格尔概括了"现象"的双重含义：作为自身显现者的现象；作为假象的现象。所谓自身显现者，即存在者显现为其自身本来所是者。而假象则意味着存在者作为它本身所不是的东西显现。为了区分这两种意义上的"现象"，海德格尔用Phänomen（现象）一词意指本真的显现，用Schein（假象）一词意指前者的褫夺状态。海德格尔在《形而上学导论》中所界定的第二重与第三重含义上的"显象"恰好对应于《存在与时间》中第一重与第二重含义上的"现象"。

在海德格尔看来，存在作为显象而存在。此即是说，显象乃是存在自身去蔽的一种方式。就索福克勒斯笔下的俄狄浦斯而言，其作为国家救星与君王的光耀一面可被称作"显象"，而其弑父娶母的阴暗命运可被称作"在无蔽中的存在"。在俄狄浦斯身上体现出作为隐蔽与伪装的显象和作为无蔽的存在之间的激烈斗争。此处的"显象"是在上述第三重含义上而言的，亦即假象。它不是俄狄浦斯命运的如实显现，而是幻象式的显现。俄狄浦斯追凶的过程实则是一个自身去蔽的过程。当层层幻象被剥离开来时，俄狄浦斯的本真存在得以敞开。

---

① 参见 [德] 海德格尔.《形而上学导论》.熊伟，王庆节，译.北京：商务印书馆，2017 年版，第 119 页。

　　海德格尔并没有将俄狄浦斯判定为一个走向落魄的人，而是标明其身上所代表的古希腊特质，即揭示存在的热情。他将俄狄浦斯对命运的抗争形容为向着存在本身的奋争。因此，关于俄狄浦斯最终刺瞎双眼的行为，海德格尔也结合荷尔德林的诗句给出了与众不同的解读。荷尔德林在《在可爱的蓝色中盛开……》一诗中说道："俄狄浦斯王也许多出了一只眼睛。"海德格尔从此诗句延伸开去，将生理意义上陷入黑暗的俄狄浦斯转化为存在意义上走向光明的俄狄浦斯。看似光亮的显象恰恰构成了对存在的遮蔽，因而是黑暗的。一旦存在的真理得到揭示，目盲之人也能洞见光明。这样，海德格尔就以存在与显象的斗争对《俄狄浦斯王》做出了创造性的诠释。

　　在"存在与思想"部分，海德格尔追问了巴门尼德的名句：但是思想与存在是同一的。海德格尔指出，在西方思想史上，这句话曾遭受到一些非希腊式的误解。其中较为典型的是将思想理解为主体的活动，并因而将存在理解为思想的对象。在此，二者的关系体现为思想决定存在。为了还原其本义，首先，海德格尔将思想解释为"听闻"（Vernehmen），即"让出现"，接纳自身显现者。其次，海德格尔对"同一"和"与"做出了规定。"与"在此指示出一种"统一"的关系。针对"同一"在何种意义上又是"统一"的问题，海德格尔以"原始地合一"做出解答。存在与思想之间的关系并非毫无差异的同一，亦非消除了差异的统一，而是既息息相关又互相争执的共属一体。这样，海德格尔就将"思想与存在是同一的"转释为"听闻与存在是共属一体的"。他进一步解释道："这个存在说的就是：站立在光明中，闪现闪耀，进入无蔽。在这样的事情生发之处，也就是说，在存在的力道发作之处，在此一起发力和生发的就同时还有听命于存在的'听闻'，即那自身显示着的、在自身中恒常不断者的、正在接纳着的来此－驻停。"[①] 在此，思想与存在一道发生，并且二者的关系体现为存在决定思想，思想听命于存在。

　　海德格尔认为，巴门尼德的这句箴言不仅道出了存在的本性，还道出了从存在自身的本性而来的一种对人之本性的规定。但巴门尼德从思想出发对人之存在做出规定难免流于抽象，为了进一步理解这一句箴言，海德格尔提出从希腊人的诗意筹划出发探讨人之存在。之所以如此，是因为在他看来，思性之诗乃是人之存在的本质开显。正是在悲剧中，希腊人的本真此在得到了敞开。由此，海德格尔选取索福克勒斯的《安提戈涅》中的第一合唱诗进行阐释。

　　他着重分析了第一句：阴森可怕者众多，可没有什么比耸突之人更阴森可怕。"阴森可怕者"在德语中为 Unheimliche，由海德格尔从希腊语翻译而来。所谓"阴森可怕者"，并非取其日常语义。海德格尔指出其两重含义：首先，它意指势不可当的运作。这个强力者，这个势不可当者就是运作自身的本质特征。[②] 其次，它意指行使强力的强力者。行使强力不仅是其行为的基本特征，而且是其此在的基本特征。[③] 实际上，海德格尔对"阴森可怕者"的两重区分恰好对应于存在自身与人之存在。存在作为强力者与势不可当者自身运作着。人并非处于存在之外，而是以归属于存

① ［德］海德格尔.《形而上学导论》.熊伟，王庆节，译.北京：商务印书馆，2017年版，第167页。将"闻讯"改为"听闻"。

② 参见 Martin Heidegger. Einführung in die Metaphysik. p. 159.

③ 参见［德］海德格尔.《形而上学导论》.熊伟，王庆节，译.北京：商务印书馆，2017年版，第182页。

在的方式与其共属一体。人不仅归属于强力者，还要行使强力。这并非意指人要凌驾于存在之上而成为支配者，而是表明人对存在自身的揭示和敞开。而鉴于存在自身遮蔽的本源性，人行使强力的过程即与存在相互斗争与抗衡的过程。而人之所以被称为"耸突者"和"最阴森可怕者"，是因为人是在原初统一意义上的双重阴森可怕者，存在与人之存在聚集并呈现于人自身。

除了将 Unheimliche 理解为"阴森可怕者"之外，我们还应注意到该语词潜藏的一层含义。海德格尔将"听闻"（Vernehmung）解释为抉择（Ent-scheidung），即与显象分合对峙之际向着存在的抉择。换言之，在存在与显象的斗争中，与存在共属一体的听闻总是听命于存在。对于这一本质性的抉择，海德格尔指出，在其施行中和在其抵制那不断纷至沓来的日常习俗的纠缠中必须使用强力。正是这强力－行事，这般踏上通向存在者之存在征程的抉择性的启程，才使得人出离了那恰恰是最切身和习常东西的家乡（Heimische）[①]。名词化的家乡来源于形容词 Heimisch，它意为"家乡的、本地的""熟悉的、习惯的"。海德格尔将惯常与流俗的显象指称为家乡，在此种显象中存在的人即在家之人。与之相反，存在自身乃是不在家，人的本真存在则可理解为"无家可归"（Un-heimische）。而"无家可归"（Un-heimische）与"阴森可怕者"（Unheimliche）在构词法上又都相关于"Heim"和"Heimat"，即"家乡"。因此，在海德格尔那里，"阴森可怕者"潜藏的含义即无家可归者，而这并非否定性的表达，而是本真意义上的在家者，即归属于存在自身的本真之人[②]。由此，海德格尔从《安提戈涅》的合唱诗出发对人之本性进行了创造性的剖析[③]。

四、音乐

海德格尔中期对尼采思想开展了专题化的研究。在 1936 年至 1946 年间，他在弗莱堡大学做了六次尼采专题讲座，此外他还撰写了四篇相关论文。其中大部分内容汇集成了两卷本的《尼采》，作为《海德格尔文集》第六卷出版。

伴随着对尼采思想的探究，瓦格纳进入了海德格尔的视野。尼采与瓦格纳之间充满戏剧性的关系构成了西方现代思想史上的一桩重要公案。1868 年，年仅 24 岁的大学生尼采初识年届 55 岁的著名音乐家瓦格纳，二人一见如故。尼采在其处女作《悲剧的诞生》中写道："我坚信艺术乃

---

① 参见 [德] 海德格尔 .《形而上学导论》. 熊伟，王庆节，译 . 北京：商务印书馆，2017 年版。将"本乡故土"改为"家乡"。

② Vladimir Vukićević 指出，海德格尔将戏剧《安提戈涅》思为生成，其中发生了"无家可归中的在家"。参见 Vladimir Vukićević. *Sophokles und Heidegger*. Stuttgart・Weimar: J.B. Metzler, 2003, p. 278.

③ 除了《形而上学导论》之外，海德格尔还在《海德格尔文集》第五十三卷《荷尔德林的颂歌〈伊斯特河〉》中探讨了戏剧《安提戈涅》。对此，Julian Young 概括道："这一合唱诗告诉我们无家可归属于人的本质，它还告诉我们在家以及与家乡合一。通过海德格尔的解读，这一合唱诗对比了两种寻求在家亦即归家的模式：克瑞翁的和安提戈涅的。"参见 Julian Young. *The Philosophy of Tragedy: From Plato to Žižek*. Cambridge: Cambridge University Press, 2013, p. 226.

是这种生命的最高使命，是这种生命的真正形而上学的活动，而这恰好也是那个人^①的想法——他是我这条道上崇高的先驱，我在此愿意把这本著作献给他。"^②早期尼采之所以如此推崇瓦格纳，是因为他从瓦格纳的音乐中嗅到了叔本华哲学的气息，而叔本华哲学对尼采思想的形成具有奠基性的作用。尼采将瓦格纳与叔本华的共通之处概括为伦理的空气、浮士德的气息、十字架、死亡和墓穴。

　　然而，二人的友谊终结于 1876 年。那时，瓦格纳在拜罗伊特举办了声势浩大的音乐节。在当时的尼采眼里，昔日的偶像已黯淡无光，沦为世俗的表演家。两年后，瓦格纳将其最后一部歌剧《帕西法尔》的剧本寄给尼采，而尼采也出版了《人性的，太人性的：一本献给自由精灵的书》一书，这标志着二人的正式决裂。《帕西法尔》是一部颂扬基督教的作品，但此时的尼采早已摆脱早期的十字架情节而喊出"上帝死了"的口号。而《人性的，太人性的：一本献给自由精灵的书》恰恰构成了毫无人性与远离生活的基督教的对立面，尼采虽未指名道姓，但其中隐含了对瓦格纳的批判，将其视为走向终结的文化的主要代表之一。尼采与瓦格纳的分道扬镳源于尼采哲学思想的转变。虽然尼采起初与叔本华一样认为世界的本质是意志，但他克服了叔本华生命意志中悲观主义和虚无主义的底色，而高扬象征人性丰沛力量的创造力意志。但瓦格纳并未从叔本华哲学的影响之中抽离出来，其音乐始终难逃颓废色彩。

　　与尼采从创造力意志出发批判瓦格纳的音乐不同，海德格尔走向了另一条解释路径。在《尼采（上卷）》第一章中，海德格尔概括了美学史上的六个基本事实。在论及第五点即艺术对其本质之背离时，海德格尔批判了瓦格纳所进行的"总体艺术作品"（Gesamtkunstwerk）的尝试。所谓"总体艺术作品"，是指"各种艺术不再应当相互分离地实现了，而是要在一个作品中联合在一起"^③。瓦格纳的歌剧就是这种"总体艺术作品"的典型形态，它融戏剧、诗歌、音乐、舞蹈等元素于一体。而在海德格尔看来，这些独立的艺术门类都消解于所谓的"总体艺术作品"中。如他所言，"建筑只被看作剧院建筑，绘画只被看作布景，雕塑只被看作对演员表情的表现"^④。不仅如此，海德格尔还认为，在组成歌剧艺术的各种元素中，最为根本的是作为语言形态的诗歌。而在歌剧艺术中，作为"被赋形的真理"的诗歌丧失了其本质地位，取而代之的是音乐的支配地位。诗歌是"被赋形的真理"，换言之，诗歌乃是"真理"的一种表现形态。在海德格尔看来，诗歌不仅是"真理"的表现形态之一，还是其最为突出的表现形态。诗歌这一艺术门类在海德格尔中期思想中的重要性可见一斑。

　　海德格尔将音乐的支配地位等同于纯粹感情状态的支配地位，指出其特点在于感官的刺激与陶醉。其中，"体验"（Erlebnis）本身成为决定性的。在此，人与艺术作品之间表现为"体验者"与"激发体验者"的关系。艺术作品失去其独立自足性，仅仅作为服务于人的工具。这恰好符合

---

① "那个人"指瓦格纳。

② ［德］尼采.《悲剧的诞生》.孙周兴，等，译.上海：上海人民出版社，2016年版，第16页。

③ ［德］海德格尔.《尼采（上卷）》.孙周兴，译.北京：商务印书馆，2015年版，第99页。

④ ［德］海德格尔.《尼采（上卷）》.孙周兴，译.北京：商务印书馆，2015年版，第100页。

近代以笛卡儿为代表的主体主义思想，以及以情感和感性认识为研究对象的美学学科的特点。海德格尔尖锐地指出，这种以体验为宗旨的"总体艺术作品"乃是伟大艺术的对立面，它不再表现绝对者，或者说它错失了绝对者的本质，而使其降格为"纯粹无规定的东西、向纯粹感情的完全消融、沉入虚无的飘荡"①。虽然海德格尔在此并未进一步说明何为真正的绝对者，但结合他这一时期的思想主题我们不难发现，所谓的绝对者就是"存在的真理"。在他看来，艺术的本质在于揭示"存在的真理"，而非满足人们的审美体验。海德格尔认为，沉溺于感情状态并不能对抗由工业、技术和经济造成的虚无主义，只有"存在的真理"得到揭示，人才能复归其本性，虚无主义才能得到克服。

结合海德格尔对戏剧的阐释，我们不难发现，无论是戏剧还是歌剧，海德格尔最为看重的都是其中所蕴含的诗歌因素。他之所以聚焦于《安提戈涅》中的合唱诗，是因为在他看来，思性之诗不仅敞开了"存在的真理"，还敞开了人的存在。而他之所以批判瓦格纳的歌剧，是因为其中音乐的地位压倒了诗歌，而诗歌乃是揭示"存在的真理"的最佳方式。关于诗歌的重要性，海德格尔如此说道："语言曾经作为存在的词语生成就是：作诗。语言就是那原始的诗，在其中，一个民族吟唱存在。"② 他将语言等同于原始的诗，并表明语言乃是存在的词语形态的生成，这样，诗歌揭示存在的本性也昭然若揭。这不仅说明海德格尔晚期走向开端性的语言是有迹可循的，还显露出诗歌在一切艺术门类中的优先地位。

通过对海德格尔中期的艺术思想进行梳理，我们发现其始终紧扣此阶段的思想主题，即"存在的真理"。于是，艺术与"真理"便成为其中期艺术之思的要旨。诗歌、绘画、建筑、戏剧、音乐的本性都在于敞开"存在的真理"，它们作为存在发生的样式具有至关重要的意义。其中，作为纯粹语言形态的诗歌在揭示存在方面具有得天独厚的优势。这为其晚期从作为"地方性"的语言出发思考艺术的本性埋下了伏笔。

第三节　晚期：艺术作为地方的创建

海德格尔晚期的思想主题为"存在的地方"，与之相关，其艺术之思涵盖"地方"之思和语言之思。在这一阶段，他探讨了诗歌③、绘画、雕塑、音乐以及东亚艺术等。

---

① [德]海德格尔.《尼采（上卷）》.孙周兴，译.北京：商务印书馆，2015年版，第101页。

② [德]海德格尔.《形而上学导论》.熊伟，王庆节，译.北京：商务印书馆，2017年版，第206页。

③ 刘旭光指出："通过对海德格尔诗论的研究我们可以发现，他的所有的结论其实早已被得出，他只不过是拿一些诗作为这些观点的注解或者例证。'存在之思'就是海德格尔解诗时的前理解，存在之思从某种意义上说把'诗'强占为一块殖民地。"参见 刘旭光.《海德格尔与美学》.上海：上海三联书店，2004年版，第361页。

一、诗歌

　　海德格尔晚期对语言的探讨与诗歌是一体的。虽然他中期也探讨诗歌，但彼时更多基于"存在的真理"论诗，而晚期则基于"存在的地方"厘清诗歌所具有的开端性的揭示意义。海德格尔晚期论诗的作品主要集中于《海德格尔文集》第十二卷《在通向语言的途中》。该书收录了其 1950 年至 1959 年的六篇文章。在《语言》（1950 年）和《诗歌中的语言——对特拉克尔诗歌的一个探讨》（1952 年）这两篇文章中，海德格尔借诗人格奥尔格·特拉克尔的诗歌阐发自己的思想。在前一篇文章中，海德格尔提出从诗歌出发探寻语言的本性，因为诗歌乃是纯粹语言的一种样式。诗歌命名物，而物之物化聚集了天、地、神、人四元，此四元构成了世界。海德格尔晚期不再单纯从"存在的真理"出发去讨论问题，而是聚焦于具体的物化和世界化的发生，这有赖于本真语言的开启作用。诗歌对物化和世界化的敞开反映出语言所具有的原始召唤力量。在后一篇文章中，海德格尔意在探讨诗歌的地方，此即诗歌的本性所在之地——语言。他借用特拉克尔诗中的意象将其命名为"孤寂"，作诗即倾听孤寂并跟随着道说孤寂。他在该文中再次强调诗与思的对话，不过，他更进一步地指出，思与诗的对话旨在把语言的本性召唤出来，以便能死者能重新学会在语言中居住[①]。这意味着诗不仅相关于语言，还相关于人的居住问题[②]。

　　实际上，在《诗歌中的语言——对特拉克尔诗歌的一个探讨》这篇文章问世的前一年，海德格尔就在《……人诗意地居住……》（1951 年）一文中集中探讨了人的居住问题。这篇文章的标题取材于荷尔德林的诗歌《在可爱的蓝色中盛开……》完整的诗句为"充满劳绩，但人诗意地居住在此大地上"。荷尔德林的这一诗句在海德格尔文章中的引用率非常高，仅在其思想中期就分别出现在《海德格尔文集》第三十九卷、《荷尔德林和诗的本质》等文本中。要想厘清荷尔德林这一诗句的意思，我们有必要将其还原到所属的上下文中。荷尔德林说："如果生活纯属劳累，人还能举目仰望说：我也甘于存在吗？是的！只要善良，这种纯真，尚与人心同在，人就不无欣喜，以神性来度量自身。"[③] 诗人在此讨论的问题是人除了劳累的日常生活之外还有什么？他靠什么而存在？诗人给出的答案是人除了劳作还可以诗意地居住，因为他拥有精神上的寄托，即神性。神作为人的尺度使人诗意地居住在大地上。而海德格尔对荷尔德林的诗句有所发挥，他所说的"诗意地居住"要置于其晚期思想的背景中才能得到恰如其分的理解[④]。根据海德格尔的思想，居住不

---

①　参见 Martin Heidegger. *Unterwegs zur Sprache*. p. 34.

②　Ute Guzzoni 指出，海德格尔通过诗歌阐明居住思想体现出诗歌与空间、地方的本质关联，例如，"诗意地居住"以及思想与诗意创作之间的"近邻"关系都相关于空间。参见 Ute Guzzoni. Heidegger: space and art. *Natureza Humana*, 2002，4(1): 59-110.

③　Martin Heidegger. *Vorträge und Aufsätze*. p. 197.

④　Holger Helting 将海德格尔晚期的'诗意居住'思想与其早中期思想结合起来，并突出其与神圣者的关联。他指出，能死者的"诗意居住"，存在历史性转变的人之"本真在世存在"，只有当人进入与神之显现的历史性独特关联中才能真正开始。参见 Holger Helting. *Heideggers Auslegung von Hölderlins Dichtung des Heiligen: Ein Beitrag zur Grundlagenforschung der Daseinsanalyse*. Berlin: Duncker & Humblot, 1999, p. 30.

是一般的人类行为，而是人的生存。作诗也不是一般的创作活动，而是作为建筑的"让居住"。作诗如何建筑居住呢？凭借其接受道说和存在所给予的尺度。此即诗意的本性，诗意乃接受尺度。海德格尔在 20 世纪 30 年代将诗意规定为经受存在以及此在被创建、建基、赠予，而晚期不但更明晰地将诗意定性为接受尺度，还将其阐发为生存的本性。这样，诗意就不是所谓外在附加的规定，而就是人生存的本真样式，亦即人的本性。

1957 年，《黑贝尔——家之友》出版了，这是海德格尔 1956 年在黑贝尔庆典上所做演讲草稿的修订补充版。在这篇文章中，海德格尔称颂了方言诗人约翰·彼得·黑贝尔。黑贝尔出生于瑞士巴塞尔，但他求学并最终任职于德国，其生命中的大半时间都是在远离家乡中度过的。出于对家乡的思念，黑贝尔于 1800 年至 1803 年创作了《阿雷曼语诗歌》这一方言诗集。之后，他于 1803 年至 1811 年间主持编纂了年历《莱茵地区家之友》（最终在 1819 年完成），黑贝尔对这本年历的观察和叙述于 1811 年被收入《莱茵家之友的小宝盒》中进行出版[1]。"家之友"（Hausfreund）是黑贝尔思想的关键词，也是海德格尔评析黑贝尔的主导词。"家之友"，顾名思义，即家的朋友。黑贝尔作为怀乡诗人，他所说的家无疑就是家乡、乡土。而根据海德格尔晚期的思想要旨，家与居住即人的生存相关。它超出了住宅和家乡的含义，而是能死者居住的"地方"。而这一"地方"为语言所开启，家之友清楚地知道，能死者的生命如何本质性地为词语所规定和支撑[2]。在此基础之上，海德格尔指出，诗人的本性乃家之友，他用其诗意语言敞开能死者在天空之下、大地之上、神性周围的居住，以其诗意创作揭示人的诗意存在。

海德格尔中期在对《日耳曼尼亚》《莱茵河》《返乡——致亲人》《追忆》等诗的阐释中将荷尔德林笔下的家乡解读为本源，它们都是"存在的真理"的喻象。而到了晚期，他指出语言与故乡的同一性。1960 年 7 月 2 日，海德格尔在黑贝尔协会的年会上做了题为《语言与故乡》的报告。其中，他通过分析黑贝尔的方言诗《夏日傍晚》指出，语言与故乡的关系不是一方与另一方的关系，而是语言即故乡，故乡即语言。对家乡和故乡的阐释由中期的"真理"进入更为本源的"地方"，以此关联于开端性的语言。

《语言的本质》这篇文章汇集了海德格尔 1957 年 12 月 4 日、12 月 18 日和 1958 年 2 月 7 日所做的三个演讲，他在其中借诗人斯蒂芬·格奥尔格的《词语》一诗阐发自己的思想。与里尔克一样，格奥尔格也是被荷尔德林影响的诗人[3]。海德格尔对这首诗的分析主要集中在最后一行：词语破碎处，无物可存在。但他将诗人的这一诗句改写为：词语崩解处，一个"存在"出现。这一诗句原本意在表明词语与物的关系，即词语让物存在，没有词语便没有物的存在。而海德格尔用来替换"破碎"的"崩解"则意味着显现出来的词语返回到隐匿的、无声的"道说"中去，这表明作为语言之本质的"道说"对词语的规定性。"道说"就其本性而言是自身遮蔽、自行抑制

① 参见 [德] 海德格尔.《从思想的经验而来》.孙周兴，杨光，余明锋，译.北京：商务印书馆，2018 年版，第 133 页。
② 参见 Martin Heidegger. *Aus der Erfahrung des Denkens*. p. 142.
③ 参见 Martin Heidegger. *Unterwegs zur Sprache*. p. 172.

的，它必须通过显性的词语敞开出来。但这并不意味着词语较之于"道说"具有优先性，事实上，"道说"乃是给予者和允诺者，而词语只是被给予者和应答者。词语崩解处，即"道说"显现处，它允诺了存在。海德格尔并未使用"存在"一词，而是使用了"一个'存在'"。可见，他将"道说"与存在的关系转化为"道说"与存在之物的关系。存在不是空洞的，不是与物相剥离的，相反，它与物作为原始的统一体并通过物显现出来。这样，"道说"不仅规定了词语，还规定了存在之物。由此，海德格尔指出，诗人必须把他在"道说"上取得的经验诗意地表达于诗歌的词语中①。

紧接着《语言的本质》中的第三个演讲，海德格尔于 1958 年 3 月 11 日做了题为《诗与思——关于斯蒂芬·格奥尔格的〈词语〉一诗》的演讲。它作为《词语》一文被收入《海德格尔文集》第十二卷。这篇文章可以看作《语言的本质》的一个补充。海德格尔在其中表明，诗人不能把词语当作描绘被设立的存在者的名称，而要进入词语之神秘。换言之，诗人要去除表象性的词语对词语自身的遮蔽，从而经验词语的本质，即道说。神秘在此切中了语言的本质，它自行隐匿又无处不在，在遥远又切近中与万物产生关联。

1959 年，海德格尔在题为《走向语言之途》的演讲中通过诗人诺瓦利斯的《独白》一文揭示语言的本性。诺瓦利斯在文中说道："语言仅仅关切于自身，这正是语言的特性，却无人知晓。"②诗人所说的特性取其一般用法，即语言的特殊之处。他在绝对唯心论的视域中从主体性出发将语言表象为独白③，此即语言的特性。与诗人不同，海德格尔将"特性"解释为"本性"，并将"独白"解读为"语言单一地、孤独地自身言说"④。"单一地"意味着语言自身发生、自我规定，"孤独地"意味着语言自身发生、保持自身时会涉及他者，他者又归属于语言的发生。这似乎有悖于我们对孤独的惯常理解，对此，海德格尔给出的解释为："孤独本质上恰恰是共性的缺失，而这种共性的缺失乃是与共性的最有约束力的关联。"⑤单一体现了与自身的关系，孤独则在与他者的关系中得到呈现。此处的他者主要指人。自身沉默的道说需要借助人发声为词，而人之所以能够说话，是因为他听从并跟随"道说"。简言之，此二者的关系体现为"道说"需用人，人归属于"道说"。

海德格尔在文中指出，"道说"体现为成己（Eignen）和生成（Ereignen）。在德语中，Eignen 本义为"特有、独具"，将其置于海德格尔的思想中则可理解为"成己"，即本己化、成其自身；Ereignen 本义为"发生"，可被视为前缀"Er-"和词根"Eignen"的复合词，而前缀"Er-"后接动词在德语中表示取得某种结果、达到某个目的，因此，Er-eignen 可理解为达到成己、实现自身。这样，成己与生成在语义上便可以互通。成己即生成，生成即成己，此即语言的本性。海德格尔通过对诺瓦利斯的文章题目和语句进行创造性的诠释，把作为语言（道说）的语言（语

① 参见 Martin Heidegger. *Unterwegs zur Sprache*. p. 152.

② Martin Heidegger. *Unterwegs zur Sprache*. p. 229.

③ 参见 Martin Heidegger. *Unterwegs zur Sprache*. p. 254.

④ 参见 Martin Heidegger. *Unterwegs zur Sprache*. p. 229.

⑤ Martin Heidegger. *Unterwegs zur Sprache*. p. 254.

言本质①）带向语言（有声表达的词语）②。

1972 年，海德格尔在纪念诗人兰波的文章《活的兰波》中借兰波之口指出一位诗人如何保持为"活的"，即通过来临中的诗人采纳他自己已然抵达的视域：他抵达未曾谋面者！③ 所谓"活的诗人"，即富有生命力的、实现了其本性的诗人。诗人要想实现其本性，无须采取别的什么途径，只用接受其本己的规定性，即抵达"未曾谋面者"。与"未曾谋面者"类似的名称还有"无可通达者""不可知者"，此三者皆为存在自身的喻象。海德格尔之所以以此指称存在，一方面是为了说明存在自身遮蔽的本性，另一方面是为了突出其作为存在自身的独特性。与其说"未曾谋面""无可通达""不可知"，不如说无法以传统认识论的方式切入。从名称上来看，它们遥远、陌生与神秘，实际上却与诗人处于一种不可分割的关系之中。海德格尔认为，无可通达者的临近一直是已然变得稀奇的诗人们前来投宿的地带。④ 也就是说，"无可通达者"并非触不可及，而是以一种动态的临近关联于诗人。"无可通达者"以此一直是诗人们投身与归属的地带，此即"存在的地方"。但"无可通达者"何以成为诗人们居住的"地方"呢？它通过"道说"的命名成为可通达的。"道说"命名存在且不具有任何专制性，而是将存在作为"无可通达者"如实地揭示出来，以走向事情本身的方式通达存在。诗人凭借倾听"道说"的召唤抵达"未曾谋面者"，亦即切近存在自身。然而，并非所有诗人都如同兰波一样洞穿自身的本性而成为"活的"，因此，真正的诗人乃是罕见的。这也是为什么海德格尔要通过"活的兰波"揭示诗人的本性，以此召唤更多的伟大诗人回归其原本所属的"地方"。

二、绘画

海德格尔中期在《艺术作品的本源》中表明凡·高的《农鞋》通过世界与大地的争执显现出"存在的真理"。同样是论画，他晚期在《关于西斯廷》（1955 年）一文中聚焦于"地方"一词对拉斐尔的名作《西斯廷圣母》进行解析⑤。海德格尔在这篇文章中批判了西方文艺复兴以来表象思维对艺术的侵蚀，并创造性地提出艺术品的本质在于其"地方"。"地方"并非意指艺术品所处的具体空间，譬如博物馆，相反，他指出作为馆藏品的画作只有"位置"（Stelle）而没有"地方"（Ort）。

《西斯廷圣母》这幅画最初是拉斐尔为皮亚琴察的圣西斯廷教堂绘制的窗上画，后来才转变

---

① 语言本质（Sprachwesen）不同于语言的本质（Wesen der Sprache）。后者中的"本质"（Wesen）是实体性的名词，而前者中的"本质"（Wesen）是动词，意为"成其本质""本性化"。

② 参见 Martin Heidegger. *Unterwegs zur Sprache*. p. 250.

③ 参见 [德] 海德格尔.《从思想的经验而来》.孙周兴，杨光，余明锋，译.北京：商务印书馆，2018 年版，第 236 页。

④ 参见 [德] 海德格尔.《从思想的经验而来》.孙周兴，杨光，余明锋，译.北京：商务印书馆，2018 年版，第 237 页。

⑤ Elisabeth Körfer 指出，贯穿全文的主题是艺术作品的地方 - 规定，这一点不容小觑。一方面，它属于一种明显开放的空间性，开启了空间与艺术之间的关联领域；另一方面，它已经达到了存在论的层次，即——正如海德格尔多年后所说的——进入"存在的地形学"。存在现在给予自身的地方（Topos）变成了一种聚集力，是"对属于同一整体之物的聚集占有"，它本身就获得了存在特征。参见 Elisabeth Körfer. „Abwesen entbirgt Anwesen": Heideggers Deutung der bildenden Kunst der Moderne. Bonn: Bouvier, 2008, p. 154.

为博物馆的架上画。海德格尔认为，从窗上画到架上画的变化意味着这幅画被设置为对象并被摆置到特定的位置上，成为被体验和估价的艺术成品，从而失却其"地方"。这幅画的本质绝不能在博物馆中得到经验，而要还原到其具体的情境中去。'西斯廷属于那个皮亚琴察大教堂，这不是从历史和文物意义上而言，而是有关其图像存在的本质。"① 初读海德格尔的这句话，我们容易将这幅画的"地方"理解为其所在的大教堂。而事实上，这幅画的本质并不在于它所处的教堂，相反，是这幅画使教堂作为其自身显现出来，教堂构成了其图像存在的一部分。教堂之于画作的意义不是历史学的，而是"存在历史"的，它以自我敞开的方式参与了画作的本质生成。画作成其为画作就在于它有所带来，即显现出与之相关的物，一如这幅画彰显出教堂的神圣性，召唤玛利亚和耶稣到场，使得虔诚的弥撒献祭得以发生。画作本身就是"地方"，它聚集了与之相关的物之本性。正如海德格尔所说，'这幅画构成了去蔽着的遮蔽的地方"②。

除了对文艺复兴时期绘画的关注之外，海德格尔对 19 世纪和 20 世纪的绘画也有所研究，尤其是 19 世纪的后印象主义、20 世纪的立体主义和表现主义。

与凡·高一样，塞尚也是后印象主义的代表画家。所谓"后印象主义"，实际上是"反印象主义"，它在观念和实践上与印象主义相左。印象主义诞生于 19 世纪科学技术迅猛发展的背景之下，旨在真实、科学地描绘客观世界和艺术家周遭的现实。在这一时期光学理论和实践的启发之下，印象主义画家尤其注重在绘画中表现光和空气氛围。绘画中的印象主义对应于法国文学中的自然主义，它们都曾受到实证主义哲学的影响。而后印象主义则主张绘画不应拘泥于描绘客观现实，而应表达主观情感和彰显个性。后印象主义画家们从各自不同的角度出发挑战印象主义的法则，探寻艺术表现的本质。其中，凡·高注重精神性的表现，并赋予绘画象征意味。塞尚则反对印象主义因迷恋外光和色彩而破坏物象的实体结构和持久感，并深入研究自然中表现与自然相似的有真实感和动态感的图像③。

《海德格尔文集》第十三卷收录了一篇名为《所思——致勒内·夏尔的友好想念》（1970 年）的文章。该文章由若干首诗歌组成，其中一首名为《塞尚》。诗的内容如下：

慎思中何其泰然，
老园丁瓦利埃的形象
多么静穆，在卢浮的小路旁，
呵护那毫不起眼的事物。

在画家的后期作品中，

---

① Martin Heidegger. *Aus der Erfahrung des Denkens*. p. 120.
② Martin Heidegger. *Aus der Erfahrung des Denkens*. p. 121.
③ 参见 中央美术学院人文学院美术史系外国美术史教研室.《外国美术简史》.北京：中国青年出版社，2014 年版，第 176 页。

在场者与在场之二重性合而为一，

同时"实现"又克服，

转变入神秘的同一。

从中不就显示出一条路径，

通入诗与思的一体么？①

实际上，早在 1958 年海德格尔就在塞尚的家乡普罗旺斯做过报告，他在其中表达了对当地的爱慕之情。他说道："我爱艾克斯②、毕贝姆③、圣维克多的山脉。我在这里找到了保罗·塞尚的路，从其开端直至终结，而我自己的思想之路在某种程度上是与他的路相合的。"④1970 年，他写下《塞尚》一诗。该诗第一节勾勒了塞尚所作的园丁瓦利埃画像的内容。其中提到的"卢浮"是普罗旺斯一座小山的名称，这也是塞尚生前最后工作和生活的场所。他在此建造了自己的画室，并为园丁瓦利埃创作了若干肖像画。这些画作呈现了极为丰富的油彩堆叠效果，在色彩的强烈对比之下凸显出老园丁的面貌与形体特征。正如塞尚本人所说：色彩丰富到一定程度，形也就成了。此种意义上的成形并非有棱有角、界线分明的造型，而是以色彩的铺展形成模糊的边缘，从而制造一种未成形的成形感。司徒立指出，塞尚最后五年的画总让人感觉画中的事物形体似乎都在消融中，又似乎刚刚生成而又未完成；画的四周总是模糊混沌，而画的中心部分则是澄澈的结晶体。⑤这些绘画通过无定形的形态展现了动态生成的过程，在消融与生成、模糊与澄澈的此消彼长中体现了隐与显之间的游戏。

鉴于塞尚的瓦利埃画像所具备的这种特点，海德格尔对其进行了别出心裁的诠释。他指出，画家后期的作品体现了在场者与在场之二重性的合而为一。关于"二重性"（Zwiefalt），我们可以从海德格尔的晚期文本《从一次关于语言的对话而来——在一位日本人与一位探问者之间》中获得理解。其中，海德格尔明确提出了"存在与存在者之二重性"。与早期《存在与时间》中强调的"存在学差异"不同，此处的"二重性"并不单单指差异，而是基于存在与存在者的浑然一体之上的"二重性"。换言之，这是基于整体性的"二重性"，是从整体而来的差异化运作。海德格尔以此克服了早期从人出发去追问存在的主体主义倾向，转而从"二重性"出发去规定人。正如他所言："正是这种二重性要求着人，召唤人走向其本质。"⑥进一步而言，"二重性"是被语言所规定的，人则受到语言和"二重性"的双重规定。

① [德] 海德格尔.《从思想的经验而来》.孙周兴, 杨光, 余明锋, 译.北京: 商务印书馆, 2018 年版, 第 233–234 页。
② 艾克斯为法国城市名, 普罗旺斯的前首府, 塞尚的出生地。
③ 毕贝姆为法国地名, 塞尚曾在那里创作。
④ [德] 海德格尔.《讲话与生平证词》.孙周兴, 张柯, 王宏健, 译.北京: 商务印书馆, 2018 年版, 第 657 页。
⑤ 参见 司徒立.《我的绘画姿态》, 载《新美术》, 2014 年第 3 期。
⑥ Martin Heidegger. *Unterwegs zur Sprache*. p. 116.

　　海德格尔用在场与在场者之"二重性"的合而为一解说塞尚后期作品中隐与显的游戏。此处的"在场"与"在场者"即"存在"与"存在者"。当海德格尔晚期转向地方性思想之后，他更多地从聚集而非区分出发思考存在与存在者的关系。就其对绘画的分析而言，他中期从凡·高的绘画中分解出世界和大地这两种元素，并将二者的争执解释为"存在的真理"生成的方式。而到了晚期，海德格尔对塞尚绘画的分析则是从存在与存在者的合一出发去揭示二者的游戏，基于同一来彰显差异。最后，海德格尔还将存在与存在者之"二重性"的合而为一标明为通入诗思一体的路径。在他那里，诗与思是通向存在的两条路径。不过，由于此二者都能有效地揭示存在，它们在这种意义上又具有一本性。诗与思作为一个整体敞开存在自身，而存在自身又显现为存在与存在者的一体。由此，存在与存在者的一体和诗与思的一体是彼此互通的。而这又是通过塞尚的绘画作品得以实现的。

　　除塞尚之外，海德格尔对立体主义的代表画家布拉克也有所探讨。立体主义旨在追求一种几何形体的美与形式的排列组合所产生的美感。其创作的三要特征在于在画面上解构和打破物体形象，然后对碎片进行主观拼贴和重组，以求立体地展现物体的多个角度和不同侧面。立体主义得名于布拉克的作品。他最早将字母及数字作为母题引入绘画，将颜料与沙子混合作画，并使用纸片、木片等材料拼贴作画。

　　布拉克逝世于 1963 年，其时，海德格尔撰写了《致勒内·夏尔——为了纪念伟大的朋友乔治·布拉克》一文。他写道："唯一恰当的对他的艺术的解释是艺术家本人赠给我们的，通过把他的作品完成到微小的单纯中去。这在杂多转变为同一者之纯一性的过程中发生，而真显现在其中。杂多向着纯一性的转变乃是那种让不在场，由此，纯一之物现身在场。"[1] 海德格尔将布拉克作品的本质概括为"杂多转变为纯一性"。与通常聚焦于画面的视觉要素的鉴赏方式不同，海德格尔从画面直观呈现出来的杂多之中看到了纯一性的发生。这一过程即通过杂多的不在场实现纯一之物的在场。也就是说，在海德格尔看来，绘画的精髓并不在于其所呈现的杂多图像，而是图像隐身之后所显现出来的存在之真。这符合海德格尔一贯以来的绘画批评倾向。

　　虽然毕加索与布拉克同为立体主义的主将，但海德格尔并未专门撰文评析毕加索的绘画，只是在一些零星的言论中提及过他。例如，在 1958 年与日本学者久松真一的对话中，海德格尔说道："我对保罗·克利的评价高于毕加索。以我之见，保罗·克利是一位比毕加索更重要的画家。"[2] 海德格尔在这一谈话中显示出对克利的特殊青睐。他对克利的绘画、音乐和诗歌思想都颇为熟悉。克利最为突出的成就在于绘画领域，他是表现主义的代表画家。表现主义的绘画风格在后印象主义的基础上演变而来，它代表着对忠实描绘现实之印象主义的反叛。"表现主义的艺术家们反对机械地模仿客观现实，主张表现'精神的美'和'传达内在的信息'，强调艺术语言的表现力和形式的重要性。"[3]

① ［德］海德格尔.《从思想的经验而来》.孙周兴，杨光，余明锋，译.北京：商务印书馆，2018 年版.
② ［德］海德格尔.《讲话与生平证词》.孙周兴，张柯，王宏健，译.北京：商务印书馆，2018 年版，第 927 页.
③ 中央美术学院人文学院美术史系外国美术史教研室.《外国美术简史》.北京：中国青年出版社，2014 年版，第 250 页.

1957 年夏季与 1958 年秋季，海德格尔留下了若干关于克利的笔记。Günter Seubold、María del Rosario Acosta López 和 Tobias Keiling 等学者将这些零散的笔记汇集起来并翻译成英文发表 ①。该文一共整理出三十八条笔记，其中前九条为海德格尔对克利思想所做的摘录，剩余笔记既有海德格尔对克利思想的释义，又有作者自己的补充。在九条摘录中，较为重要的有两条。其中一条为："艺术并不再现可见者，而是使可见。"这可以被视为克利艺术思想的总纲。在他看来，艺术的职责并非描摹可见的客观存在者，而是通过创造使不可见者可见。克利擅长运用独具匠心的艺术语言表现自己的思想情感，以具有象征和暗示意义的具象形象和抽象符号创造自由的精神世界。海德格尔称其"居住在创造的心脏"。我们可以结合另一条重要摘录进一步理解："过去我们通常再现世上可见的东西，我们看到的抑或是我们喜欢看到的事物。如今我们揭示可见事物之间的相关性，因此表达这一信念，即可见者在与世界整体的关联中只是一个独立事件，并且其他大量真理潜在性地存在。事物在更宽广与多样的感觉中显现，常常看似与过去的合理经验相矛盾。"也就是说，克利并非完全抛弃现实世界去制造一个纯幻想的世界，而是基于世界整体从可见者之间的相关性入手揭示其中潜藏的真理。这是一条从有到无、从显现到遮蔽的进路。在克利这里，一切可见者、可听者、可说者都相关于不可见者、不可听者、不可说者。显然，克利的这些观点在一定程度上与海德格尔的思想有异曲同工之妙。这兴许是海德格尔推崇克利的原因。

除了海德格尔对克利思想的摘录之外，其余一些笔记也值得注意。第二十九条笔记为："指向转向，向生成的转向。这个的标志——克利。"我们知道，海德格尔向"生成"的转向标志着其中期思想的开端。这说明他虽然在晚期对克利进行研究，但其理论支撑主要肇始于中期的"生成"思想。1956 年，海德格尔为《艺术作品的本源》增添了附录。他认为，艺术归属于生成，而"存在的意义"（参看《存在与时间》）唯从生成而来才能得到规定。② 海德格尔晚期不再从"存在的真理"而是从"生成"出发对艺术的本性做出进一步规定 ③。而根据第二十九条笔记，克利标志着向"生成"的转向。也就是说，海德格尔中期主要基于凡·高的绘画探讨艺术与"真理"的关系，晚期则聚焦于克利探讨艺术与"生成"的关系。在接触了克利的绘画之后，海德格尔曾打算为《艺术作品的本源》撰写第二部分内容 ④。虽然这一计划最终没有完成，但我们可以推测第二部分内容或许相关于附录中提及的"生成"思想以及克利的艺术。

海德格尔在第二十条笔记中提出了"艺术的转变"。他基于"存在的真理"向"生成"的转变思考艺术的转变。这一转变在第十二条笔记中得到了澄清。其中，Günter Seubold 等学者指出，

---

① Günter Seubold, María del Rosario Acosta López, Tobias Keiling, et al..Heidegger's notes on Klee in the nachlass. *Philosophy Today*, 2017，61(1):19-28.

② 参见 Martin Heidegger. *Holzwege*. p. 73.

③ 《海德格尔文集》的主编冯·赫尔曼在其《海德格尔的艺术哲学》一书中对《艺术作品的本源》做出文本解读，他在结论部分"生成和艺术的本质"中指出，艺术领域的本质规定在于其生成特性。参见 Friedrich-Wilhelm von Herrmann. *Heideggers Philosophie der Kunst*. Frankfurt am Main: Vittorio Klostermann, 1991.

④ 参见 Heinrich Wiegand Petzet. *Auf einen Stern zugehen: Begegnungen und Gespräche mit Martin Heidegger 1929—1976*. Frankfurt am Main: Societäts-Verlag, 1983, p. 154.

未来艺术的任务不再是《艺术作品的本源》中所说的建立世界和制造大地，而是从接缝的生成中产生关－系。对于"接缝的生成"，我们可以结合海德格尔中期著作《对哲学的贡献（论生成）》进行理解。该书包含八个部分，除了开头和结尾两部分之外，中间的六个部分被他称作"接缝"。这六个"接缝"依次为"回响""传送""跳跃""建基""将来者""最后之神'。"回响"即生成之回响，"传送"即"第一开端"与"另一开端"之间的传送，"跳跃"即"第一开端"向"另一开端"的跳跃，"建基"揭示了"存在的真理"与人之存在的关联，"将来者"即人之存在的规定，"最后之神"即作为存在之本质现身的生成的显现。这六个"接缝"相互作用和影响，将"生成"思想串联成一个整体。海德格尔认为未来艺术的任务不再是凸显世界与大地这两种要素之间的对立与争执，而是基于"接缝的生成"显现"关－系"。此处的"关－系"可被视为动词化的建立关系。从中我们可以看出，海德格尔晚期立足于整体关系的生成探讨艺术，以此去除中期残余的二元对立倾向。这与克利强调可见者之间以及可见者与世界整体之间关联的观点不谋而合。

海德格尔不仅从"生成"出发解读克利的艺术，还基于其晚期思想要旨"道说"对其展开进一步剖析。Günter Seubold 等在第三十二条笔记中指出："海德格尔将克利绘画的情绪与'宁静之音（道说）'联系到一起，这种情绪'让看见'。然而，这种情绪不应该被思为'仅仅作为生存的——此在的情态'，而应该被理解为'不仅仅是绽－开的'，而必须被思为'从四－元之关－系的纯一性而来'。"在海德格尔的思想中，"道说"同时意味着"显示"，由此，相关于"道说"的克利绘画具有"让看见"的特性。此种"让看见"并非对象化的反映，而是存在者与世界整体的自身显现。这样一种情绪克服了早期"此在"的情态所具有的主体色彩，而框关于天、地、神、人四元构成的整体。

总而言之，在海德格尔看来，克利的艺术之所以如此重要，是因为它具有转向的意义，这既是"存在的真理"向"生成"与"道说"的转向，也是形而上学艺术向非形而上学艺术的转向。除了克利之外，海德格尔还认为塞尚与东亚艺术都昭示出转向的可能。

三、雕塑

1964 年 10 月 3 日，海德格尔在雕塑家海利格尔的作品展开幕式上发表了讲话，标题为《关于艺术－雕塑－空间的评论》。

在该讲话中，海德格尔首先概括了其时代艺术的总体特征。他尖锐地指出："兴许没有哪个时代像我们今天这样，关于艺术说了和写了如此之多混乱不堪的东西，如此之多其用语未经检验的东西。"[1] 海德格尔在现代艺术与古希腊艺术的比较之中凸显现代艺术的沉沦。在古希腊，艺术作品自行显示并自身言说，人类作为观照者与倾听者受其规定。而在海德格尔所处的现代，艺术

---

① Martin Heidegger. *Bemerkungen zu Kunst-Plastik-Raum*. St. Galler: Erker, 1996, p. 5.

作品被人所言说和规定，它们成为人类自我表达的载体，成为被记录与摆置的对象。海德格尔认为，仅就雕塑艺术而言，它不需要属人的画廊、展览以及文献的框定，换言之，它不需要打上人类的标记，相反，其自身可以呈现出人类与民族的所归之处与存在整体。由此可见，海德格尔实际上试图对艺术与人的关系进行纠偏。为了拯救现代艺术，人需要从古希腊艺术那里获得启示，重新将自身置于艺术作品的规定之下，让作品如其自身地显示与言说。

其后，海德格尔初探了艺术的本质。他呈现了一个与《艺术作品的本源》中类似的循环。在《艺术作品的本源》中，海德格尔指出了双重循环。其一为：艺术家是作品的本源，作品又是艺术家的本源。其二为：艺术的本质应当从作品那里获得答案，作品只能从艺术的本质那里得到经验。而在这一讲话中，他指出，艺术家创造了艺术，艺术又规定着艺术家。海德格尔表明我们无法摆脱这一循环，因为它归属于我们的存在。因此，相较于徒劳地挣扎，更重要的是接纳并经验这一循环。

紧接着，海德格尔集中分析了雕塑艺术。他将雕塑理解为对空间的探究，并主要聚焦于"什么是空间"这一问题。对此，他指出雕塑家无法通过造型作品给出答案，然而这一无能却恰恰显示出雕塑家之强大。"造型艺术是什么，艺术之为艺术是什么，这件事无法借助于凿子和锤子、颜料和画笔来得到规定和呈现，同样也无法通过由这些工具所制作的作品来得到规定和呈现。艺术之为艺术并不是艺术塑造的可能对象。"[①] 换言之，艺术的本质并非人为塑造出来的，而是自身规定并规定他者的。并非雕塑家和作品决定着雕塑和空间的本质，而是相反。雕塑家的这一被规定性体现出其对于自身主体性的放弃，此种放弃恰好成全了艺术及自身的本性，正是在这种意义上雕塑家是强大的。

在揭示空间的本质时，海德格尔分别论述了亚里士多德、伽利略、牛顿、康德等人的空间观，并指出它们的共同点在于：空间都是以同样的方式从物体出发得到表象的。而这种将空间的本质回溯到它物的做法恰恰是海德格尔所反对的。有鉴于此，海德格尔标新立异地给出"空间空间化"这一回答。"空间化意味着开垦、开放，呈现出一个自由域、一个敞开域。"[②] 凭借此种自由化活动，地带、方向和边界、距离和大小乃至人的生存才成为可能。海德格尔特别强调了空间与人的关系。人与空间并非主体与客体的关系，不是人创造了空间，相反，空间空间化需要人。

海德格尔区分了作为躯体的人和身体化的人。前者与空间的关系即传统空间观意义上的一物在另一物中占据位置，此种观点被海德格尔所批判。而身体化的人与空间之间则构成一种共同生成的关系。身体化的人通过给予空间进入空间的敞开域中，此处的给予并非对象化的设立，而是让空间作为空间化者显现出来。这就是说，人存在于空间中的方式并非封闭与静止的，而是开放与运动的。由此，海德格尔对身体、空间以及身体与空间的关系都进行了重构。在西方思想史上，人通常被视为精神和肉体的统一体。精神代表理性，它作为思想的最高要素具有原则的能力。肉

---

① Martin Heidegger. *Bemerkungen zu Kunst-Plastik-Raum*. p. 7.

② Martin Heidegger. *Bemerkungen zu Kunst-Plastik-Raum*. p. 13.

体代表动物性，亦即欲望和冲动。在此二元关系中，精神高于肉体，肉体要被精神所规定。正是这种对精神的重视决定了人长期以来被规定为理性的动物。而随着现代思想主题由理性转向存在，身体具有了全新的意义，它不再被理性而是被存在所规定。在存在和理性的关系上，存在是更本源和更基础的，因此不是理性决定存在，而是存在决定理性。同时理性和思想的关系也发生了根本性的变化。理性不能等同于思想，甚至也不是思想的原则，而是思想的一个部分，并且要置身于思想的经验之中。① 在存在的规定之下，不再是身心二元论意义上的人拥有一个精神之外的肉体，而是人就是他的身体，人的生存即身体化的活动。而人的生存又是居留于空间之中的，因此，人的身体化活动与空间的空间化活动具有同一性。

海德格尔将人进入空间的活动描述为"在－世界－之中－存在"，这显然沿袭了早期《存在与时间》中的相关思想。他从身体与空间和世界的关系延展开来，进而探讨了艺术家的使命。发表该讲话的这一年，海利格尔为海德格尔雕塑了一个头像。海德格尔以此为例说道：'一颗头不是装配着眼睛和耳朵的躯体，而是由观看着的、聆听着的在－世界－之中－存在所烙印的身体现象。当一个艺术家雕塑出一颗头，他仿佛只是摹写了可见的表面，但实际上他塑造的乃是真正不可见的东西，亦即这颗头观入世界的方式、这颗头在空间的敞开域中居留的方式，在这一敞开域中，他被人和物所触及。'② 也就是说，雕塑一个头像的精髓并不在于对象化的摹写，而在于将其作为生成着的身体现象揭示出来，不在于再现可见者，而在于使不可见者可见。从雕塑艺术出发，海德格尔指出艺术家的职责为：将本质上不可见的东西带入形象。

在讲话的最后，海德格尔接续上文所说的艺术与艺术家之间的循环进一步阐释艺术的本质。他结合亚里士多德的思想展开论述。他指出，亚里士多德用希腊语 Poiesis 表示艺术，该词在词典中的释义为"制作"，但其真正的含义为"从……而来，带上前来（Her-vor-bringen）"，亦即上前而入于无蔽者，并且这一去蔽活动从遮蔽者中而来。"遮蔽者以及遮蔽活动并未得到清除，而是恰恰得到了保存。"③ 结合海德格尔的整体思想来看，此处的遮蔽者即存在自身，无蔽者即艺术作品。艺术作品被存在自身所规定。艺术的本质就在于以显性的作品呈现隐性的存在，后者在其中得到保存与守护。海德格尔提示道，德语 Poesie（诗歌）和 Dichtung（诗）都来源于希腊语 Poiesis。由此，他再次强调了其在《艺术作品的本源》中就提出的命题"一切艺术本质上都是诗"。此即是说，一切艺术都是源于自身遮蔽的存在的去蔽活动。

此外，海德格尔还着重分析了亚里士多德的著名论断"与历史相比，艺术、诗既更为哲学，也更为严格"。亚里士多德所说的历史即古希腊意义上的编年纪事史，它记述个别人物和个别事件。但哲学超出个别而达到一般，旨在透过现象深入本质，因而也更具严格性。说艺术与诗比历史更为哲学，即是说艺术与诗比历史更能揭示事物的本质。海德格尔结合其时代的总体特征将亚里士

---

① 参见 彭富春.《身体与身体美学》. 载《哲学研究》，2004 年第 4 期。
② Martin Heidegger. *Bemerkungen zu Kunst-Plastik-Raum*. p. 14.
③ Martin Heidegger. *Bemerkungen zu Kunst-Plastik-Raum*. p. 15.

多德的这一命题改写为"艺术比科学更为哲学"。如海德格尔所说，在这个时代，对科学的信仰，尤其是自然科学与控制论，正开始将自己创立为新的宗教。[①]海德格尔的这一命题正是对科学至上主义的反叛。在他看来，艺术比科学更切近事情的本质，由此，他赋予艺术以技术时代的拯救意义。

综上所述，海德格尔在《关于艺术－雕塑－空间的评论》的讲话中对艺术和雕塑艺术的本质都做出了界定。艺术的本质即从自身遮蔽的存在而来的去蔽活动，而雕塑艺术的本质是空间化着的空间。

在该讲话中，海德格尔谈及空间与人的关联时指出它涉及存在（生成）与人的关联，但并没有就此展开论述。而这一点在1969年的《艺术与空间》[②]一文中得到了补充。该文章在《关于艺术－雕塑－空间的评论》的基础上更进一步，集中探讨了雕塑艺术的本质。众所周知，雕塑艺术以雕、刻、塑等方法对材料进行加工，从而创造出具有一定空间的可视、可触的艺术形象。不过，海德格尔关于雕塑艺术的探讨不同于他人的地方在于，他的关注点不在于雕塑所呈现出来的艺术空间，而是空间的本质如何在雕塑艺术中运作。

关于空间，现行的比较有代表性的学说主要包括以下三种：传统物理学的三维空间观、康德的主观空间观、爱因斯坦的相对论四维空间观。然而，在海德格尔看来，无论是客观空间观还是主观空间观都没能切中空间的本质。实际上，空间的本质全然不同于具体的空间。任何对空间的实体化解释都遮蔽了空间的本质。那么，如何探寻空间的本质呢？海德格尔提出从语言出发。正如他在文章开头引用的利希藤贝格的一段话："如若我们自己深入思考，即可发现在语言中承载着丰富的智慧。也许并非人自己承载一切，而是在语言中就像在俗语中，实际就有丰富的智慧。"[③]与早、中期不同的是，海德格尔晚期不再致力于辨析传统哲学的概念机器，也不再试图创造专门的哲学术语，而是专注于激发语词本身具有的生命力。

通过倾听语言，海德格尔指出空间的本质乃"空间化"。"空间空间化"不是逻辑上的同义反复，也不是所谓的文字游戏。海德格尔意在强调空间自身的动态生成，以此批驳把空间视为静止对象的观点。他进一步指出，空间化通过给予空间来开放"地方"[④]。在此，给予空间不是开放"地方"的前提。实际上，唯有从"地方"的允诺而来，给予空间才能发生。由此，"地方"才是那具有规定性的东西，因为它意味着本性的聚集。地方开启一个地带并且将其保藏，将一种自由之境聚集在自身周围。这种自由之境允诺各个物以一种居留，允诺在物中间的人以一种居住。[⑤]

早在《存在与时间》中，海德格尔在探讨周围世界时就涉及空间问题。只不过，他探讨的并

---

① 参见 Martin Heidegger. *Bemerkungen zu Kunst-Plastik-Raum*. p. 16.

② 《艺术与空间》这一晚期作品来源于海德格尔与雕塑家奇利达的相遇。在好友 Heinrich Wiegand Petzet 的介绍下，海德格尔接触到奇利达的作品。在与 Petzet 讨论奇利达的作品时，海德格尔思考了雕塑的根本问题，从而创作了这一篇文章。参见 Andrew J. Mitchell. *Heidegger among the Sculptors: Body, Space, and the Art of Dwelling*. California: Stanford University Press, 2010, p. 66.

③ Martin Heidegger. *Aus der Erfahrung des Denkens*. p. 203.

④ 参见 Martin Heidegger. *Aus der Erfahrung des Denkens*. p. 207.

⑤ 参见 Martin Heidegger. *Aus der Erfahrung des Denkens*. p. 208.

非笛卡儿所说的类似容器的广延，而是对此在具有组建作用的空间性。海德格尔认为笛卡儿的空间观实际上是对空间的拆解，空间不是一个个独立的位置，而是不可分裂的位置整体。他将这一位置整体命名为地带。可见，从地带出发去理解空间萌芽于早期的《存在与时间》。不仅如此，"给予空间"这一提法也在这部著作中有所体现。海德格尔把"让世内存在者来照面"命名为"给予空间"[1]，它被规定为"此在"的生存论环节，因为"此在"在世是具有空间性的在世。

在《存在与时间》之后，"给予空间"这一提法也多次出现在海德格尔的其他著作中。在《艺术作品的本源》中，海德格尔将世界世界化描述为一种广袤的聚集，并指出艺术作品给予广袤空间。"给予空间"意味着"开放敞开领域之自由"，也就是把作为"指引尺度"的"本质性因素"开放出来[2]。在《建筑·居住·思想》中，空间从"地方"那里获得其本质规定，物作为"地方"给予四重整体空间，"给予空间"在此意味着提供庇护之所和住所[3]。到了《艺术与空间》，"给予空间"不再是让世内存在者来照面，不再是开放作为敞开领域的世界，也不再是为作为世界的四重整体提供居所，而是"地方"的自身敞开。

经过一系列的演变，到了海德格尔思想晚期，空间的本质最终被归结为"地方"。正如海德格尔在《时间与存在》（1962年）中所说，我们首先要从已经充分思考过的地方的特性中洞察到空间的来源。[4] 因此，海德格尔在《艺术与空间》中表明，艺术与空间的相互作用必须从关于地方和地带的经验中得到思考。[5] 有鉴于此，海德格尔大胆提出，雕塑并非任何对空间的探究，而是对"地方"的体现。在以往的雕塑艺术中，空间只是作为静态的对象被加以把握和处理。而海德格尔强调的是空间的空间化在雕塑艺术中的发生和呈现，这又是被"地方"所规定的。基于其"地方"思想，海德格尔将雕塑艺术所关涉的三种空间概括如下：雕塑形象在其中被视为现成对象的那个空间、雕塑形体所包围的那个空间、在形体之间作为虚空（Leere）而存在的空间。[6] 简言之，即雕塑形象所处的外在空间、雕塑形象所包含的内在空间、作为"虚空"的空间。前两种是科学技术意义上的空间，并未触及空间的本质，它们恰恰要在"虚空"中得到揭示。关于"虚空"，海德格尔再一次从语言中获得暗示：动词"倒空"（Leeren）意为"采集"（Lesen），即原初意义上的在地方中运作的聚集。[7] 因此，"虚空"并非一无所有或缺乏，而是产生和聚集。此种意义上的"虚空"恰好切中了"地方"的本性。"地方"不是实体性的空间，而是"虚空"。"虚空"乃开端性的存在，从其自身生成而来，才有人和物的居住之地。

在澄清了空间的本质乃作为"虚空"的"地方"之后，海德格尔总结道：雕塑在其创建着地

① 参见 Martin Heidegger. *Sein und Zeit*. p. 148.
② 参见 Martin Heidegger. *Holzwege*. p 30.
③ 参见 Martin Heidegger. *Vorträge und Aufsätze*. pp. 156−160.
④ 参见 Martin Heidegger. *Zur Sache des Denkens*. p. 28.
⑤ 参见 Martin Heidegger. *Aus der Erfahrung des Denkens*. p. 208.
⑥ 参见 Martin Heidegger. *Aus der Erfahrung des Denkens*. p. 206.
⑦ 参见 Martin Heidegger. *Aus der Erfahrung des Denkens*. p. 209.

方的作品中体现存在的真理。① 换言之，雕塑作品创建了"地方"，以此体现"存在的真理"。这句话同时廓清了海德格尔晚期的存在之思和艺术之思。首先，"存在的真理"要在"地方"中寻获其本质，这表明了中期的"真理"转向晚期的"地方"。其次，雕塑作为艺术乃是对"地方"的赋形。"体现"的德语为 Verkörperung，其意味着赋予形体、实体化、具体化。此处并不隐含一个创建和赋形的主体，而是"地方"作为本源和开端允诺了雕塑作品的生成。由于存在的本质乃虚无，它只有通过可见可感的艺术作品体现出来，雕塑作品在此恰好承担了这一使命。但海德格尔对雕塑艺术的分析有别于他人的地方在于，他并未把视野局限在雕塑的造型意义，而是穿透了有形的实体而进入无形的"虚空"。因此，这篇文章虽名为《艺术与空间》，但实际上揭示了艺术与"地方"的关系。②

四、音乐

1962 年，当代音乐杂志《美若斯》的主编亨利希·斯特罗贝尔提出了两个问题：您了解伊戈尔·斯特拉文斯基③的音乐吗？您喜欢他的音乐吗？主编征集了艺术界与科学界的知名人士对这两个问题的回答，将其整理后以《我们当中的斯特拉文斯基》为题发表，以此纪念当年 6 月 17 日斯特拉文斯基的八十岁诞辰。其中也包含了海德格尔的回答。

海德格尔回复道："一旦我们回想一下古老的智慧，即我们只了解我们喜欢的东西，那么，您的两个问题，仔细想来，其实只是一个问题。这样看来，我只了解伊戈尔·斯特拉文斯基的两部作品：'诗篇交响曲'和按照安德烈·纪德的诗歌改编的情节剧'珀尔塞福涅'。两部作品都以其各自的方式将古老的传统带至新的当下。它们是最高意义上的音乐：即由缪斯赠出的作品。"④ 从他的回答我们可以看出，他喜欢并因而了解斯特拉文斯基的音乐。他所喜欢的这两部作品具有一个共同点，即它们作为新古典主义创作都体现了传统与现代的对话，并且都是最高意义上的音乐。海德格尔将最高意义上的音乐规定为由缪斯赠予的作品，这一思想根源于古希腊。缪斯是希腊神话中主管艺术和科学的九位古老文艺女神的总称。说音乐是缪斯赠予的作品，此即意味着音乐被诸神所规定。这一意义上的音乐才是至高的音乐，斯特拉文斯基的这两部作品便具有此种至高性。

然而，海德格尔话锋一转，说道："为何这两部作品本身不再能够创建起它们所归属的场所（Ort）了呢？这个问题与斯特拉文斯基艺术的界限无关，它毋宁关乎对艺术本身命运般的规定，也即是说，对思和诗的规定。"⑤ 我们知道"创建"在海德格尔的思想中主要意为"带出来""让显现"。作品创建它们所归属的"地方"即作品揭示它们所属的"地方"，此即作品的规定性。在海德格尔看来，

---

① 参见 Martin Heidegger. *Aus der Erfahrung des Denkens*. p. 210.
② 对《艺术与空间》的相关分析参见 丰雅鑫.《从"真理"到"地方"——论海德格尔艺术思想的"转向"》，载《文艺理论研究》，2021 年第 3 期。
③ 斯特拉文斯基是美籍俄国音乐家，是西方现代派音乐的重要代表人物。
④ ［德］海德格尔.《从思想的经验而来》. 孙周兴，杨光，余明锋，译. 北京：商务印书馆，2018 年版，第 191 页。
⑤ ［德］海德格尔.《从思想的经验而来》. 孙周兴，杨光，余明锋，译. 北京：商务印书馆，2018 年版，第 191 页。

斯特拉文斯基的这两部作品由古希腊的诸神所规定，然而其对于现代音乐而言已不再成为最高的规定。艺术的命运在现代发生了根本性的转换，不再是诸神，而是存在成为最高规定。存在不仅规定着艺术和诗，还规定着思想。它比缪斯更加广阔，更为根本，并更具开端性。

五、东亚艺术

海德格尔的晚期代表作《在通向语言的途中》收录了一篇名为《从一次关于语言的对话而来——在一位日本人与一位探问者之间》（1953—1954 年）的文章。文章记录了作为探问者的海德格尔与日本东京帝国大学手冢富雄教授的一次对话。对话的主题涉及日本艺术的本质。手冢富雄提到，曾跟随海德格尔研读多年的九鬼周造返回日本后试图借助欧洲美学来考察日本艺术的本质。海德格尔则认为美学作为哲学的分支植根于欧洲思想，这与东方思想存在着根本性的差异，因此，他并不赞同用欧洲美学的概念系统来解读日本艺术。譬如说，日本思想中的"色"与"空"并不能简单地对应于欧洲思想中的感性世界与超感性世界。

虽然欧洲文化与日本文化之间存在一定的隔膜，但欧洲化进程中理性和技术的袖化不可避免地影响了日本艺术。以知名电影《罗生门》为例，手冢富雄感叹道："日本世界说到底已经被捕捉到摄影术的对象范围中了，并为了摄影术而专门被摆弄了。"① 电影工业的技术美学席卷了东亚世界，手冢富雄认为这对于日本艺术而言破坏性大于创造性。因为在这一艺术形式中，整个日本世界被驱逼到对象化的领域之中了，而这掩盖了日本世界的本来面貌。电影艺术对于日本而言只是舶来品，作为本土艺术的能剧才能揭示日本世界的真相。手冢富雄向海德格尔介绍道，日本的舞台是空的，演员只需要一个手势就能从宁静中让强有力的东西显现出来。例如，当演员慢慢地举起一只摊开的手，并将这只手静静地保持在眉毛的水平上，一座山的风景就显现出来了。表演的关键不在于演员通过身体语言展现出来的可见手势，而是手势所引发的不可见的观照。这种观照通向"空"并且被"空"所规定。

"空"（Ku）是禅宗的重要思想之一。日本禅宗来源于中国。12 世纪，众多日本僧人赴中国学习并回国弘扬禅法，禅宗由此迅速渗入日本文化与生活之中。从本质上而言，禅宗乃是一种心的智慧和空的智慧。它主张明心见性、心色如一、空有不二。空并非一般所理解的一无所有，它主要有两层含义：其一，自性不是存在者，不能被物化；其二，自性不是一成不变的，而是生生不息的。由此，空的要义在于无相和无常，亦即没有有形的实体和永恒的本性。但空性自身是永恒的，它不生不灭，不垢不净，不增不减，亦即寂静涅槃。② 基于"空"的本义，手冢富雄在对话中将其进一步解释为"虚空"（Leere）和"敞开域"（Offenes），并指出它规定了艺术的本性。

海德格尔将手冢富雄所说的"虚空"（Leere）与自身思想中的"虚无"（Nichts）等同起来，

---

① [德] 海德格尔. 《在通向语言的途中》. 孙周兴，译. 北京：商务印书馆，2015 年版，第 103 页。
② 参见 彭富春. 《论慧能》. 北京：人民出版社，2017 年版，第 197 页。

并强调它必须被思为"不同于一切在场者和不在场者的那个本质现身者"①。虚无不是与有相对的无，而是作为存在的虚无。存在的本性即虚无，这是从否定意义上而言的。但虚无不是静止不动，它乃是无化着的无，而无之无化乃是存在。②这样，存在的本性即生成，这是从肯定意义上而言的。无之无化即动态生成的过程，它一方面自我生成，另一方面生成万物。这要求存在自身与存在者保持距离，以此持守自身的虚无本性，并使存在者作为其自身显现出来。海德格尔以无解空，将其理解为存在自身最内在的本性，亦即存在的完满实现。虽然该对话旨在揭示"虚空"与"虚无"之间的同一性，但我们也应注意到二者之间的差异性。前者主要有赖于心的智慧，它旨在揭示人的自心或自性。后者则相关于存在的思想，它是存在自身的规定。相较于色和有，禅宗更偏重于心和空。但过分执着于空又容易陷入神秘主义而成为玄空。海德格尔虽然也指明存在的虚无性，但他更看重存在的存在性，并将其落实到具体的生活世界。

与手冢富雄用"虚空"规定艺术不同，海德格尔在其思想的各个阶段并未直接分析艺术和"虚无"的关系，而是更多地聚焦于艺术和存在的关系。尽管如此，就其以无解空以及虚无与存在在其思想中的同一性而言，基于虚无去探讨艺术不失为一种可能。可以说，对东亚艺术的关注构成了海德格尔从虚无出发思考艺术的契机。这在《艺术与思想》一文中得到了进一步的展开。该文章是1958年5月18日在弗莱堡举办的高级研讨班的研讨记录，参与者包括海德格尔、久松真一及其他若干学者。其中，久松真一是日本佛教学者和禅学家。

海德格尔开宗明义地提出：艺术在我们的时代里是否还有一席之地？他试图在与东亚世界的对话中确立欧洲艺术的本性。他首先从"艺术"一词的翻译入手展开这一对话。久松真一向海德格尔介绍道，日语用"芸术"（Gei-jiz）一词翻译西方的"艺术"概念。海德格尔则好奇日本在接受欧洲艺术概念之前如何对艺术做出本土化规定。久松真一给出的回答为"芸道"（Gei-do），此即艺术之道。"'Do'是中文的'道'（Tao），它不光意味着作为方法的道路；它有着一种与生命、与我们的存在本体的深刻的内在关联。也就是说，艺术对生命本身具有决定性的意义。"③

然次，对话进入了对禅宗艺术的拷问。久松真一指出，艺术是人从现实突入本源，又从本源回归现实的一条道路。其中，回归是更为本质的，此种回归即禅宗真理自行设置入作品之中。禅宗艺术的美就在于真理的显现。显然，久松真一的这些思想得益于海德格尔中期艺术思想。紧接着，久松真一对本源展开阐释。"所谓的现实之本源乃是原始的真正的生命或者自身（Selbst），仿佛是摆脱掉一切束缚的神性的孤寂，是摆脱掉一切礼仪限制的无约束状态。这种无约束的自由状态也被称为虚无（Nichts）。"④久松真一将本源理解为"虚无"的思想无疑会引起海德格尔的共鸣。

随后，海德格尔提起自己和久松真一在维也纳的一次对话，以此展开欧洲艺术和东亚艺术的比较。该对话指出，欧洲艺术本质上以描绘（Darstellung）特征为标志，亦即在形象中使某物可

① [德]海德格尔.《在通向语言的途中》.孙周兴，译.北京：商务印书馆，2015年版，第105-106页。
② 参见 Martin Heidegger. *Seminare*. p. 361.
③ [德]海德格尔.《讲话与生平证词》.孙周兴，张柯，王宏健，译.北京：商务印书馆，2018年版，第660页。
④ [德]海德格尔.《讲话与生平证词》.孙周兴，张柯，王宏健，译.北京：商务印书馆，2018年版，第660-661页。

见。描绘预设了主体和对象，图画被赋予符号和象征的功能。而对于东亚艺术而言，并非形象先行，无形的本源才是首当其冲的，形象乃是原始真理自身的显现。由此，绘画的精髓不在于对形象的刻画，而在于向本源和自身的运动。当然，西方思想并非不重视本源，相反，它对本源的探究肇始于其思想开端古希腊。不过，它往往将本源视为存在者，而禅宗的本源则是"虚空"抑或"虚无"。海德格尔阐释道："如果我们把虚无理解为空间概念，那我们就必须说，这个空间的虚空恰恰是把一切事物聚集起来的设置空间的东西。"① 与其晚期思想的主题相对应，海德格尔在此对禅宗思想的"虚空"做出了空间化和地方性的解读。

经过一番比较之后，众人转向对当代艺术的批判。海德格尔所处的时代发生了具象绘画向抽象绘画的转向。抽象派画家对传统模仿自然的绘画观念提出反叛，这同时意味着对传统绘画形式的挑战。它排斥任何具有象征性、文学性、说明性的表现手法，以直觉和想象力为创作的出发点，在画面上呈现加以综合组织的纯粹造型和色彩。虽然抽象绘画体现了强烈的革新精神，但它仍然囿于具象和抽象的二元对立模式，并且始终受制于所谓的形式。而禅宗艺术的独到之处在于它聚焦于无形的"虚空"自身向人们的显露。

在研讨班最后，海德格尔遗憾地总结道，欧洲人根本就达不到日本人已经存在的地方。日本艺术从"虚空"那里获得其规定性，并始终相关于本源和生命的显现。而欧洲艺术的基因里本就缺乏"无"的元素，"有形"的意义远胜于"无形"。对于研讨班开启之初提出的问题"艺术在我们的时代里是否还有一席之地"，海德格尔并没有给出明确的答案，但我们可以从记录的对话内容中获得一种暗示。海德格尔所处的时代并非艺术消亡的时代，但在他看来，形态各异的艺术并没有获得牢固的根基和最高的规定。而海德格尔自身的思想恰恰补足了这一缺失，他对于"虚无"的探讨与东亚艺术语境中的"虚空"形成了相互映射的镜像，从而为欧洲艺术的复兴提供了原动力②。

此外，我们还需注意到，海德格尔曾在关于克利的笔记中表明，其对克利的探讨与东亚艺术之间具有内在的关联。③ 海德格尔对克利艺术的分析重点落在"使不可见者可见"上。"不可见者"与东亚艺术的"虚空"相互贯通，此二者又都相关于海德格尔的"虚无"。有鉴于此，对于海德格尔而言，东亚艺术与克利艺术对于西方克服形而上学艺术而言具有举足轻重的作用。

通过对海德格尔晚期的艺术思想进行梳理，我们发现它既有对于中期思想的接续，又密切相关于此阶段的思想主题，即"存在的地方"。首先，海德格尔在中期艺术之思的基础之上阐明了艺术与"生成"的关系。根据其晚期为《艺术作品的本源》增添的附录，"存在的意义"和"存在的真理"要从"生成"而来得到规定。"生成"一词从1936年开始就成为海德格尔思想的主导词，

① ［德］海德格尔.《讲话与生平证词》.孙周兴，张柯，王宏健，译.北京：商务印书馆，2018年版，第662—663页。
② Julian Young指出，海德格尔准备让真正的日本艺术成为西方贫困时代的艺术。西方人或许能够通过适应接受日本艺术去体验世界之非形而上学的"另一"在场，并通过这种体验学会居住。参见Julian Young. *Heidegger's Philosophy of Art*. Cambridge: Cambridge University Press, 2001, p. 150.
③ 参见第十九条和第二十四条笔记。

并且其重要性从中期一直延续到晚期。只不过，他晚期更为深入地将"生成"与"道说"关联起来，指出生成乃作为那种道说而运作①，此即存在与语言的共属一体。就艺术思想而言，艺术之于"真理"的揭示意义被进一步深化为其之于"生成"的归属关系。其次，海德格尔晚期的艺术之思紧扣"地方"与作为地方性的"道说"。他将"道说"敞开的"地方"规定为天、地、神、人的居住之所，物化与世界化的发生之域。海德格尔中期侧重于探讨"存在的真理"如何给予艺术一个尺度，本源如何在艺术作品中呈现。与此不同，他晚期更倾向于展现具体的人的存在与世界化的发生，这落脚于人如何获取存在和语言所给予的尺度。艺术和诗的本质在此被规定为接受尺度。最后，海德格尔在分析雕塑艺术和东亚艺术时开启了对艺术与虚无的思考。存在与虚无在海德格尔的思想中本就一而二，二而一，只不过他此前一般从存在的不同向度出发去探讨艺术，而没有从虚无入手。其晚期另辟蹊径，从虚无出发阐释艺术，此举或许可被看作海德格尔为拯救无根的西方现代艺术所做的努力。

第四节　技术的危险与艺术的拯救

海德格尔不仅基于不同时期的思想探讨艺术的本质，还基于所处时代的现实拷问艺术的价值。他所处的现代为技术统治的时代，有鉴于此，"什么是技术的本性"成为其思考的重要议题。

海德格尔思考技术问题始于 20 世纪 30 年代。1938 年 6 月 9 日，他在弗莱堡做了题为《形而上学对现代世界图像的奠基》的演讲，该演讲内容最终以《世界图像的时代》为题被收入《海德格尔文集》第五卷。其中，海德格尔概括了现代的五个现象：科学、机械技术、艺术进入美学的视界之内、人类活动被当作文化来理解和贯彻、弃神。② 包括技术在内的这些现象共同反映出人成为主体与世界成为图像的现代之本质，而这又要溯源于形而上学的根本影响。随后，海德格尔于1949 年在不莱梅开展了题为《观入存在之物》的系列演讲，该系列演讲由《物》《构架》《危险》《转向》组成，为我们思考技术问题提供了最为简明的思想道路。依据这一演讲，应当思考的是：第一，什么是技术？第二，技术何以是"危险"的？第三，技术的"危险"又有怎样的"转向"？

通常而言，技术容易被理解为技术性的东西，例如工具和设备。就此而言，技术只是作为存在者而得到思考。与此不同，技术的本性始终相关于存在自身。从作为存在者的技术出发去追问技术的本性面临着技术自身被遮蔽的困境。因此，海德格尔不是从技术性的东西出发，而是从技术活动本身出发展开思索。他将这一活动的特征概括为"设定"（Stellen）。设定在此是说：挑战，要求，逼向自身设定。此设定发生在服役之中。在服役的命令之中，此服役是针对人的。③ 服役之

---

① 参见 Martin Heidegger. *Unterwegs zur Sprache*. p. 185.

② 参见 [德] 海德格尔.《林中路》. 孙周兴，译. 北京：商务印书馆，2015 年版，第 83~84 页.

③ 参见 Martin Heidegger. *Bremer und Freiburger Vorträge*. p. 27.

中的挑战和要求具有强制性，这种强制性由人施加给物，从而使其服从和听命于人的指令。

"设定"作为技术活动的一般特征具体化为"定做"（Bestellen）。"设定"只是对被设定者的一种表象，此种意义上的挑战还不具备行动的力量。而"定做"乃是"设定"之现实化，它要求实际的效用。于是，挑战（Herausfordern）同时显现为一种采掘（Herausfördern）。采掘所挑战的对象首先是自然。"这种采掘的发生乃由于自然中遮蔽着的能量被开发出来，被开发的东西被改变，被改变的东西被贮藏，被贮藏的东西又被分配，被分配的东西又重新被转换。"[1]在"定做"的循环中，自然与技术之间的边界不再清晰，一切都是可定做的。

"定做"不仅挑战自然，还挑战人类。"定做"肆虐的地方，人不再是"定做"的主人，相反，人自身也变成可定做的。人类就是在定做中出于定做、为了定做而被定做着。[2]对于技术时代的人类而言，"定做"具有规定性。它既是原因，也是目的。人之所以能够"定做"，是因为他首先被设定到一种普遍的"定做"之中。这种普遍的"定做"被海德格尔称为"构架"[3]（Ge-stell）。构架指的是由自身集中起来的、普遍的定做，亦即对在场者整体的完全的可定做状态的定做。定做之循环发生于构架中，并且作为构架而发生。[4]Gestell 的本义为"框架、底座、骨架"，海德格尔用连字符将其拆分，从而变成 Ge-stell。"Ge-"作为德语前缀有"聚集"之意，因此，Ge-stell 就是设定（Stellen）之聚集，或者说，"构架"乃是设定之设定。作为设定之设定的"构架"具体化为"定做"的循环。

在"构架"中，一切存在者都变成构成者。构成者构成着，在于它被设定到一种定做之中。[5]构成者被"构架"所规定，其反映出技术时代存在者独有的存在方式。在西方的存在历史中，存在者之存在具有不同时代的表现形态。古希腊，存在者作为自行显现者成其本性，自行显现即从遮蔽状态转化为无蔽状态。中世纪，上帝作为造物主乃是最高的存在者，上帝之外的一切存在者都作为受造物而存在。近代，存在者以其可被表象性而存在，在此，人作为主体设立作为客体的对象。[6]而在海德格尔所处的现代，存在者只是构成者，构成者获得权力之际，连作为在场者之特征的对象也崩塌了[7]。对象对于主体而言至少还具有整体性，而构成者只是碎片。碎片不同于部分，因为部分总是整体的部分，而碎片只是分崩离析的产物。部分作为整体的部分有其不可替代性，

---

① Martin Heidegger. *Vorträge und Aufsätze*. p. 17.

② 参见 Martin Heidegger. *Bremer und Freiburger Vorträge*. p. 30.

③ 关于"构架"，芭芭拉·波尔特有一个生动的比喻。她指出，构架，就和画框一样，规定了什么可以作为图像的一部分被看见。画框之外的任何东西都失去了真正的意义。因此，构架为我们如何瞭望和理解我们所居住的世界设定了参数。作为去蔽的唯一方式，我们无法以其他方式观看这个世界了，构架的去蔽威胁着人类与自己的关系和与其他一切东西的关系。一切人和事都成为资源，作为控制和增加利益的手段而被使用。参见 [澳] 芭芭拉·波尔特.《海德格尔眼中的艺术》. 章辉，译. 重庆：重庆大学出版社，2016 年版，第 101 页。

④ 参见 Martin Heidegger. *Bremer und Freiburger Vorträge*. p. 32.

⑤ 参见 Martin Heidegger. *Bremer und Freiburger Vorträge*. p. 26.

⑥ 西方不同时代的存在者之存在方式参见 Martin Heidegger. *Bremer und Freiburger Vorträge*. pp. 39—40.

⑦ 参见 Martin Heidegger. *Bremer und Freiburger Vorträge*. p. 26.

而任何一个碎片都可以为另一个碎片所替代。在技术时代，不仅物成为碎片，人自身也沦为碎片。[①]

海德格尔指出，"构架"不是别的什么，而是技术的本性。从"构架"而来才有"设定"的聚集和"定做"的循环，进而才有作为存在者的技术。然而，"构架"却被海德格尔打上"危险"的标签。"构架"作为"危险"不能简单地理解为技术发展所造成的隐患。根据海德格尔，构架是存在的真理的完成了的被遗忘状态。[②] 由此，"构架"作为"危险"就在于它遗忘了"存在的真理"。不过，这只是"危险"的表层含义。事实上，"构架"作为"危险"的深层含义在于"构架"的本性即"危险"。"危险"在此并非这一危险或那一危险，而是存在（Seyn）自身。

存在自身之所以是"危险"，其根本原因在于，"危险"并不显示自身为"危险"。"危险"作为它所是的"危险"遮蔽自身，这体现了存在自身遮蔽的本源性。这在海德格尔中期的"存在历史"之思中有所体现。就作为 Seyn 的存在而言，它主要包含两层含义：其一，存在自身，即"存在的真理"；其二，历史性、命运性的存在。鉴于存在自身遮蔽的本源性，"存在的真理"必定历史性、命运性地显现出来。但与此同时，这种历史性、命运性的显现又可能遮蔽存在自身。正如海德格尔所说，存在自身成其本性，在于它转离了它的本性，这种转离伴随着它的遗忘又转回它的本性。[③] 存在自身必须离开其本源性的自行遮蔽而走向无蔽，这需要通过历史性的去蔽来完成。但这种历史性的去蔽同时可能形成新的遮蔽，从而导致存在的遗忘，因此又要从历史性的存在转回存在自身遮蔽的本性，从而达到"存在的真理"。此即"存在历史"的生成过程。

在技术时代，存在自身去蔽的历史性形态显现为"构架"，"构架"却又导致了存在的遗忘。但"构架"之所以能够遮蔽"存在的真理"，是因为"构架"乃自身遮蔽的存在进行去蔽的一种方式。换言之，存在的遗忘之所以可能，乃在于存在的遗弃的本源性 [④]。因此，我们不能仅仅从技术的视域出发去理解"构架"，"构架"的本性相关于存在自身。"构架"乃存在的伪装形态，而存在之所以是"危险"，就在于其自行伪装的本性。

关于如何克服这一"危险"，海德格尔并未从其之外寻找出路，而是指出"危险"自身便是拯救，这在于存在的本性中隐含着一种"转向"的可能性。存在之所以是"危险"，是因为它必须首先离开自身的本性才能成其本性。而存在之所以同时是拯救，乃在于这一转身离开又为转回提供了可能性。在"转向"中，存在的本性照亮自身，海德格尔称其为闪烁（Blitzen）。这种闪烁同时也是一种闪入（Einblitz），即"存在的真理"向"构架"的闪入。闪入作为存在自身的生成同时意味着洞见（Einblick）。洞见不同于一般的观看，它不是观入某一存在者，而是洞见"存在的真理"。

虽然存在作为"危险"亦是拯救，但此种拯救也需要人去承担。我们应当思索：如何从技术

① 关于西方历史上存在者之存在方式，Walter Biemel 总结道："与存在者打交道的方式在希腊被理解为生产（Her-vor-bringen），后来被理解为对象化（Vergegenstandlichung），最后在现代被理解为持存化（Beständigung），在这个过程中我们会发现无蔽状态的变化。" 参见 Walter Biemel. *Martin Heidegger in Selbstzeugnissen und Bilddokumenten*. Reinbek bei Hamburg: Rowohlt, 1973, p. 116.

② 参见 Martin Heidegger. *Bremer und Freiburger Vorträge*. p. 53.

③ 参见 Martin Heidegger. *Bremer und Freiburger Vorträge*. p. 67.

④ 参见 Martin Heidegger. *Beiträge zur Philosophie (Vom Ereignis)*. p. 107.

这一直接给予的现实转回"存在的真理"？海德格尔为我们提供了启示，即从设定（Stellen）一词的词源学语义入手寻找线索。他指出，德语 Stellen 对应于希腊语 Thesis（设置），而 Thesis 又要在 Physis（自然）中得到更本源的思索。自然即"带出来"，亦即从遮蔽状态带向无蔽状态，此乃去蔽。这在希腊语中的表达为 Aletheia，亦即本真意义上的真理。当我们从自然出发思索 Stellen 时，技术不再相关于设定，而是相关于存在的敞开。

一言以蔽之，技术最原初与最根本的规定乃是存在自身。但鉴于存在自身遮蔽的本源性，技术的本性难逃被遮蔽的命运。因此，我们可以尝试从技术的近邻即艺术出发去思索技术的本性以及"转向"的路径。这正是海德格尔在《技术的追问》（1953 年）一文中带给我们的启示。其中，他接续了 1949 年不莱梅演讲的思想，在论述了以往工具性和人类学的技术规定的前提下指出，技术乃是一种去蔽方式，其本质在于"真理"的领域。

在对"技术"一词进行词源学考察时，海德格尔聚焦于 Techne 阐发技术与艺术之间的关系。我们知道，Techne 在古希腊既表示技艺，又表示艺术，并且其最根本的含义为作为去蔽的认识。由此出发，海德格尔将技术与艺术的亲缘关系置于其存在思想的背景之下，澄清此二者在揭示存在方面具有同一性。只不过，技术的去蔽对存在而言又造成遮蔽，而艺术的去蔽则是存在的如实敞开。这根源于作为开端的古希腊艺术，当时，存在被诸神所规定，而艺术承担和完成着诸神的去蔽，顺从于真理的运作和保藏。然而，艺术在后来成为审美的对象和文创的产物，从而遗忘了最原初的使命。不过，海德格尔并未完全丧失信心，他从荷尔德林的诗歌中看到了艺术复兴的希望。与海德格尔一样，荷尔德林也怀有对于希腊家园的思念之情。有鉴于此，思者时常与诗人的诗句产生共振。海德格尔曾在其文章中提及"但哪里有危险，哪里也生拯救""……人诗意地居住在此大地上"这两句诗。显然，海德格尔在此指明要着眼于诗意进行拯救，而诗意又贯通一切艺术，因而，技术时代的危险有赖于艺术的诗意拯救。

不过，在实现艺术对技术的拯救之前，艺术还必须完成自我拯救。因为在海德格尔所处的时代，艺术仍然受制于传统观念而失却其本性。在《海德格尔文集》第七十四卷《论语言的本质和艺术的追问》中，他对传统的艺术观进行了批判，这些看法包括以下几个方面：第一，艺术是描述－复制之前看到的美的东西；第二，艺术通过"天才"－"人格"创造；第三，艺术帮助支持国家权威；第四，艺术被组织为产业——作为"世界观"的"表达"；第五，艺术－殿堂——博物馆。[①]海德格尔总结道，以上观点全都体现了基于政治权力的教条主义，而掩盖了艺术植根于存在的本质。除此之外，他还重点批判了美学框架下的体验论艺术观。在《艺术作品的本源》后记中，他指出，美学起初把艺术作品当作感性知觉的对象，而后感知变为体验，它对于艺术享受和艺术创作而言都是决定性的。然而，体验并没有随着形而上学的终结而消失，而是被现代技术进一步强化。"但

---

① 参见 Martin Heidegger. *Zum Wesen der Sprache und zur Frage nach der Kunst*. Frankfurt am Main: Vittorio Klostermann, 2010, p. 204.

也许体验却是艺术死于其中的因素。"① 因此，艺术必须挣脱传统观念尤其是体验论的桎梏，寻回其本质性的诗意因素，亦即接受存在所给予的尺度。

艺术完成自我拯救的过程即艺术回归存在家园的过程，存在的本性借此得到揭示。而这对于敞开技术的本性而言又是关键性的，我们由此沉思技术在何种意义与何种程度上遮蔽了存在自身。有鉴于此，关于艺术之本性的思索将为我们敞开一条在根本上思考技术问题的道路，而这正是通往存在自身的道路。最终，技术的"危险"从艺术那里获得拯救，技术的"转向"凭借艺术的诗意去蔽得以实现，艺术之于我们时代的重要意义在此显现出来。②

综上所述，艺术之思贯穿了海德格尔的思想整体并构成其美学思想的重中之重。虽然相关思想散见于其不同时期的不同文本之中，但通过对其进行系统梳理，我们不难发现，存在作为主要脉络贯穿其中，并且其早、中、晚期的艺术思想都紧扣其所属时期的思想主题，即"存在的意义""存在的真理""存在的地方"。由此可见，其艺术思想始终在追问存在的背景之下展开。正如他在《艺术作品的本源》中所说："只有从存在问题出发，对艺术是什么这个问题的沉思才得到了完全的和决定性的规定。"③ 艺术的本性唯有在原初的存在之维中得到规定，海德格尔艺术阐释的独特性就此展现出来。

---

① Martin Heidegger. *Holzwege*. p. 67.

② Walter Biemel 指出，这是一个转折过程的起点，这一可能的转折作为拯救出现在那个最大的危险中。可以说，这一转变是由艺术造成的，因为在艺术中主要的问题从来都是使存在者呈现出来，同时也使人呈现出来；这一转变也可以出现在思中，这种思，依照海德格尔的理解，是与哲学相区别的。参见 Walter Biemel. *Martin Heidegger in Selbstzeugnissen und Bilddokumenten*. Reinbek bei Hamburg：Rowohlt, 1973, p. 122.

③ Martin Heidegger. *Holzwege*. p. 73.

作为现代思想家，海德格尔的贡献在于他首当其冲地将"存在作为虚无"形成专题，并将其作为毕生所思的论题。在批判传统形而上学的基础之上，他一针见血地指出理性哲学已退出历史舞台，取而代之的是存在哲学。存在（虚无）问题作为一条红线贯穿了海德格尔的整个思想道路。这条道路上竖立着三个清晰的路标："意义""真理""地方"。由此，道路发生过两次转向并形成阶段性的特点。早期，他基于世界性和时间性追问"存在的意义"；中期，他基于历史性揭示"存在的真理"；晚期，他基于语言性倾听"存在的地方"。早、中、晚期的差异不仅体现在思想主题上，还体现在研究路径上。海德格尔早期从"此在"出发追问"存在的意义"，中期反过来从"存在的真理"出发规定"历史性的人"，晚期则聚焦于世界与物的"之间"，此即天、地、神、人四元居住的"存在的地方"。通过对海德格尔的思想道路进行整体性与阶段性的勾勒，我们不难发现，其存在阐释并非抽象与空洞的理论，而是与现实世界和人的存在密不可分。存在存在化（虚无虚无化）的过程就是存在（虚无）通过具体的存在者实现其自身的过程，与此同时，存在者也获得其本真存在的尺度。

除了建立存在哲学之外，海德格尔还在解构理性美学的基础之上提出存在美学。在西方思想史上，理性美学先后体现为诗学、美学（感性学）、鉴赏判断力学和艺术哲学。虽然它们形态各异，但都笼罩在理性哲学的阴影之下。即使其中含有感性认识的自觉，它也以理性认识为依托。而在海德格尔看来，美学不仅要摆脱理性哲学的束缚，还要冲破感性认识的限制，最重要的是超出此二元论框架而抵达本源性的存在自身。由此，海德格尔将美学从理性的领域拉入存在的领域，使其聚焦于存在自身如何审美化。他不仅质疑了理性美学在现代的合法性，还对传统的理论架构提出挑战。按照惯例，真、善、美三者所对应的学科分别为认识论、伦理学、美学，海德格尔却将相互分离的此三者统一于存在自身。在他看来，真、善、美乃是存在自身显现的三个不同维度。存在美学因而实现了真、善、美的合一。依据海德格尔思想道路的两次转向，其美学呈现出阶段性的特点。早期，他基于"此在"的在世存在敞开理解和解释的生存论结构，这为解释学美学提供了哲学基础；中期，他基于"存在历史"的发生即"生成"思想阐释荷尔德林的诗歌与探问艺术作品的本源，指出诗歌与艺术作品既敞开历史性民族的"真理"，又揭示"存在的真理"；晚期，他基于开端性的"道说"敞开"存在的地方"，通过解析雕塑艺术、东亚艺术以及倾听诗意语言揭示作为虚空的"地方"和作为家园的"道说"，最终将美学问题转化为诗意居住问题。

有史以来，哲学的三大主题为存在、思想和语言，与之相应，美、美感和艺术为美学的三大主题。不过，此三者在西方美学史上的历史语义并不切中海德格尔的思想。按照传统，美学旨在探讨美的本质，即现象与本质二元论意义上的外在规定。海德格尔则将美的本质转换为美的存在，以此显示美作为其自身如何生成。美感一般被规定为审美主体对客体的审美感觉，然而海德格尔抛弃了体验论意义上的美感，将其转换为美的存在的经验。体验蕴含了主客结构并且主客分离，经验则超出主客关系而指向人与存在之美的合一。艺术通常因艺术家的创作与鉴赏家的批评而有意义，海德格尔则将艺术的本源规定为存在，并认为艺术作为诗意创作相关于存在之美的显现。从美的存在、美的存在的经验、艺术（诗）三个维度出发，海德格尔的美学思想可以得到系统而深入的阐释。

就美的存在而言，早期他通过"此在"的生存活动揭示"存在的意义"，美的存在具体化为"此在"的生存之美，美在此阶段是"此在"的敞开。中期他直接揭示"存在的真理"的历史性生成，美在此阶段是"真理"的发生。晚期他转向"存在的地方"，并将"地方"之地方性归于"道说"。"道说"敞开的"地方"不仅聚集了世界化和物化的发生，还聚集了天、地、神、人四元的居住。美在此阶段是诗意的居住。总的来说，在海德格尔这里，存在即美，美即存在。进一步而言，存在自身必须借助于存在者的存在活动来完成去蔽，美因此就是生活世界本身的显现和完成，甚至是它的完美。这样，美就是一种圆满的最高的存在，这在于它是本性的完满实现。美就此从对象化领域中解放出来，人与美不再主客分离，而是本源性地合一与共在。

就美的存在的经验而言，海德格尔主要聚焦于情态问题的阐释。其独特性在于他不再囿于感性认识的范围而是在开端性的存在那里为情绪建立根基。海德格尔对情态问题的思考贯穿其思想道路的始终。这主要体现为早期的"畏惧"、中期的"既惊恐又畏惧的压抑"，以及晚期的"痛苦"与"欢乐"。早期，"畏惧"敞开了在世存在的整体，它不仅揭示出"世界之无"，还敞开了"此在之无"（"无家可归"与"向死存在"）；中期，"既惊恐又畏惧的压抑"构成了"另一开端"的基本情绪，"压抑"敞开了存在对万物的生成以及人对存在的守护；晚期，"痛苦"敞开了世界与物之间的张力以及世界化和物化的过程，而"欢乐"意味着返回本源即"道说"敞开的存在家园。不过，情态的根本形态为"泰然让之"，其本义为"平静"，它作为"让存在"敞开了存在、人以及万物的本性。总而言之，海德格尔的情态阐释解构了流俗意义上对"畏惧""惊恐""压抑""痛苦""欢乐""平静"的理解，将其由个人化的情绪和情感转化为存在学上超越价值判断的情态。情态无所谓积极或消极，作为美的存在的经验，其本身就是完满的。除此之外，其情态阐释还解构了心理功能的既有规定。按照传统定义，人的心理功能被划分为知、意、情。与认识和意志相比，情感处于低位。然而海德格尔认为知、意、情的区分结构破坏了人原始的整体性，并且比人的心理更为根本的乃是人的存在，这又要诉诸存在自身。由此，海德格尔赋予情态以存在的底色，并凸显其较之于认识和意志的优先性。不过，他在试图走向情态时亦遮蔽了其自身的独立性。在他这里，情态阐释只是手段，存在阐释才是目的。如何真正走向情态自身，是海德格尔已思中的未思之物，也是后继的思想者们亟须承接的思想的事情。

就艺术（诗）而言，海德格尔在克服传统美学和技术主义的双重任务下对其进行阐释。他指出，艺术进入美学的视界之内是现代的基本现象之一。在美学的规定之下，艺术既被刻上人类的烙印，又被逼入对象的领域。海德格尔将艺术从传统美学的统治下解放出来，从存在自身出发思考艺术，并将其规定为存在的本真敞开样式。在技术肆虐的时代，海德格尔对无家可归的困境有所体认，并指引人们从艺术出发拯救技术，因为此二者在本质上具有亲缘关系，它们都相关于存在的去蔽。只不过技术的去蔽对存在而言又造成遮蔽，而艺术的去蔽则是存在的如实敞开。由此，关于艺术的思索将为我们敞开一条在根本上思考技术的道路，而这正是通往存在自身的道路。早期，他在"此在"的生存论分析中提出诗歌是"此在"理解存在的方式之一，敞开生存可以成为"诗的"话语的目的。在此阶段，艺术是"生存"的显示。中期，他通过分析诗歌、绘画、建筑、戏剧、音乐等艺术门类指出，艺术是"真理"的生成。晚期，他通过探讨诗歌、绘画、建筑、音乐以及东亚艺术等形式提出，艺术是"地方"的创建。一言以蔽之，艺术在海德格尔这里只是其存在之思的注脚，其自身的独立性并未彰显出来。这种用存在统摄诗歌、绘画、建筑、雕塑、戏剧、音乐等一切艺术门类从而敉平其差异性的做法，究竟是对艺术的去蔽还是遮蔽，这是一个有待深思的问题。不过，海德格尔的艺术之思对于解决现代技术所造成的困境确实兼具理论意义与现实意义。他不仅基于其思想的地图，还基于战后德国的社会和政治现实，从本真的艺术出发为现代技术寻求出路。就像他在题为《今日人类与艺术的关系》的讲话中所述，虽然如今艺术在现代工业社会的文化产业里越来越像一个有用之物的组成部分一般被消耗，但问题依然是是否恰恰艺术在今天还最有可能得到规定，去接受和引导对技术世界的辨析，对现代技术最本己之物的辨析[①]。尽管海德格尔在此抛出了一个问题，但依照其思想的实情，此处的答案显然是肯定的。不同于现代技术所构建的格式化、碎片化、干瘪化的世界，艺术所生成的乃是开放化、整一化、立体化的世界。这个生机勃勃的世界敞开了意义境域，以此指引人们踏上归家之路。

---

① 参见 [德] 海德格尔.《讲话与生平证词》. 孙周兴, 张柯, 王宏健, 译. 北京: 商务印书馆, 2018 年版, 第 694 页。

参考文献
References

一、海德格尔的文献

原著

[1] Martin Heidegger. Sein und Zeit[M]. Frankfurt am Main: Vittorio Klostermann, 2007.

[2] Martin Heidegger. Beiträge zur Philosophie (Vom Ereignis) [M]. Frankfurt am Main: Vittorio Klostermann, 1989.

[3] Martin Heidegger. Unterwegs zur Sprache[M]. Frankfurt am Main: Vittorio Klostermann, 1985.

[4] Martin Heidegger. Seminare[M]. Frankfurt am Main: Vittorio Klostermann, 1986.

[5] Martin Heidegger. Erläuterungen zu Hölderlins Dichtung[M]. Frankfurt am Main: Vittorio Klostermann, 1981.

[6] Martin Heidegger. Holzwege[M]. Frankfurt am Main: Vittorio Klostermann, 1977.

[7] Martin Heidegger. Vorträge und Aufsätze[M]. Frankfurt am Main: Vittorio Klostermann, 2000.

[8] Martin Heidegger. Wegmarken[M]. Frankfurt am Main: Vittorio Klostermann, 1976.

[9] Martin Heidegger. Zum Wesen der Sprache und zur Frage nach der Kunst[M]. Frankfurt am Main: Vittorio Klostermann, 2010.

[10] Martin Heidegger. Aus der Erfahrung des Denkens[M]. Frankfurt am Main: Vittorio Klostermann, 1983.

[11] Martin Heidegger. Zur Sache des Denkens[M]. Frankfurt am Main: Vittorio Klostermann, 2007.

[12] Martin Heidegger. Reden und andere Zeugnisse eines Lebensweges[M]. Frankfurt am Main: Vittorio Klostermann, 2000.

[13] Martin Heidegger. Bremer und Freiburger Vorträge[M]. Frankfurt am Main: Vittorio Klostermann, 1994.

[14] Martin Heidegger. Hölderlins Hymnen »Germanien« und »Der Rhein«[M]. Frankfurt am

Main: Vittorio Klostermann, 1980.

[15] Martin Heidegger. Nietzsche (Erster Band) [M]. Frankfurt am Main: Vittorio Klostermann, 1996.

[16] Martin Heidegger. Einführung in die Metaphysik[M]. Frankfurt am Main: Vittorio Klostermann, 1983.

[17] Martin Heidegger. Grundbegriffe der Aristotelischen Philosophie[M]. Frankfurt am Main: Vittorio Klostermann, 2002.

[18] Martin Heidegger. Überlieferte Sprache und Technische Sprache[M]. St. Gallen: Erker, 1989.

[19] Martin Heidegger. Bemerkungen zu Kunst-Plastik-Raum[M]. St. Gallen: Erker, 1996.

英文译本

[1]   Martin Heidegger. Being and Time[M]. Joan Stambaugh, trans.. Albany: State University of New York Press, 1996.

[2]   Martin Heidegger. On the Way to Language[M]. Peter D. Hertz, trans.. san Francisco: Harper & Row，Publishers, 1982.

[3]   Martin Heidegger. Elucidations of Hölderlin's Poetry[M]. Keith Hoeller, trans.. New York: Humanity Books, 2000.

[4]   Martin Heidegger. Basic Writings[M]. David Farrell Krell, ed.. New York: HarperCollins Publishers, 1993.

[5]   Martin Heidegger. Pathmarks[M]. William McNeill, ed.. Cambridge: Cambridge University Press, 1998.

[6]   Martin Heidegger. Bremen and Freiburg Lectures[M]. Andrew J. Mitchell, trans.. Bloomington: Indiana University Press, 2012.

[7]   Martin Heidegger. Poetry, Language, Thought[M]. Albert Hofstadter, trans.. New York: Harper Perennial Modern Thought, 2013.

[8]   Martin Heidegger. Basic Concepts of Aristotelian Philosophy[M]. Robert D. Metcalf, Mark B. Tanzer, trans.. Bloomington: Indiana University Press, 2009.

中文译本

[1]   [德] 海德格尔 . 存在与时间 [M]. 陈嘉映，王庆节，译 . 北京：商务印书馆，2020.

[2]   [德] 海德格尔 . 哲学论稿（从本有而来）[M]. 孙周兴，译 . 北京：商务印书馆，2014.

[3]   [德] 海德格尔 . 在通向语言的途中 [M]. 孙周兴，译 . 北京：商务印书馆，2015.

[4] [德]海德格尔.讨论班[M].王志宏，石磊，译.北京：商务印书馆，2018.

[5] [德]海德格尔.荷尔德林诗的阐释[M].孙周兴，译.北京：商务印书馆，2014.

[6] [德]海德格尔.林中路[M].孙周兴，译.北京：商务印书馆，2015.

[7] [德]海德格尔.演讲与论文集[M].孙周兴，译.北京：商务印书馆，2018.

[8] [德]海德格尔.路标[M].孙周兴，译.北京：商务印书馆，2014.

[9] [德]海德格尔.从思想的经验而来[M].孙周兴，杨光，余明锋，译.北京：商务印书馆，2018.

[10] [德]海德格尔.面向思的事情[M].陈小文，孙周兴，译.北京：商务印书馆，2014.

[11] [德]海德格尔.讲话与生平证词[M].孙周兴，张柯，王宏健，译.北京：商务印书馆，2018.

[12] [德]海德格尔.不莱梅和弗莱堡演讲[M].孙周兴，张灯，译.北京：商务印书馆，2018.

[13] [德]海德格尔.荷尔德林的颂歌《日耳曼尼亚》与《莱茵河》[M].张振华，译.北京：商务印书馆，2018.

[14] [德]海德格尔.尼采（上卷）[M].孙周兴，译.北京：商务印书馆，2015.

[15] [德]海德格尔.形而上学导论[M].熊伟，王庆节，译.北京：商务印书馆，2017.

二、研究海德格尔的文献

著作

[1] Martin Poltrum. Schönheit und Sein bei Heidegger[M]. Wien: Passagen Verlag, 2005.

[2] Friedrich-Wilhelm von Herrmann. Heideggers Philosophie der Kunst[M]. Frankfurt am Main: Vittorio Klostermann, 1991.

[3] Günter Seubold. Kunst als Enteignis: Heideggers Weg zu einer nicht mehr metaphysischen Kunst[M]. Bonn: Bouvier Verlag, 1996.

[4] Otto Pöggeler. Bild und Technik: Heidegger, Klee und die Moderne Kunst[M]. München: Wilhelm Fink Verlag, 2002.

[5] Vladimir Vukićević. Sophokles und Heidegger[M]. Stuttgart · Weimar: J.B. Metzler, 2003.

[6] Elisabeth Körfer. „Abwesen entbirgt Anwesen ": Heideggers Deutung der bildenden Kunst der Moderne[M]. Bonn: Bouvier, 2008.

[7] Iris Buchheim. Wegbereitung in die Kunstlosigkeit: Zu Heideggers Auseinandersetzung mit Hölderlin[M]. Würzburg: Königshausen & Neumann, 1994.

[8] Susanne Ziegler. Heidegger, Hölderlin und die Aletheia[M]. Berlin: Duncker & Humblot, 1981.

[9] Holger Helting. Heideggers Auslegung von Hölderlins Dichtung des Heiligen: Ein Beitrag

zur Grundlagenforschung der Daseinsanalyse[M]. Berlin: Duncker & Humblot, 1999.

[10] Romano Pocai. Heideggers Theorie der Befindlichkeit: Sein Denken zwischen 1927 und 1933[M]. Freiburg/München Verlag Karl Alber, 1996.

[11] Byung-Chul Han. Heideggers Herz: Zum Begriff der Stimmung bei Martin Heidegger[M]. München: Wilhelm Fink Verlag, 1996.

[12] Paola-Ludovika Corando. Affektenlehre und Phänomenologie der Stimmungen: Wege einer Deutung des Emotionalen[M]. Frankfurt am Main: Vittorio Klostermann, 2002.

[13] Heinrich Wiegand Petzet. Auf einen Stern zugehen: Begegnungen und Gespräche mit Martin Heidegger 1929—1976[M]. Frankfurt am Main: Societäts-Verlag, 1983.

[14] Walter Biemel. Martin Heidegger in Selbstzeugnissen und Bilddokumenten[M]. Reinbek bei Hamburg: Rowohlt, 1973.

[15] Julian Young. Heidegger's Philosophy of Art[M]. Cambridge: Cambridge University Press, 2001.

[16] Julian Young. The Philosophy of Tragedy: From Plato to Žižek[M]. Cambridge: Cambridge University Press, 2013.

[17] Andrew J. Mitchell. Heidegger among the Sculptors: Body, Space, and the Art of Dwelling[M]. California: Stanford University Press, 2010.

[18] Hubert L. Dreyfus. Background Practices: Essays on the Understanding of Being[M]. Mark A. Wrathall, ed.. Oxford: Oxford University Press, 2017.

[19] Lin Ma. Heidegger on East-West Dialogue[M]. New York & London: Routledge, 2007.

[20] 海德格尔，奥特，等 . 海德格尔与神学 [M]. 刘小枫，选编 . 孙周兴，等，译 . 香港：汉语基督教文化研究所，1998.

[21] [德] 比梅尔 . 海德格尔 [M]. 刘鑫，刘英，译 . 北京：商务印书馆，1996.

[22] [美] 罗森 . 诗与哲学之争——从柏拉图到尼采、海德格尔 [M]. 张辉，译 . 北京：华夏出版社，2004.

[23] [澳] 芭芭拉·波尔特 . 海德格尔眼中的艺术 [M]. 章辉，译 . 重庆：重庆大学出版社，2016.

[24] 彭富春 . 论海德格尔 [M]. 北京：人民出版社，2012.

[25] 王昌树 . 海德格尔生存论美学 [M]. 上海：学林出版社，2008.

[26] 刘旭光 . 海德格尔与美学 [M]. 上海：上海三联书店，2004.

[27] 张汝伦 .《存在与时间》释义（上）[M]. 上海：上海人民出版社，2014.

[28] 孙周兴 . 语言存在论——海德格尔后期思想研究 [M]. 北京：商务印书馆，2011.

[29] 张海涛 . 澄明与遮蔽：海德格尔主体间性美学思想研究 [M]. 北京：人民出版社，2013.

期刊论文

[1] Paola-Ludovika Coriando. Wahrheit und stimmung: grundelemente der theorie und praxis der psychotherapie[J]. Daseinsanalyse,2012(28): 113-122.

[2] Paola-Ludovika Coriando. Geschichte der emotionen: stimmungen und gefühle in der philosophie[J]. Daseinsanalyse, 2006(22): 64-72.

[3] Ute Guzzoni.Heidegger: space and art[J]. Natureza Humana, 2002,4(1): 59-110.

[4] [德] 冯·赫尔曼. 本有与对技术、政治与艺术之本质的追问 [J]. 王宏健，译. 伦理学术，2018（2）.

[5] 劳赫·胡恩. 海德格尔与谢林的哲学对话 [J]. 庞昕，译. 社会科学家，2017（12）.

[6] 张汝伦.《存在与时间》为什么重要？[J]. 中国人民大学学报，2010（2）.

[7] 张祥龙. 海德格尔论老子与荷尔德林的思想独特性——对一份新发表文献的分析 [J]. 中国社会科学，2005（2）.

[8] 萧师毅，池耀兴. 海德格尔与我们《道德经》的翻译 [J]. 世界哲学，2004（2）.

[9] 李红霞. 海德格尔晚期"神"的真义——兼对流俗解读的批评 [J]. 西南政法大学学报，2016（3）.

[10] 孙周兴. 海德格尔与德国当代艺术 [J]. 学术界，2017（8）.

[11] 孙周兴. 为什么我们需要一种低沉的情绪？——海德格尔对哲学基本情绪的存在历史分析 [J]. 江苏社会科学，2004（6）.

[12] 宋聪聪. 凡高的第九双鞋——走出农鞋阐释罗生门的一个尝试 [J]. 文艺研究，2020（3）.

[13] 谷鹏飞. 艺术如何通达真理——海德格尔美学之思的三条不同道路 [J]. 河北大学学报（哲学社会科学版），2010（6）.

[14] 支运波. 急迫、建基与敞开：海德格尔对诗的沉思 [J]. 社会科学，2017（9）.

三、其他文献

著作

[1] Karl Marx. Writings of the Young Marx on Philosophy and Society[M]. Loyd D. Easton, Kurt H. Guddat, trans.. New York: Garden City, 1967.

[2] [古希腊] 柏拉图. 柏拉图文艺对话集 [M]. 朱光潜，译. 北京：人民文学出版社，2008.

[3] [古希腊] 亚里士多德. 尼各马可伦理学 [M]. 廖申白，译注. 北京：商务印书馆，2003.

[4] [古希腊] 亚里士多德. 诗学 [M]. 陈中梅，译注. 北京：商务印书馆，1996.

[5] [古希腊] 亚里士多德. 形而上学 [M]. 吴寿彭，译. 北京：商务印书馆，1959.

[6] 马克思.1844年经济学哲学手稿[M].中共中央马克思恩格斯列宁斯大林著作编译局，译. 北京：人民出版社，2000.

[7] [德]鲍姆嘉腾.美学[M].简明，王旭晓，译.北京：文化艺术出版社，1987.

[8] [德]谢林.先验唯心论体系[M].梁志学，石泉，译.北京：商务印书馆，2006.

[9] [德]伽达默尔.诠释学Ⅰ：真理与方法[M].洪汉鼎，译.北京：商务印书馆，2010.

[10] [德]尼采.尼采著作全集（第十二卷）[M].孙周兴，译.北京：商务印书馆，2010.

[11] [德]尼采.尼采著作全集（第六卷）[M].孙周兴，李超杰，余明锋，译.北京：商务印书馆，2015.

[12] [德]尼采.悲剧的诞生[M].孙周兴，等，译.上海：上海人民出版社，2016.

[13] 彭富春.哲学美学导论[M].北京：人民出版社，2005.

[14] 彭富春.美学原理[M].修订版.北京：人民出版社，2021.

[15] 彭富春.论老子[M].北京：人民出版社，2014.

[16] 彭富春.论慧能[M].北京：人民出版社，2017.

[17] 邓晓芒，赵林.西方哲学史[M].北京：高等教育出版社，2005.

[18] 赵敦华.现代西方哲学新编[M].北京：北京大学出版社，2001.

[19] 李醒尘.西方美学史教程[M].北京：北京大学出版社，1994.

[20] 李泽厚.美学四讲[M].桂林：广西师范大学出版社，2001.

[21] 中央美术学院人文学院美术史系外国美术史教研室.外国美术简史[M].北京：中国青年出版社，2014.

期刊论文

[1] 彭富春.哲学的主题与方法[J].哲学研究，2005（3）.

[2] 彭富春.身体与身体美学[J].哲学研究，2004（4）.

[3] 刘旭光.亚里士多德"ousia"范畴的哲学意义[J].上海师范大学学报（哲学社会科学版），2005（4）.

[4] 龚曼.保罗·克利艺术作品中呈现的中国艺术元素[J].卷宗，2019（25）.

[5] 司徒立.我的绘画姿态[J].新美术，2014（3）.

[6] 丰雅鑫.艺术作为创造力意志的直接表达[J].美与时代（下旬刊），2017（3）.

[7] 丰雅鑫.从"真理"到"地方"——论海德格尔艺术思想的"转向"[J].文艺理论研究，2021（3）.

[8] 丰雅鑫.存在与情态——海德格尔追问情态的道路[J].学术探索，2021（12）.

附录
Appendix

《海德格尔文集》目录 [①]

Ⅰ. Abteilung: Veröffentlichte Schriften（1910—1976）

1. Frühe Schriften (1912—1916)

2. Sein und Zeit (1927)

3. Kant und das Problem der Metaphysik (1929)

4. Erläuterungen zu Hölderlins Dichtung (1936—1968)

5. Holzwege (1935—1946)

6.1 Nietzsche Ⅰ (1936—1939)

6.2 Nietzsche Ⅱ (1939—1946)

7. Vorträge und Aufsätze (1936—1953)

8. Was heißt Denken? (1951—1952)

9. Wegmarken (1919—1961)

10. Der Satz vom Grund (1955—1956)

11. Identität und Differenz (1955—1957)

12. Unterwegs zur Sprache (1950—1959)

13. Aus der Erfahrung des Denkens (1910—1976)

14. Zur Sache des Denkens (1962—1964)

15. Seminare (1951—1973)

16. Reden und andere Zeugnisse eines Lebensweges (1910—1976)

---

① 本目录根据《海德格尔文集》出版社 Vittorio Klostermann 编制的出版计划整理而成。参见 https://www.klostermann.de/Buecher/Seite-/-Kategorie/Editionsplan。

II . Abteilung: Vorlesungen （1919—1944）

Marburger Vorlesungen （1923—1928）

17. Einführung in die phänomenologische Forschung

18. Grundbegriffe der Aristotelischen Philosophie

19. Platon: Sophistes

20. Prolegomena zur Geschichte des Zeitbegriffs

21. Logik. Die Frage nach der Wahrheit

22. Die Grundbegriffe der antiken Philosophie

23. Geschichte der Philosophie von Thomas von Aquin bis Kant

24. Die Grundprobleme der Phänomenologie

25. Phänomenologische Interpretation von Kants Kritik der reinen Vernunft

26. Metaphysische Anfangsgründe der Logik im Ausgang von Leibniz

Freiburger Vorlesungen （1928—1944）

27. Einleitung in die Philosophie

28. Der deutsche Idealismus (Fichte, Schelling, Hegel)

29/30. Die Grundbegriffe der Metaphysik. Welt–Endlichkeit–Einsamkeit

31. Vom Wesen der menschlichen Freiheit. Einleitung in die Philosophie

32. Hegels Phänomenologie des Geistes

33. Aristoteles, Metaphysik IX , 1 ~ 3. Von Wesen und Wirklichkeit der Kraft

34. Vom Wesen der Wahrheit. Zu Platons Höhlengleichnis und Theätet

35. Der Anfang der abendländischen Philosophie

36/37. Sein und Wahrheit

38. Logik als die Frage nach dem Wesen der Sprache

39. Hölderlins Hymnen »Germanien« und »Der Rhein«

40. Einführung in die Metaphysik

41. Die Frage nach dem Ding

42. Schelling: Vom Wesen der menschlichen Freiheit

43. Nietzsche: Der Wille zur Macht als Kunst

44. Nietzsches metaphysische Grundstellung im abendländischen Denken

45. Grundfragen der Philosophie. Ausgewählte »Probleme« der »Logik«

46. Zur Auslegung von Nietzsches II . Unzeitgemäßer Betrachtung

47. Nietzsches Lehre vom Willen zur Macht als Erkenntnis

48. Nietzsche: Der europäische Nihilismus

49. Die Metaphysik des deutschen Idealismus

50. Nietzsches Metaphysik/Einleitung in die Philosophie

51. Grundbegriffe

52. Hölderlins Hymne »Andenken«

53. Hölderlins Hymne »Der Ister«

54. Parmenides

55. Heraklit

Frühe Freiburger Vorlesungen （1919—1923）

56/57. Zur Bestimmung der Philosophie

58. Grundprobleme der Phänomenologie

59. Phänomenologie der Anschauung und des Ausdrucks

60. Phänomenologie des religiösen Lebens

61. Phänomenologische Interpretationen zu Aristoteles

62. Phänomenologische Interpretationen ausgewählter Abhandlungen des Aristoteles zu Ontologie und Logik

63. Ontologie. Hermeneutik der Faktizität

III . Abteilung: Unveröffentlichte Abhandlungen（Vorträge–Gedachtes）

64. Der Begriff der Zeit (1924)

65. Beiträge zur Philosophie (Vom Ereignis) (1936—1938)

66. Besinnung (1938—1939)

67. Metaphysik und Nihilismus

68. Hegel

69. Die Geschichte des Seyns

70. Über den Anfang

71. Das Ereignis

72. Die Stege des Anfangs (1944)

73. Zum Ereignis–Denken

74. Zum Wesen der Sprache und zur Frage nach der Kunst

75. Zu Hölderlin–Griechenlandreisen

76. Leitgedanken zur Entstehung der Metaphysik, der neuzeitlichen Wissenschaft und der modernen Technik

77. Feldweg-Gespräche (1944—1945)

78. Der Spruch des Anaximander

《海德格尔文集》目录

第一部分　生前出版著作（1910—1976 年）

第一卷《早期著作》（1912—1916 年）

137

第二卷 《存在与时间》（1927 年）

第三卷 《康德与形而上学问题》（1929 年）

第四卷 《荷尔德林诗的阐释》（1936—1968 年）

第五卷 《林中路》（1935—1946 年）

第六卷 《尼采（上卷）》（1936—1939 年）

   《尼采（下卷）》（1939—1946 年）

第七卷 《演讲与论文集》（1936—1953 年）

第八卷 《什么叫思想？》（1951—1952 年）

第九卷 《路标》（1919—1961 年）

第十卷 《根据律》（1955—1956 年）

第十一卷 《同一与差异》（1955—1957 年）

第十二卷 《在通向语言的途中》（1950—1959 年）

第十三卷 《从思想的经验而来》（1910—1976 年）

第十四卷 《面向思的事情》（1962—1964 年）

第十五卷 《讨论班》（1951—1973 年）

第十六卷 《讲话与生平证词》（1910—1976 年）

第二部分　讲座（1919—1944 年）

一、马堡讲座（1923—1928 年）

第十七卷 《现象学研究导论》

第十八卷 《亚里士多德哲学的基本概念》

第十九卷 《柏拉图的〈智者〉》

第二十卷 《时间概念史导论》

第二十一卷 《逻辑学——追问真理》

第二十二卷 《古代哲学的基本概念》

第二十三卷 《哲学史：从托马斯·阿奎那到康德》

第二十四卷 《现象学之基本问题》

第二十五卷 《康德〈纯粹理性批判〉的现象学阐释》

第二十六卷 《从莱布尼茨出发的逻辑学的形而上学始基》

二、弗莱堡讲座（1928—1944 年）

第二十七卷 《哲学导论》

第二十八卷 《德国唯心论（费希特、谢林、黑格尔）与当代哲学问题》

第二十九、三十卷 《形而上学的基本概念：世界—有限性—孤独性》

第三十一卷 《论人的自由之本质——哲学的导论》

第三十二卷 《黑格尔的精神现象学》

第三十三卷 《亚里士多德〈形而上学〉第九章第 1～3 节——论力的本质与现实性》

第三十四卷 《论真理的本质——柏拉图的洞喻和〈泰阿泰德〉讲疏》

第三十五卷 《西方哲学的开端》

第三十六、三十七卷 《存在与真理》

第三十八卷 《逻辑学作为语言之本质的追问》

第三十九卷 《荷尔德林的颂歌〈日耳曼尼亚〉与〈莱茵河〉》

第四十卷 《形而上学导论》

第四十一卷 《物的追问》

第四十二卷 《谢林：论人类自由的本质》

第四十三卷 《尼采：作为艺术的创造力意志》

第四十四卷 《西方思想中的尼采形而上学的基本立场》

第四十五卷 《哲学的基本问题——"逻辑学"的"问题"选讲》

第四十六卷 《解释〈尼采（下卷）〉——不合时宜的考察》

第四十七卷 《尼采关于作为认识的创造力意志的学说》

第四十八卷 《尼采：欧洲虚无主义》

第四十九卷 《德国唯心主义的形而上学》

第五十卷 《尼采的形而上学 / 哲学导论》

第五十一卷 《基本概念》

第五十二卷 《荷尔德林的颂歌〈追忆〉》

第五十三卷 《荷尔德林的颂歌〈伊斯特河〉》

第五十四卷 《巴门尼德》

第五十五卷 《赫拉克利特》

三、早期弗莱堡讲座（1919—1923 年）

第五十六、五十七卷 《论哲学的规定》

第五十八卷 《现象学之基本问题》

第五十九卷 《直观和表达的现象学》

第六十卷 《宗教生活现象学》

第六十一卷 《对亚里士多德的现象学诠释》

第六十二卷 《对亚里士多德关于存在论和逻辑学的有关论文的现象学诠释》

第六十三卷 《存在论——实际性的解释学》

第三部分　未发表的论文（演讲 – 思想）

第六十四卷 《时间概念》（1924 年）

第六十五卷 《对哲学的贡献（论生成）》（1936—1938 年）

第六十六卷 《沉思》（1938—1939 年）

第六十七卷 《形而上学与虚无主义》

第六十八卷 《黑格尔》

第六十九卷 《存有的历史》

第七十卷 《论开端》

第七十一卷 《生成》

第七十二卷 《开端的小路》（1944 年）

第七十三卷 《论生成——思想》

第七十四卷 《论语言的本质和艺术的追问》

第七十五卷 《论荷尔德林——希腊之旅》

第七十六卷 《形而上学、近代科学和现代技术之兴起的主导思想》

第七十七卷 《乡间路上的谈话》（1944—1945 年）

第七十八卷 《阿那克西曼德的箴言》

第七十九卷 《不莱梅和弗莱堡演讲》

第八十卷 《演讲（1915—1932 年）》

　　　　　《演讲（1935—1967 年）》

第八十一卷 《思想》

第四部分　提示和笔记

第八十二卷 《个人出版物》

第八十三卷 《讨论班：柏拉图 – 亚里士多德 – 奥古斯丁》

第八十四卷 《讨论班：康德 – 莱布尼茨 – 席勒》

第八十五卷 《讨论班：论语言的本质》

第八十六卷 《讨论班：黑格尔 – 谢林》

第八十七卷 《尼采：1937 和 1944 年讨论班》

第八十八卷 《讨论班》

　　1. 西方思想的形而上学的基本立场

　　2. 哲学思想中的实践

第八十九卷 《措利孔讨论班》

第九十卷 《论恩斯特·荣格尔》

第九十一卷 《增补和思想碎片》

第九十二卷 《通信精选（一）》

第九十三卷 《通信精选（二）》

第九十四卷 《思索（二～六）》

第九十五卷 《思索（七～十一）》

第九十六卷 《思索（十二～十五）》

第九十七卷 《注释（一～五）》

第九十八卷 《注释（六～九）》

第九十九卷 《四本小册子（一和二）》

第一百卷 《警醒和小夜曲》

第一百〇一卷 《提示（一和二）》

第一百〇二卷 《暂定稿（一～四）》